歴史教育「再」入門

歴史総合・日本史探究・世界史探究への〝挑戦〟

まえがき

　2016 年 12 月の中央教育審議会答申以来、指導要領の大改訂に向けて、新しい教育の方向性が模索されてきた。2018 年 3 月告示の新学習指導要領（以下、新指導要領）では、地理歴史科において「歴史総合」に加え、「世界史探究」「日本史探究」の 2 つの科目が新たに設けられることが示された。また、新指導要領で示された「主体的、対話的で深い学び」の実質とあわせ、高等学校の教育について、改めて考える時期となっているのではないではないか。

　(中略) 単元や題材など内容や時間のまとまりを見通しながら，生徒の<u>主体的・対話的で深い学びの実現に向けた授業改善を行うこと</u>。
　特に，各教科・科目等において身に付けた知識及び技能を活用したり，思考力，判断力，表現力等や学びに向かう力，人間性等を発揮させたりして，学習の対象となる物事を捉え思考することにより，<u>各教科・科目等の特質に応じた物事を捉える視点や考え方</u>（以下「見方・考え方」という。）が鍛えられていくことに留意し，生徒が各教科・科目等の特質に応じた見方・考え方を働かせながら，知識を相互に関連付けてより深く理解したり，情報を精査して考えを形成したり，問題を見いだして解決策を考えたり，思いや考えを基に創造したりすることに向かう過程を重視した学習の充実を図ること。

※歴史的な見方・考え方（[石井 2017] など参照）
　「社会的事象を、時期、推移などに着目して捉え、類似や差異などを明確にしたり、事象同士を因果関係などで関連付けたりすること」（中教審答申別紙 1 より）

新指導要領における「アクティブ・ラーニング」の流れ

　本書では、地理歴史科の歴史科目をターゲットに、歴史を「教える」とは何か。歴史を「総合」するとは何か。歴史を「探究」するとは何か。これからの歴史教育のあり方の再構築を試みることを趣旨としたい。

　現行課程まで高等学校において必修化された世界史は、国際的な肌感覚のある

市民を育成するというよりは、膨大な歴史用語の暗記科目として敬遠される傾向が強まり、「世界史未履修問題」に象徴される、教科・科目の本質を無視した事案にまで発展してしまった。新指導要領における新科目の設置は、そうした状況の抜本的な打開をめざすものと言える。しかし、新科目の内容について議論に参加しているのはごく一部の大学教員と高校教員などであり、教員や学習者（生徒）との対話が圧倒的に不足してしまっている。そもそも歴史教育とは、歴史学者が自らの研究分野の内容はもとより、歴史的事象や人物を、そのまま教えれば済むというものではない。その方法が、今まさに問われている。

　一方で、文部科学省は「主体的・対話的で深い学び」に導くために、当初は「アクティブ・ラーニング」を手法として啓発した。しかし、それに対して多くの教員は戸惑いを隠せず、手詰まり感すらみられるのが現状である。板書と講義（チョーク＆トーク）で一斉に授業する旧来の手法に慣れ親しみ、知識（データ）注入を第一に教授・享受してきた教員たちは、生徒を「主体的・対話的で深い学び」をうながすこれからの教育に、いかに向き合うのであろうか。

　このような現状を考えていく上で、「歴史学」「歴史教育」で分けるのではなく、総合的に論じることができないだろうか。高校教員に限らず、それぞれの立場から歴史教育の具体像を考察していけないだろうかと、編者３名は考え、本書の作成に至った。

　なお、書名の『歴史教育「再」入門』は、「入門」とあるが、いわゆる初心者向けの入門書にはなっていない。「再」の字があるように、歴史教育という未来につながる学びの場に再び挑むつもりで本書を編集した。歴史教育に携わる方々はもちろんのこと、歴史を通じて現在のあり方を考え、そして現在をふまえて意味ある未来を展望しようとするすべての方々に、本書をお読みいただければ幸いである。

前川修一　梨子田喬　皆川雅樹

目次

序論. 歴史を「教える」「学ぶ」—歴史教育のナワバリへの挑戦 (皆川 雅樹) —— 8

I. 歴史学と歴史教育の「領域」

歴史学・歴史を「教える」—歴史学研究者の視点から

- 歴史学の現場からみた「資料の活用」
  —マカートニーは何と出会ったか— (杉山 清彦) —— 20
- 歴史研究と歴史教育における認識の相対化
  —ユーラシア交流史・海域アジア史を事例として— (四日市 康博) —— 30
- 大学における歴史学教育の実践 (関 周一) —— 40
  - コラム 大学の教養教育と歴史教育 (丸橋 充拓) —— 50

これまでの歴史教育

- 世界史教育の来し方行く末を考える (日髙 智彦) —— 54
- 日本史教育を考える実践と議論 (戸川 点) —— 64
  - コラム 過去の実践記録を読むということ (若松 大輔) —— 74
  - コラム 大学修学能力試験「世界史」からみる韓国の歴史教育 (平川 敬介) —— 80

歴史学者の思考・歴史学習者の思考

- 歴史資料を用いた思考 (池尻 良平) —— 86
  - コラム 東洋史学の営みと科学的方法 (山下 大喜) —— 96
  - コラム そもそも「教える」とは (五十嵐 沙千子) —— 100

Ⅱ. 歴史を「教える」

世界史の授業実践①
- どんな「問い」を生徒は学習すべきか？
  ―「アクティブラーニング型」世界史授業の実践から―（川島 啓一）――― 110

世界史の授業実践②
- 問いを通じて学びを深める世界史の授業
  ―同じ問いを軸とした授業―（坂田 匡史）――― 118

世界史の授業実践③
- 生徒が「問いを表現する」授業とは？（美那川 雄一）――― 128

世界史の授業実践④
- 史料・ビジュアル教材を活用し思考力・表現力をみがく（山田 繁）――― 136

世界史の授業実践⑤
- 教えあい学びあう授業
  ―生徒による授業作り―（佐野 浩）――― 144

世界史の授業実践⑥
- ICTを活用したアクティブラーニング型授業（大神 弘巳）――― 152

日本史の授業実践①
- 問いの構造図による授業づくり
  ―壬申の乱と都城―（吉田 英文）――― 162

日本史の授業実践②
- 複数の史資料を活用してクリティカルシンキングを実践する授業（加藤 潤）――― 172

日本史の授業実践③
- 「学びに向かう力」を育む等身大の歴史を体感（佐藤 悠人）――― 180

日本史の授業実践④
- 丁寧なインプットと独創的なアウトプットによる主体的な学びへ（助川 剛栄）――― 188

日本史の授業実践⑤
- 教科書精読を通じた問いづくり（寺崎 仁樹）――― 196

日本史の授業実践⑥
- 生徒が「教える」5分間プレゼンテーション（山崎 大輔）――― 204

  | コラム | Agencyの礎を育む国際バカロレアを活用した中学歴史（松澤 剛）――― 212
  | コラム | 主体的・対話的で深い学びにつなげる歴史総合の授業設計（中川 耕治）― 218
  | コラム | 地域と関連させる世界史探究の授業（中村 怜詞）――― 224
  | コラム | ICEモデルによる日本史探究の授業（三浦 隆志）――― 230

目次

III.「歴史教育」をみつめる

ユニバーサルデザインの視点から考える歴史教育

■「問い」を足がかりに、全員参加の歴史授業へ（前川 修一）——— 238

「総合的な学習（探究）の時間」から考える歴史教育

■「歴史探究」と「総合的な探究の時間」をつなげる「問いづくり」（梨子田 喬）——— 252

コラム　21世紀型教養を目指して
　　　　—地理総合と歴史教育—（鈴木 映司）——— 266

コラム　公民科と歴史教育
　　　　—「公共」の授業から歴史を考える—（宮崎 三喜男）——— 272

コラム　なぜ歴史を教えるのか　なぜ歴史を学ぶのか（渡邉 久暢）——— 276

コラム　歴史教育に生かす数学的視点
　　　　—図表の見方と統計手法—（近藤 義治）——— 282

コラム　より良い未来をデザインできる生徒の育成（山本 崇雄）——— 292

コラム　理科（科学教育）における科学的探究と教師の学び（杉森 公一）——— 298

「連携」から考える歴史教育

■ モノからメッセージを読み取る　歴史教育における「博学連携」（宮﨑 亮太）——— 302

コラム　水中考古学の世界（木村 淳）——— 310

コラム　生涯学習としての歴史教育（宮瀧 交二）——— 316

「選択」から考える歴史教育

■「選択」を問いなおす歴史教育
　　—歴史にifあり—（中村 長史）——— 320

コラム　主権者教育と歴史教育
　　　　—一人一人が主役になって考える—（原田 謙介）——— 328

コラム　皆さんはどんな歴史の授業を受けてみたいですか？（小林 恭士）——— 332

コラム　組織的な授業改善に向けて
　　　　—教材から手法への射程の広がり—（町支 大祐）——— 336

コラム　内在する歴史への気づきと学び（荒井 優）——— 340

結 —本書の結びをはじまりとして— ——— 344

編著者／執筆者一覧 ——— 350

歴史を
「教える」「学ぶ」
―歴史教育のナワバリへの挑戦―

皆川 雅樹
産業能率大学経営学部　准教授

1．歴史・歴史学・歴史教育

　2018年10月、『朝日新聞』（朝刊2018年10月29日）に「歴史の楽しみ方」という記事が載せられた。「歴女」（歴史好きの女性たち）、「土偶女子」（土偶好きの女性たち）、「コフニスト」（古墳好きの人々）などと表現されるような「歴史好き」の出現などを紹介している。その中で、学校などで学ぶ歴史と歴史好きの「歴史」は別物になってきているという指摘がある。「歴史好き」の人たちは、学説から見れば誤った解釈でも受け入れられず、「私はこう思っているからいいじゃないか」と歴史を純粋に楽しむ傾向にあるという。歴史を純粋に楽しむ傾向が強く、最新の学説とは異なる「誤解」があっても受け入れない「歴史好き」た

序論 | 歴史を「教える」「学ぶ」

ちの認識が、インターネットなどを通じて拡散されていくことになる。このような状況に関連して、歴史学の立場から中谷功治氏は次のように指摘する［中谷2008：195頁］。

　それにしても、一度学校という枠を超えた視点に立って、高度情報化社会における歴史教育の実践という現実に対峙した時、いったい歴史家に何ができるのでしょうか。まずは、出典が不明確な俗説や論理を欠いた偏見丸出しのプロパガンダ的言説に対し、学問的な立場からより誠実に、より冷静に事実とその解釈を提示していくことがますます重要となることでしょう。／けれでも、すでに権威主義的な教師たちが堂々と歴史を語ればよい時代ははるか昔となり、多様なメディアは、かつての教室という空間を支配していた特別な雰囲気を徹底的なまでに破壊する方向に作用しているようです。政治家であれ、教師であれ、研究者であれ、そのことを認識しないで教育について論じたのでは、ただただ滑稽という結果となりかねません。一方で、楽観的な顔をしてはいても、私自身も立ちすくんでしまいそうになります。百年後を展望したとき、そもそも人文学、さらには大学、最終的には学校という枠組みさえもが、揺らいでいくのかもしれないからです。

　歴史学側から学問研究を今まで以上に発信していくことが必要なこと、歴史を教えるのは教師たちだけではなくなってきていること、さらに学校で学ぶ意味や学校の存在意義も問われていることを示唆する[1]。
　そもそも「歴史」とは何か。割田聖史氏は次のように説明する［割田2016：65〜67頁］。

　歴史とは、①「過去に起こったこと」、②「過去の事柄を調査・探求し、叙述・物語ること」という大きく二つの性格をもっている言葉である。過去の事例というだけであって、その対象範囲は、きわめて広大・茫漠なものである。さらに、この二つは一見異なるもののように見えるが、過去の事柄は語られなければ歴史にならないので、両者は不可分の関係にある。つまり、歴史は、①の「事実」としての「客観的」要素、②の「主観的」な要素という二つの性格をあわせもっていると言える。（中略）／先に「歴史学とは歴史

9

を対象にする科学である」と書いた。では、「科学」とは何だろうか。さまざまな意味がありうるが、ここでは「科学的方法に基づく学術的知識」としてみたい。／「科学的方法」と言ってもさまざまであるが、基本的には、「物事を調査・整理し、新たな知見を得て、その正しさを立証していくプロセス」だと言えるだろう。（中略）／歴史学の場合は、それぞれのプロセスを、①対象を観察する＝「事実認識」、②考察する＝「解釈」、③考察した結果を表現する＝「叙述」と呼ぶこととする。歴史学のこのプロセス自体は、「科学的」なプロセスと基本的には同じであり、それこそが歴史学の科学性を担保する理由の一つとなる。

　歴史とは、過去の事柄（事実認識）そのものだけではなく、それを考察（解釈）して表現（叙述）して初めて歴史となるのである。そのための学問として、歴史学があるわけだ。

　そうなると、「歴史好き」の人たちは、過去の事柄を自分たちなりに解釈して楽しみ表現しているということができ、歴史を科学的に学んでいるわけではないと言える。しかし、彼らが楽しむことが観光などの地域おこしのコンテンツになっていることも『朝日新聞』の記事では紹介されている。「歴史好き」の存在が、社会に役立っているとも言える。社会に役立つ歴史学について、小田中直樹氏は次のように指摘する［小田中 2004：130 頁・187 〜 188 頁］。

　　直接に社会の役に立とうとするのではなく、真実性を経由したうえで社会の役に立とうとすること。集団的なアイデンティティや記憶に介入しようとするのではなく、個人の日常生活に役立つ知識を提供しようとすること。このような仕事に取り組むとき、歴史学は社会の役に立つはずだ（中略）／現在は多くの人びとから同意を得て安定しているが、将来どう評価されるかどうかはわからない知識を提供するという点で、歴史学もまた一つの「通常科学」です。歴史学が用いるべき「真実性という基準」は、相対的で暫定的なものです。ですから、認識や解釈や歴史像が正しいか否かは、時間が経過するなかで評価されなければなりません。／歴史学が提供する知識が相対的で暫定的なものだということは、科学としての歴史学にとっては、マイナスではなくプラスの意味をもっています。ある時点で得られる知識が相対的で暫定的

なものであるからこそ、さらに過去の探求を進めようという意欲が湧いてくるし、歴史学はそれによって変化し、進化してゆくからです。だからこそ、史実を知ろうとするという歴史学の基本的な営みは、ダイナミックなものでありうるのです。

歴史学の使命として「直接に社会の役に立とうとするのではなく、真実性を経由したうえで社会の役に立とうとすること」であるならば、「歴史好き」とは一線を画すことができる。さらに、歴史は相対的で暫定的であるからといって、根拠なく身勝手に妄想して、それを「歴史」として語ったり教えたりすることは、歴史を学ぶことにはつながらない[2]。

しかし、「歴史好き」を生み出す背景の一つとして、「歴史は暗記物」という経験があるのではなかろうか。高校生や大学生に歴史のイメージを訊くと、「暗記するもの」という回答がほとんどである。学校における歴史の授業は、相対的で暫定的な歴史が書かれた教科書を暗記して試験に臨まなければならない苦痛のイメージが強く残ってしまっている。学校などで学ぶ歴史と歴史好きの「歴史」は別物という感覚が生み出された理由の一つに「暗記する歴史」があるのかもしれない。「暗記する歴史」について、佐藤卓己氏は次のように述べる［佐藤 2009：123頁］。

> 受験生の「暗記する歴史」は論外としても、歴史学は究極的には「読書する歴史」「思考する歴史」より「記述する歴史」である。もちろん、記述するためにまず読み、考えることが必要である。とすれば、歴史研究は読書から始まる思考と記述のプロセス全体を含んでいる。「暗記する歴史」が反歴史学であるのは、それが読書や思考に導かないためである。

「暗記する歴史」は反歴史学であり、読書や思考に導かないことが歴史を記述することにつながらないという。先述の割田氏の指摘にもある通り、過去の事柄を覚える、知るだけではなく、それを解釈し叙述する必要があるわけである。

このように、歴史を学ぶことは、過去の事柄を覚えたり知ったりするだけではなく、それを解釈したり、叙述したりすることをも含むと言える。このような歴史の学びに導くために、2018年3月告示の新学習指導要領（以下、新指導要領）

序論 歴史を「教える」「学ぶ」

では「歴史総合」「世界史探究」「日本史探究」の３つの科目が新たに設けられる
のであろうか。「総合」「探究」する歴史とは何かについて考えてみたい。

２．Ａ・ＢからＳ（総合）・Ｔ（探究）へ

＜現行＞	＜新＞
地理Ａ（2）	
地理Ｂ（4）	→「地理探究」（3）
世界史Ａ（2）	
日本史Ａ（2）	
世界史Ｂ（4）	→「世界史探究」（3）
日本史Ｂ（4）	→「日本史探究」（3）
	「地理総合」（2）
	「歴史総合」（2）

＜主な変更・注目点＞

＊世界史（ＡもしくはＢ）に代わり、「歴史総合」と「地理総合」が必履修

＊地理・世界史・日本史のＡ・Ｂ科目がそれぞれすべて廃止

＊Ｂ科目を踏襲する探究科目の単位数がそれぞれ１単位減となるにも関わらず、内容は減らさない方向性を提示。

　現行のＢ科目が「世界史探究」「日本史探究」になることは新指導要領で示唆
されているが、「歴史総合」は現行のＡ科目ではないという点が、今回最大のポ
イントである。世界史Ａと日本史Ａを合わせても「歴史総合」にはならない。し
かし、世界史Ａの授業が、講義・活動ベースでどのように展開されていたか見直
すことには意義があるだろう。おそらく、「歴史総合」の授業展開を考える前提
となるのは、Ａ科目の実践の振り返りしかないのではなかろうか。

　そして、「歴史総合」「世界史探究」「日本史探究」３科目に共通する裏テーマ
として「問い」がある。「歴史総合」「世界史探究」「日本史探究」いずれにおい
ても、諸資料や各時代・時期の特色からの問い立てという言葉がある。また、各
項目の中にも「近代化への問い」「グローバル化への問い」と「問い」という言
葉が出てくる。これらは、現代と繋がる「問い」になっていく。新指導要領を読
むと、「世界史探究」「日本史探究」ともに最後に「探究」の時間を設け、それに
至るまでは知識詰め込み型でもいいような余地を残しているようにも読める。し
かし、これは全教科・全科目の中で、どのように日本史・世界史を位置付け、探
究に繋げるかという地歴科の枠を越えた話になる。これは、学校全体のカリキュ
ラム・マネジメントにも関わってくる問題である。

12

序論 | 歴史を「教える」「学ぶ」

　社会的な見方・考え方を働かせ，課題を追究したり解決したりする活動を通して，広い視野に立ち，グローバル化する国際社会に主体的に生きる平和で民主的な国家及び社会の有為な形成者に必要な公民としての資質・能力を次のとおり育成することを目指す。
(1)【知識及び技能が習得されるようにすること】
　現代世界の地域的特色と日本及び世界の歴史の展開に関して理解するとともに，調査や諸資料から様々な情報を適切かつ効果的に調べまとめる技能を身に付けるようにする。
(2)【思考力，判断力，表現力等を育成すること】
　地理や歴史に関わる事象の意味や意義，特色や相互の関連を，概念などを活用して多面的・多角的に考察したり，社会に見られる課題の解決に向けて構想したりする力や，考察，構想したことを効果的に説明したり，それらを基に議論したりする力を養う。
(3)【学びに向かう力，人間性等を涵養すること】
　地理や歴史に関わる諸事象について，よりよい社会の実現を視野に課題を主体的に解決しようとする態度を養うとともに，多面的・多角的な考察や深い理解を通して涵養される日本国民としての自覚，我が国の国土や歴史に対する愛情，他国や他国の文化を尊重することの大切さについての自覚などを深める。

※【 】は新指導要領の総則で示されている育成すべき「資質・能力」

新指導要領における地理歴史の目標

　学力の3要素に示されているような「資質・能力」はどこまで意識的に育成することができるのか、探究科目では、現行のB科目で扱う内容が減らないという問題がある。ここで、教師によって焦点化・重点化した指導が問われてくる。しかし、それによって本当に生徒の歴史を学ぶ意欲は増すのか、歴史嫌いの生徒は減るのか。ポイントは、必修科目の「歴史総合」である。冒頭の単元となる「歴史の扉」では、「日本や世界の様々な地域の人々の歴史的な営みの痕跡や記録である遺物、文書、図像などの資料を活用し、課題を追究したり解決したりする活動を通して」とあるように、活動ベースの授業を通じて、過去の事柄を覚えたり知ったりするだけではなく、それを解釈したり、叙述したりすることを目指している。そこでは教師のスキルとして教授のスキルだけではない部分、つまりファシリテーション［青木 2018、津村 2019 など］のような場をつくるスキルを用いる必要がある。歴史を学ぶ意義の理解を生徒にうながすために、これまでのような教材研究や講義型のスキル以外にも、「教える」力が求められていく。

13

序論

歴史を「教える」「学ぶ」

A　歴史の扉
(1) 歴史と私たち
　　諸資料を活用し，課題を追究したり解決したりする活動を通して，次の事項を身に
　　付けることができるよう指導する。

ア　次のような知識を身に付けること。
(ア) 私たちの生活や身近な地域などに見られる諸事象を基に，それらが日本や日本周
　　　辺の地域及び世界の歴史とつながっていることを理解すること。

イ　次のような思考力，判断力，表現力等を身に付けること。
(ア) 近代化，国際秩序の変化や大衆化，グローバル化などの歴史の変化と関わらせて，
　　　アで取り上げる諸事象と日本や日本周辺の地域及び世界の歴史との関連性につい
　　　て考察し，表現すること。

(2) 歴史の特質と資料
　　日本や世界の様々な地域の人々の歴史的な営みの痕跡や記録である遺物，文書，図
　　像などの資料を活用し，課題を追究したり解決したりする活動を通して，次の事項
　　を身に付けることができるよう指導する。

ア　次のような知識を身に付けること。
(ア) 資料に基づいて歴史が叙述されていることを理解すること。

イ　次のような思考力，判断力，表現力等を身に付けること。
(ア) 複数の資料の関係や異同に着目して，資料から読み取った情報の意味や意義，特
　　　色などを考察し，表現すること。

「歴史総合」における「歴史の扉」

3．歴史を「教える」「学ぶ」ことにナワバリはあるのか

　「歴史総合」の内容を理路整然と具体的に論じた一書はおそらくまだ存在しな
い。「歴史総合」の専門家もいないはずだ。「日本史探究」「世界史探究」の内容
は，各B科目を踏襲するのかもしれないが，それを「探究」する専門家は歴史
学者なのか。歴史の「見方・考え方」（≒ディシプリン［黒上 2018］）を教える
ことができるのは高校教員だけなのか。そんなナワバリ的な意識で，「総合」「探

究」や歴史を学ぶ意義に向き合えるのか。今問われているのだろう[3]。

「歴史総合」の内容や考え方に近いものとして、例えば「グローバル・ヒストリー」［ハント 2016、羽田編 2017、妹尾 2018 など］があげられるかもしれない。また、例えば、国際バカロレア（ＩＢ）のディプロマプログラムの中核となる学習の一つであるＴＯＫ (THEORY OF KNOWLEDGE：知の理論)［Heydorn2016、山本 2019 など］を念頭に置いた歴史教育に学ぶこともできるかもしれない。「歴史総合」「日本史探究」「世界史探究」の「総合」「探究」に注目した場合、その内容および教え方についての専門家は「不在」であり、教育現場レベルだけではなく指導者育成レベルにおいても課題は山積みである[4]。ただし、ここ数年の「アクティブ（・）ラーニング」を意識した授業実践は、「総合」「探究」へといざなう授業のヒントとして機能すると考えている［及川・杉山編 2019 など］。

今井むつみ氏は、「生きた知識の学び」について次のように述べる［今井2016：153〜154頁］。

> 「生きた知識」は目の前の問題を解決するのに使うことができるだけではない。新たな知識を創造するために使うことができる。新たな知識はゼロから生まれない。すでに知っている知識を様々に組み合わせることで生まれる。創造力の源泉は持っている知識を使って想像することである。熟達者の向上の源泉も想像力だ。（中略）熟達者は、いまはできなくても、自分が目指そうとするパフォーマンス、あるいは自分が得たいと思っている知識の姿を想像することができる。人は、想像力といま持っている知識とを組み合わせることによって、無限に新しい知識をつくっていくことができる。それに対して、ドネルケバブ肉片をぺたぺた貼り付けるように覚えただけの知識は、使うことができない。使えないから、他の知識と組み合わされて新しい知識を生むこともないのである。

「覚えただけの知識」「覚えさせた知識」だけでは、使うことができない。知識と知識を組み合わせる場づくりが必要になっていく。そのような場として、歴史を学ぶことが機能するようにしていきたい。その際に、歴史を「教える」「学ぶ」とはどのようなことを指すのか。これまでどのように歴史を「教える」「学ぶ」ことがなされ、試行錯誤されてきたのか。そして、これからの歴史を「教える」「学

ぶ」ための方法はどのようにしていくことができるのか。このようなことを考えるためのトリガーを創るため、本書では歴史学・歴史教育に関わる方だけではなく、様々な専門や視点からの論考・コラムを用意したナワバリなき「挑戦」の書である。

(1) 歴史学と社会との接点については［歴史学研究会編 2017、ハント 2019］なども参照。

(2) 歴史（学）を学ぶ、教えるといった観点から積極的にアプローチするものとして［小田中 2007、小田中など編 2017、皆川 2017］なども参照。

(3) 「歴史総合」「世界史探究」「日本史探究」について、新指導要領をふまえた論評としては、『歴史評論』833 号（2019 年 4 月号）の特集「歴史教育の「転機」にどう向き合うか」をあげるにとどめる。

(4) アメリカにおける歴史教育と歴史学のディシプリン・ギャップについては［レヴスティックなど 2015、ワインバーグ 2017、川上 2018］などが論じており、日本の今後のあり方においても参考となる。また、［橋本 2018］は、これからの歴史教育における「探究」の重要性について指摘している。

序　論 ｜ 歴史を「教える」「学ぶ」

参考文献

・青木将幸 2018『深い学びを促進するファシリテーションを学校に！』（ほんの森出版）
・石井英真 2017『中教審「答申」を読み解く─新学習指導要領を使いこなし、質の高い授業を創造するために─』（日本標準）
・今井むつみ 2016『学びとは何か─〈探究人〉になるために─』（岩波新書）
・及川俊浩・杉山比呂之編 2019『アクティブ・ラーニング実践集　世界史』（山川出版社）
・及川俊浩・杉山比呂之編 2019『アクティブ・ラーニング実践集　日本史』（山川出版社）
・小田中直樹 2004『歴史学ってなんだ？』（PHP 新書）
・小田中直樹 2007『世界史の教室から』（山川出版社）
・小田中直樹・帆刈浩之編 2017『世界史／いま、ここから』（山川出版社）
・川上具美 2018『思考する歴史教育への挑戦─暗記型か、思考型か、揺れるアメリカ─』（九州大学出版会）
・黒上晴夫 2018「そもそも探究とは？なぜ探究が必要なのか？」（『Career Guidance』No. 424）
・佐藤卓己 2009『歴史学（ヒューマニティーズ）』（岩波書店）
・妹尾達彦 2018『グローバル・ヒストリー』（中央大学出版部）
・津村俊充 2019『改訂新版　プロセス・エデュケーション─学びを支援するファシリテーションの理論と実際─』（金子書房）
・橋本雄 2018「歴史を探究するために、「問いを立てる」訓練を！」（東京書籍『ニューサポート高校社会』vol. 30）
・羽田正編 2017『グローバル・ヒストリーの可能性』（山川出版社）
・皆川雅樹 2017「古代の東アジア関係史をどう「教える」か」（『じっきょう 地歴・公民科資料』No.85）
・リン・ハント 2016（長谷川貴彦訳）『グローバル時代の歴史学』（岩波書店、原著 2014 年）
・リン・ハント 2019（長谷川貴彦訳）『なぜ歴史を学ぶのか』（岩波書店、原著 2018 年）
・山本勝治 2019「DP History における批判的思考スキルの育成─新学習指導要領に向けた学びの転換を視野に入れて─」（『歴史と地理』No. 724、世界史の研究 259）
・リンダ・S・レヴスティック、キース・C・バードン 2015（渡部竜也・草原和博・田口紘子・田中伸訳）『コモン・グッドのための歴史教育─社会文化的アプローチ─』（春風社、原著 2004 年）
・歴史学研究会編 2017『歴史を社会に活かす─楽しむ・学ぶ・伝える・観る』（東京大学出版会）
・サム・ワインバーグ 2017（渡部竜也監訳）『歴史的思考─その不自然な行為─』（春風社、原著 2001 年）
・割田聖史 2016「4 年間で歴史学を身につける─学びの過程とその意義─」（大学の歴史教育を考える会編『わかる・身につく　歴史学の学び方』大月書店）
・Wendy Heydorn・Susan Jesudason 2016（Z 会編集部訳）『ＴＯＫ（知の理論）を解読する─教科を超えた知識の探究─』（Z 会、原著 2013 年）
・『歴史評論』833 号（2019 年 4 月号）特集「歴史教育の「転機」にどう向き合うか」

I

歴史学と歴史教育の
「領域」

I 歴史学と歴史教育の「領域」

歴史学・歴史を「教える」―歴史学研究者の視点から

歴史学の現場からみた「資料の活用」

―マカートニーは何と出会ったか―

杉山 清彦
東京大学大学院総合文化研究科・教養学部　准教授

「歴史を学ぶ」から「歴史で学ぶ」へ

　2018（平成30）年告示の高等学校の次期学習指導要領（以下、新指導要領）の要点は、ひと言で表すならば、「歴史を学ぶ」ことから「歴史で学ぶ」ことへの転換、ということができよう。すなわち、内容の理解・習得が目標なのではなく、それを手段として、「歴史的な見方・考え方」を働かせて事象をとらえることができるようになることが求められているのである。「歴史」をただ知識として学ぶのではなく、自ら問いを立て、それを追究するために、身につけた知識・技能を動員して、その根拠となる素材、すなわち資料（史料）を活用して考察することが、これからの歴史分野の科目で身につけるべき力だということである。

　これは、これまで大学の史学系の課程で行なわれてきたことであり [1]、それを高校において実践するとは、いわば「小さな歴史家」たることを体験させようということである。これまでの指導要領でも、資料の活用や主題を設定した活動などが謳われてはきたが、今回の改訂は、より本質的な転換ということができる。では、どのように「資料を活用」し、それを通して「課題（問い）を追究」する

にはどのようなことに気をつけなければならないだろうか。私は、東洋史の分野で大清帝国（清朝）史の実証研究に従事する一方、勤務校においては、教養学部の教員として教養課程の歴史学教育を担当するとともに、大学院で専門指導を行なっている。本稿では、新指導要領でポイントとなる「資料の活用」について、歴史学の現場から歴史教育への還元を念頭に、事例を挙げて論じてみたい。

歴史教育における「資料の活用」の本格導入

　歴史学とは、端的に言えば、史資料に基づいて過去の事象をできるだけ確定し、それに論理的な説明を与える営みである、ということができる。その事実確定の作業や、時系列、構造把握、因果関係といった説明を与える工夫は、これまでもっぱら専門研究者の領域とされ、その成果が「歴史」として一般の消費に供され、また歴史教育の場では教授・習得の対象となってきた。

　2022（令和4）年度から実施される新指導要領では、これが大きく転換することとなる。新指導要領で新たに設けられた科目「歴史総合」および「世界史探究」「日本史探究」では、いずれにおいても「課題（問い）を設定し」、「資料を活用して」、「多面的多角的に考察する」ことが求められている[2]。とりわけ、「歴史総合」では大項目A「歴史の扉」に「歴史の特質と資料」という中項目が立てられており、また「日本史探究」では、各大項目に、（2）として「歴史資料と〇〇の展望」（〇〇には、大項目A〜Dでそれぞれ原始・古代〜近代が入る）という中項目が設けられていて、必ず資料を読み解いて考察することを求めている。現行指導要領（2009年改訂）でも、「諸資料に基づき」、「主題を設定し考察」することが掲げられてはいるが、新指導要領はそれよりもはるかに踏み込んでおり、実践が必須のものと位置づけられているのである。

　また、この動きと歩調を合わせて、現行の大学入試センター試験に代って2021（令和3）年から実施される大学入学共通テスト（新テスト）においても、2017・18（平成29・30）年に行なわれた試行調査は、文献・図像・統計などの資料を本格的に用いて出題されている[3]。「資料を活用して問いを追究する」ことは、不可逆の流れといわなければならない。

　そうなると、一人一人の高校生が（もちろん、その前に指導する教員が）資料を読解し、考察しなくてはならないことになる。では、古文書を文語で読んだり、

外国語の文章を訳読したりしなければならないのだろうか。その真偽を判断し、意義や問題点まで評価しなくてはいけないのだろうか。もちろん、そのようなことが求められているのではない。くずし字で書かれた古文書であれ、漢文の正史やラテン語の碑文であれ、原文書や原語にじかにかじりつく必要はなく、現代語テキストや日本語訳で読めばよい。

では、現代日本語の文章として読んで、内容の意味するところや歴史的な意義を考えることに専心すればよいのだろうか。そこが曲者である。先に、歴史学のことを、過去の事象に「論理的な説明を与える営み」であると言ったが、時代や地域によってその「論理」が異なるからである。また、われわれ自身の常識が、資料を読む目にフィルターをかけているからである。だが、どうしてもわれわれは、自分の目を通してしか物を見ることができない。では、「資料を読み解」いて考察するとき、どのようなことに注意が必要だろうか。見方によって、どのような違いが生じてくるだろうか。

そこで、一つの例として、現行の世界史・日本史のA・B、おそらくは歴史総合・世界史探究・日本史探究の、全てに現れる（であろう）清王朝について取り上げてみよう。

世界史教育の中の清朝—マカートニー使節団の事例から

清という王朝は、世界史教育の中でどのような位置づけを与えられてきただろうか。17世紀前半から20世紀初めまで続く清の歴史は、ふつう、建国から乾隆帝（位1735-95）までの部分が明に続けて近世のアジアの項目に置かれ、それ以降の部分は、西アジア・南アジア・東南アジアなどとともに、19世紀の西洋諸国のアジア進出のくだりに並べられることがほとんどである。

それは、あえて概括すれば——専門の見地からは、克服・更新されるべきものであるが——、「明朝周辺で女真人が建てた小国家」→「明の滅亡に伴う中華皇帝の座の継承」→「康熙・雍正・乾隆の時代の繁栄」→「西洋諸国の進出に直面した中華帝国の動揺」と「国内における、異民族王朝の打倒の動きから革命運動への展開」、といった流れとして整理できよう[4]。すなわち、建国時は女真人の周辺国家とされるが、1644年の北京進入以降は、政治面での「異民族王朝」[5]としての独自性が注意されつつも、中国王朝として一体化したものととらえられ、

康熙・雍正・乾隆3代は近世中国の繁栄と位置づけられる。だが、近代の箇所になると、アヘン戦争など対外関係の面では「西洋と相対する中国」とみなされる一方で、太平天国や同治中興においては再び満・漢の違いが浮上し、「満洲人王朝」と「中国王朝」の二つのイメージが並立したまま清末に至るのである。

つまり、内部的には「満・漢」の違いがあり、それが文脈や時期によって強弱をつけて描かれる一方、対外的には「中国対外国（西洋、日本）」の図式でとらえられてきた、ということができよう（図1）。近年は、満・漢を二元的に強調するよりも、清皇帝や支配体制の多文化的・複合的側面を重視するようになってきているが、対外関係については、明を引き継ぐ中華王朝の立場から朝貢関係を展開した、とされることが依然として一般的である。それを象徴する出来事としてしばしば挙げられるのが、マカートニー使節団である。

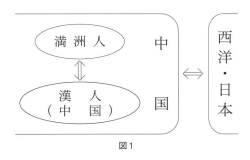

図1

イギリス貴族ジョージ＝マカートニーは、貿易交渉のため国王ジョージ3世から大使として派遣され、1793年に乾隆帝に謁見した。その使節行は、彼自身によって克明に記された日記が残されており、中国外交史研究者の坂野正高(ばんのまさたか)（1916-85）による訳注『中国訪問使節日記』として容易に読むことができる[6]。

これは、産業革命・自由貿易の時代を迎えたヨーロッパの要求がアジアの帝国に退けられた例として、そして19世紀にヨーロッパがアジアに要求を呑ませるようになる前夜の例として、多くの現行教科書でも言及されている[7]。なかでも山川出版社の教科書『詳説世界史B　改訂版』では、この「マカートニーの中国訪問使節日記」が資料として挙げられている。同教科書は、部ごとに「まとめ」と「主題学習」なるページを設けており、近世・近代に当る第Ⅲ部の「主題学習」で、「資料から読み解く歴史の世界」としてこの日記の2つの記事を取り上げて

いる（pp.304-305）。いささか長文になるが、一つ目の記事については引用箇所の全文を、二つ目については一部を掲げよう[8]。

1793 年 9 月 14 日　熱河離宮の万樹園にて

　……皇帝は 16 人の輿かきによってかつがれた無蓋の輿に乗り、旗や傘を樹てた大勢の士官が付き従っていた。彼が通り過ぎる時に、われわれは片膝でひざまずいて敬意を表した。その間、すべての中国人はいつもするように平伏した。皇帝が玉座に登るとすぐ、私はテントの入口まで行き、ダイヤモンドをちりばめた大きな黄金の箱に国王の書翰を収めたものを両手で持ち、ゆっくりとした足どりで進み出て玉座の傍のきざはしを登り、皇帝自身の手へ箱を手渡した。…（＊）…皇帝は私にいろいろのことをたずねたが、とりわけ我が国の国王の年齢を聞くと、自分は 83 歳であるが、国王も自分のように長生きされることを希望すると述べた。彼の物腰は威厳に満ちてはいるが、愛想よくもの柔らかである。われわれに対する応対の仕方は非常に丁重で申し分がなかった。…（＊＊）…儀式を貫く特徴は、アジア的な高貴さに特有な物静かな威厳と目立たないような華やかさにあった。このようなものはヨーロッパ人の洗練さの程度をもってしては、まだ到達していないところである。

1794 年 1 月

　中華帝国は有能で油断のない運転士が続いたおかげで過去 150 年間どうやら無事に浮かんできて、大きな図体と外観だけにものを言わせ、近隣諸国を何とか畏怖させてきた、古びてボロボロに傷んだ戦闘艦に等しい。……（引用者中略）……確かに中国人というものはかわっている。しかし彼らもわれわれ自身と同じ材料でつくられ、同じ感情に支配される人間である。……彼らは理由もなしにわれわれを警戒しているのであろうか。地球上のどの国へいっても、イギリス人は自分の方が優秀だという意識があるので、ともすればうぬぼれと、他人に対する侮蔑感をあえて隠そうとしない。世界でもっとも虚栄心が強い国民の一つであり、また少なからず俊敏である中国人が、われわれのこの欠点をみて平然としていられず、嫌悪を感じるということは当然ではなかろうか。

　たしかに、探究するに値する興味深い資料である。『詳説世界史 B』では、この資料について、「異文化との出会い」という標題で「18 世紀から 19 世紀にか

けて、ヨーロッパとアジアとの関係は大きく変動し、ヨーロッパ人のアジア観も
かわっていった。下にあげたマカートニーの日記を読み、彼の中国観と、その時
代背景をまとめてみよう」との問いを設けている。おそらく、9月の記事におい
てはアジアの帝国が誇る伝統と威厳が、1月の記事においては、イギリスを先頭
とするヨーロッパの勢いが急速に伸びてゆく中での東西の異文化接触と観察の一
面が、読みとりの対象であるように思われる。

　このうち前者の記事に注目してみよう。この記事は、乾隆帝への謁見のさまと
その感想を語っているものである。中国人が「平伏」したとあるのに対比させて「わ
れわれは片膝でひざまずいて敬意を表した」と記しているのは、皇帝に対し三跪
九叩頭の礼（床に跪いて3回平伏する礼を3回行なう、最上級の礼式）を行な
うかどうかをめぐって折衝を重ね、最終的にイギリス式の作法を部分的に認めさ
せたことを示している。このエピソードは、よく知られているだろう。

　一方、歴史的事項としては、『詳説世界史B』本文でも「乾隆帝は、貿易を恩
恵とみる中華の立場をくずさず、その要求を認めなかった」と述べられているよ
うに（p.295）、マカートニーはその使命を果すことはできなかった。そこに「中
華の立場」とあるように、その構図は、先ほどの**図1**でいえば、清は（広義の）「中国」
として西洋すなわちイギリスと対峙している、ということになろう。では、読み
とることができる内容や、読みとるための着眼点は、それだけだろうか。

マカートニーの見た乾隆帝の宮廷

　この謁見のくだりをよく読むと、「片膝」と「平伏」に続けて、「私はテントの
入口まで行き」とあって、この面会が、宮殿ではなく「テント」で行なわれたこ
とがわかる。実際、文中後段の中略部（＊＊部）には、より詳しく「皇帝のテン
トまたはパビリオンは円形で、私の見たところでは直径24、5ヤード（約22メー
トル前後）あり、多数の柱で支えられている」との記述がある。『詳説世界史B』
でも、「謁見がおこなわれた熱河離宮の万樹園」として図版が掲げられており（**図
2**）、そこにはモンゴル風の大天幕が描かれている。つまり、乾隆帝との会見は、
中華皇帝の坐す紫禁城や、それを模した宮殿で行なわれたものではなかったので
ある。

　会見の舞台となった熱河離宮とは、北京北方の熱河地方の承徳にある避暑山荘

図2 「万樹園賜宴図」。中央が大型ゲル、左下は輿に乗って入場する乾隆帝。

のことで、その一角の平原部に展開された大型テント（モンゴル語でゲル）が会場となったのである(9)。世界史A教科書の帝国書院『明解世界史A』（世A314）では、同じ図版を示して「清の皇帝の避暑山荘になぜゲルがあるのだろうか」という問いを設けている（p.68）。この問いから浮かぶのは、八旗の統領にしてモンゴル遊牧民の大ハーンでもあるという、中央ユーラシア世界の君主としての側面である(10)。同じくこの図版を取り上げる帝国書院『新詳世界史B』では、「乾隆帝は草地に「ゲル（移動式のテント）」を設けてモンゴル的風景を演出し、モンゴルの首長たちに対し、大ハーンとしてふるまった」と解説を附している（p.131）。つまり、われわれはマカートニーの拝謁を「中国とヨーロッパの出会い」と思いがちだが、この会見は、中華皇帝が朝貢・冊封を演出する場ではなく、満洲・モンゴル武人が参集する中央ユーラシア的な舞台で行なわれたのである。

このように、資料中の「片膝」に注目すると、教科書本文の「中華の立場」から朝貢の論理で要求を退けたことと結びつくが、同じ資料の「テント」に着目すると、図版の大天幕とつながって、片膝での拝謁を鷹揚に許した多文化的なユーラシア世界の帝王の姿がうかがえるのである。

このような観点に気づくと、資料の選び方自体が変わってくるかもしれない。実は、最初の中略部（史料中の＊部）には、次のような記述があった。

　……次いで、われわれは玉座のきざはしを降りて、皇帝の左側に並んでいる食卓の一つに向かってクッションの上に腰をおろした。他の食卓には韃靼人の重立った皇族および廷臣たちが、それぞれの地位に応じて同時に席に着いた。……

文中の「韃靼人」の原語は「Tartar」で、モンゴル時代以降、北アジアの人々を広く指して用いられる語である。清代には、文脈によってはモンゴル人をいうこともあるが、ふつう満洲人を指す。皇帝と面会したのが中央ユーラシア的な大天幕であっただけでなく、そこに列していた人々も、「韃靼人」すなわち満洲人・モンゴル人を中心とする王族・大官たちだったのである。

　では、科挙で登用された漢人官僚はどうしているのだろうか。日記では、続く9月18日に、

　　　朝、皇帝からの招きにより、彼の誕生日のために催される中国風の喜劇、その他の催し物を見に宮廷へ赴いた。……催し物は数時間つづき、その間、われわれがいた宮廷用のますと他のますの間では絶えず往来があったので、重立った官人の中には、この機会を捉えてわれわれと話をしに、しばしばやって来るものが何人かいた。……これらの官人たちの大部分は韃靼人であって、本当の中国人は1人もわれわれの方へ寄って来なかったということを私は見逃さなかった。

との記事がある[11]。マカートニー一行は乾隆帝の誕生日を祝賀する催しに招かれたが、出し物は「中国風の」喜劇や催し物であったにもかかわらず、その席に列していたのは多数の満洲人大官であり、しかもわずかばかりの「本当の中国人（real Chinese）」すなわち漢人の高官は、誰も彼に近寄ってこなかったというのである。これは、外交にまつわることは満洲人大官の管轄であることを示しており、また、北京入城から150年経っても、「満」と「漢」が、「満」上位のまま依然として溶け合わない様子をうかがうことができるのである。

　このように、異文化接触の資料として活用しようとするならば、『詳説世界史B』のように1月の記事が好適であるが、清の多文化性に、なかんづく中央ユーラシア的側面に着目するならば、同じ記事のどこを省略するか、どの記事と「つなげる」か、といった切り取り方や選び方が変ってくるであろう。着眼によっては「中央ユーラシア世界の帝王が、さまざまな民族の一つとしてイギリス使節を接見した」、切り取り方によっては「マカートニーが観察した宮廷では、満洲人と漢人が、満洲人上位のまま溶け合わずに分断されていた」という読みとりも可能になるのである。もちろん、これはいずれかの読みとりが正しく、他が誤っているということではない。「資料の活用」には、さまざまな方向の道が開かれているということなのである。

歴史の「資料を読む」力とは

　本稿では、資料の読み解きの一例として、また世界史教育上の重要箇所の一つとして、清の歴史とそれについての外国史料の日本語訳を扱ってみた。その例からも気づかされるように、私たちは、ややもすれば「アジアとヨーロッパ」や「中国と西洋」という枠組みでとらえてしまいがちであり、その場合清は、「ヨーロッパ」や「近代」と対置される「中華王朝」として位置づけられてしまう。いかに資料の記述を丹念に読み取ろうとしても、その文脈があらかじめ枠にはまっているのであり、それに合う記述のみを切り取ってしまうのである。

　しかし、もとの資料はそうではない。マカートニーにとっては、相手をあるがまま観察して、少しでも交渉の目的を果すとともに有益な情報を持ち帰ることが使命であった。彼は、「中国」（China, Chinese）という言葉は使っているものの、けっしてそれを一枚岩の「儒教を尊崇し、漢字漢文を文化の旨とし、皇帝が天下全てを統べると考える国」などとは見ていない。むしろ、彼の日記を読む私たちの方が、「中華帝国」「中国」といった先入観にとらわれているのである。

　このように、歴史の学びにおいて「資料を読む」とは、与えられた文章を熟読することだけをいうのではない。重要なのは、一つはどこに注目して読むか、もう一つは、そもそもどの資料のどの部分を選ぶかであり、いずれにおいても、現在のわれわれの先入観が枠をはめていることに注意しなければならない。例えば、2018年実施の新テスト試行調査では、モンゴル文年代記『アルタン＝ハーン伝』から、明に圧力をかけて貿易を認めさせたことを勝ち誇って記す一節を読ませて、それと異なる立場で書かれた資料を選ばせる問いが出題された。これは、中国王朝と対等ないし優位の立場で書かれた資料だという読みとりが出発点なのだが、「中国王朝は周辺に朝貢させている」という思い込みがあると、読み誤ってしまう。知識を働かせつつ、先入観にはとらわれないバランスが肝要なのである。

　だが、それは高度すぎて実践できないようなことではない。本稿で示したように、資料を読み解く鍵は、高校教科書にもあちこち埋め込まれているのであり[12]、それを「つなぐ」柔軟な発想と、適切かどうかを「たしかめる」慎重さがあればよいのである。「小さな歴史家」たることの経験は、そのような力を育むことになるだろう。

Ⅰ　歴史学と歴史教育の「領域」

(1) 大学の史学系での学びについては、大学の歴史教育を考える会編『わかる・身につく歴史学の学び方』大月書店, 2016, に要領よくまとめられている。また、関連して南塚信吾・小谷汪之編『歴史的に考えるとはどういうことか』ミネルヴァ書房, 2019, も参考になる。

(2) 詳細は、文部科学省『高等学校学習指導要領(平成30年告示)解説　地理歴史編』東洋館出版社, 2018, の該当箇所参照。

(3) 2017年度試行調査問題は https://www.dnc.ac.jp/daigakunyugakukibousyagakuryokuhyoka_test/pre-test_h29_01.html、2018年度試行調査問題は https://www.dnc.ac.jp/daigakunyugakukibousyagakuryokuhyoka_test/pre-test_h30_1111.html よりそれぞれ取得可(2019年10月6日最終閲覧)。

(4) 清朝史の学説史・研究状況とそれへの批判については、拙著『大清帝国の形成と八旗制』名古屋大学出版会, 2015, 序論・第6章参照。

(5) 近年ではこのような表現はほぼ見られなくなったが、例えば旧課程の『詳説世界史　再訂版』(教科書番号：世史 055, 1987年検定済)では「異民族王朝の清は、……」(p. 202)といった表現があり、現在もこのような漢人中心的な表現・見方が払拭されていないことは否めない。

(6) マカートニー(坂野正高訳注)『中国訪問使節日記』(東洋文庫)平凡社, 1975年。本訳書は公益財団法人東洋文庫所蔵の手稿本を底本としている。引用に当っては、本訳書に拠るとともに、次の校訂本の該当ページを示す。J. L. Cranmer-Byng (ed.), *An Embassy to China: Being the journal kept by Lord Macartney during his embassy to the Emperor Ch'ien-lung 1793-94*, London: Longmans, 1962.

(7) 世界史Bでは、教科書7種(2019年現在)のうち山川出版社『新世界史B』(世B306)・『詳説世界史B　改訂版』(世B310)、東京書籍『世界史B』(世B308)、『世界史B　新訂版』(世B309)、帝国書院『新詳世界史B』(世B312)の5冊で取り上げられている。

(8) 『中国訪問使節日記』, pp. 91-93, 220-225；Cranmer-Byng, pp. 122-124, 212-215.

(9) 熱河の万樹園での接見・式典・祝祭については、非売品の報告書のため閲読が難しいが、岩井茂樹「乾隆期の「大蒙古包宴」――アジア政治文化の一こま――」河内良弘編『清朝治下の民族問題と国際関係』(研究成果報告書)1991, pp. 22-28, で先駆的に指摘されている。

(10) 本稿では触れる余裕がないが、新指導要領では、「世界史探究」において「中央ユーラシア」という地域概念が初めて登場したことも注目すべきである。その概念と学説史については、拙稿「中央ユーラシア世界――方法から地域へ――」羽田正編『地域史と世界史』(MINERVA世界史叢書)ミネルヴァ書房, 2016, pp.97-125, 参照。

(11) 『中国訪問使節日記』, pp. 111-114；Cranmer-Byng, pp. 136-138.

(12) 高校教科書記述の進歩と問題点については、長谷川修一・小澤実編『歴史学者と読む高校世界史―教科書記述の舞台裏』勁草書房, 2018, 参照。

I 歴史学と歴史教育の「領域」

歴史学・歴史を「教える」─歴史学研究者の視点から

歴史研究と歴史教育における認識の相対化
─ユーラシア交流史・海域アジア史を事例として─

四日市 康博
立教大学文学部史学科　准教授

はじめに

　私の研究の専門分野はユーラシア交流史であるが、そこにはアジアもヨーロッパも、そしてイスラーム世界も含まれるため、授業の内容も中国・中央アジア・東南アジアを含むアジア史、イスラーム史、海域史、そして時には地中海史・日本史にも及ぶ。そのため、大学の講義では高校まで学んできた世界史をなぞるのは必要最低限にとどめている。講義をするのは主に高校までで学んだ基礎知識を踏まえた上での歴史の再読み込み、その認識の方法についてである。講義では、実際に私が研究で新知見として扱った専門的な歴史事象をそのまま扱うことはほとんどない。研究において扱う歴史事象は様々な言語の原典史料によって綿密に検証されなければならないが、講義においてそれらの史料とその解釈の内容が綿密に提示されることは希である。むしろ、研究によって明らかになった、よりメタな次元の歴史像、社会や世界の土台や背景となっている諸文化が入り混じった「世界」の構造やその特質について取り上げることが多い。とはいえ、その構造や性質をただ説明しただけではあまりに抽象的で受講する学生側もなかなか実感

がわかないであろう。そこで、具体的な事例として、最新の研究成果や現地調査の記録から古典的な史料解釈まで提示している。本論ではそれらを全て提示することはできないが、いくつかの論点と実例を提示することによって責めを塞ぐこととしたい。

1. 伸縮する世界

　ユーラシアとは周知のとおり「ヨーロッパ」と「アジア」を組み合わせた造語であるが、単に両者を足しただけの概念ではない。例えば、近年、東アジアに該当する地域を敢えて「ユーラシア東部」だとか「東部ユーラシア」と呼ぶことがある。ユーラシアの東側であれば当然アジアを指すにもかかわらず、である。しかし、これは単に東アジアだけを指すわけではなく、ユーラシア大陸の西方・中央部との交流・相互影響を包含した上で東側の地域を指した表現である。そして、その場合、ユーラシアの東部と有機的に結びつく「西方」がどこの地域に該当するのか、それは時代によって異なってくる。ユーラシア同様に、ユーラシアの構成要素のひとつである「アジア」もまた非常に流動的な概念であり、時代によってその範囲が伸縮する[1]。

　もともとアジアは現在のトルコ共和国の東部地域、地中海（エーゲ海）の北東部にあたるアナトリアがもともとの範囲であった。世界史の教科書にも出てくる、いわゆる「小アジア」である。地中海の北西部、すなわち、ヨーロッパを意味するエウロペ、地中海の南部、アフリカを意味するイフリ／アフリ（或いはリビア）に対して、それ以外の東部地域がエイジア、すなわちアジアであった。これはヨーロッパに包含されるギリシア世界の認識であり、したがって、彼らから見て南方にあたるアフリカが当初は北部のリビアだけの狭い範囲を示していたように、アジアも当初の小アジアからどんどん東方へ拡大していった。前近代におけるアジアはあくまでもヨーロッパ側からの他称であり、それが自称に転ずるのは極めて近年のことである。したがって、ヨーロッパがむしろ世界史的な後進地域であり、文化交流の最前線でもなかった14世紀以前においてはアジアという概念は具体的な地理観念を伴わず、ヨーロッパ外部ではほとんど使用されなかった。マルコ＝ポーロもアジアという呼称を使用する代わりにインドと呼んでいる[2]。アジアの呼称が具体的な地理観念を伴って現在のアジアの範囲まで敷衍されてゆくの

はポルトガルがインド洋に進出した 16 世紀以降のことである。エチモロジカルな議論は置くとして、アジアにせよ、インドにせよ、オリエントにせよ、その地理範囲はヨーロッパ＝地中海世界側におけるユーラシア東部の知見と情報が増えるに従って、その範囲を広げ、具体性も増してゆくことになる。それはアフリカの場合においても同様である。

　西方世界からの視点に基づいたアジアとヨーロッパに対応する東側からの地域概念として東洋と西洋がある。現在では、東洋がアジアに西洋がヨーロッパに対応すると考えられているが、これらの概念も時代によってその範囲が異なっていた。これらはもともと中国側から南海に至る航路を指す概念であった。宋代の南海地理書に現れる「西洋」「東洋」は中国から南海を南下する二つの航路、ベトナム - チャンパを経由してマラッカ海峡に至る西洋航路と台湾の東側からフィリピン - ボルネオを経由してマラッカ海峡に至る東洋航路を指していた [3]。特に主要航路として機能していたのが西洋航路である。モンゴル帝国＝元朝時代になると、元朝からインド洋を経由してイスラーム諸国に至るルートが拡大した。そのため、「西洋」というと南シナ海からインド洋までの海域、特にインド洋海域を指すようになる。例えば、元朝で海事や海上貿易に携わる一族の出身であった楊枢は航海中に西洋でイルハン朝のガザン＝ハンが元朝に派遣した使節団と遭遇し、都の大都に連れ帰ったが [4]、この場合の西洋はインド洋であったと見られる。地中海・ヨーロッパ諸国が中国と通交を果たしていないこの時期、西洋の西限はインド洋までだったのである。その後、明代半ばになって、地中海・ヨーロッパ諸国も中国との通交を持つようになる。西洋がさらに拡大して地中海からヨーロッパをも指すようになったのはこれ以後のことである。また、明代以後、琉球や日本のプレゼンスが海上ルート上で大きくなり、中国・東南アジアと琉球・日本を結ぶ海上ルートが活性化すると東洋航路の重要性が大きくなってゆく。それに伴い、元々はインドシナ半島経由かフィリピン・ボルネオ経由かで区別されていた西洋・東洋はそれぞれ従来とは異なる海域世界を指すようになってゆくのである。

　このように、現在では自明のものと思われている世界の範囲は時代によって大きく変化してきたものであった。特に、西側から見た「アジア」や東側から見た「西洋」など、彼岸此岸の彼岸側の世界の概念範囲は時代によってより遠方へと移ってゆく。このような空間＝世界の時代推移の認識は歴史をより立体的・多元的

I 歴史学と歴史教育の「領域」

に理解する際に極めて重要な意味を持つ。

2．海の外から見た日本

　さて、ユーラシアに話を戻すと、ユーラシアもアジア同様、固定的な地理概念ではない。もちろん、前近代におけるユーラシアは史料中に見える歴史用語ではなく、近代以降の概念であるが、実際には、単純にヨーロッパ・アジアと区分できない。このユーラシアを舞台として様々な国家や民族の興亡があった。そして、意外にも、ユーラシアの諸文化と現在我々が暮らす日本の文化の間には相関性が見られることが少なくない。

　ここではユーラシア的な世界観（或いはインド洋海域世界的な世界観）のなかで日本がどのように見られていたのか、その一例を挙げておく。隣国であり、日本文化の形成にも大きな影響を与えてきた中国と違って、前近代のイスラーム世界やヨーロッパ世界の地理学においては、日本はほとんど認識されてこなかった。13 世紀になって、ようやくマルコ＝ポーロが「チパング／ジパング」（Cipangu）として日本の記録を地中海世界に伝える [5]。この名前もまた、当時の中国における「日本国」の漢語音（特に福建・広東など南方の発音）がもとであるというのが通説である [6]。マルコ＝ポーロの情報は中国における間接的な伝聞であったが、当時の事情を伝えるペルシア語史料ラシード＝アッディーンの『ジャーミ＝アル タヴァーリーフ』（『歴史集成』）にも「ジマングォ」（Jimanguw）という表記で日本が登場することから [7]、元朝と日本の交戦によって中国における漢人以外の民族にも日本の名前が知られるようになったと見られる。ただし、マルコ＝ポーロが伝えるように、この時期の日本の情報にはなお他の地域と混同したような内容が見られ、ヨーロッパ人が日本に接触してより具体的な情報を伝えるようになったのは 16 世紀以降のことであった。

　一方、これとは別に日本に相当するのではないかとされる地名が 9 世紀以後のイスラーム地理書に見られる。「ワーク＝ワーク」（al-Wāk Wāk）である [8]。この「ワーク」は「倭国」の音写ではないかとも言われるが、確証はない。他方、このワーク＝ワークが日本ではなく、もっと南方の東南アジア、さらには東アフリカのマダガスカル島にあたるのではないかという説も存在する [9]。それはイスラーム地理書がそのような言説を記載しているからであり、それと同時に

33

ワーク＝ワークがシナ（al-Ṣīn/Chīn/中国）近いという記載も残されている[10]。なぜ、このような混乱が生じるのか。それはイスラーム地理書に添付されている地図を見ると一目瞭然である。12世紀のモロッコ・シチリアのイスラーム地理学者イドリースィーの『ヌズハト＝アルムシュターク＝フィー＝イフティラーク＝アルアーファーク』（『世界横断を望む者の歓喜』）に付された地図を見るとウアク＝ウアク（ワーク＝ワーク）はアフリカ大陸と沿海の島に位置しているが、その対岸にはクマール島（Kumār/カンボジア）とマライ島（Malay/マレー半島）やサランディーブ（Sarandīb/セイロン島）が位置しており、さらにその対岸にはシナ（中国）が位置し、最東（部の島々にはシラ（al-Sila/新羅）と表記されている[11]。一方、アフリカ大陸ではウアク＝ウアクに隣接してソファーラ（Sofāla/現モザンビーク）があり、さらにその西にはザンジュ（al-Zanj/東アフリカ）が続いている[12]。要するに、この海域には東アジアから東南アジア、そして東アフリカまでのインド洋海域の地理情報が集約されているのである。すなわち、ワーク＝ワークをめぐる日本と東南アジア・東アフリカの混同は、この地理概念に起因するものと考えられる。当然ながら、その原因としては10世紀前後におけるインド洋〜東・南シナ海までの海域に関する地理情報の薄さがあるのだろう。

　このように、14世紀以前の日本に対する地理概念は非常に曖昧なものであったが、それは中国において日本の情報を得たマルコ＝ポーロの場合も同様であった。マルコはチパングの特産品として金と真珠を挙げており[13]、これは中国側の記録にも残っているように歴史的な状況と一致するが[14]、一方でマルコはチパングの風習として食人や香木・胡椒の産出を伝えている[15]。言うまでもなく、これらは当時の日本に関する情報とは認められないが、マルコ＝ポーロの創作かというと、そういう訳でもない。これらは、黄金・真珠の産出も含めて、東南アジアのアンガマン諸島・ニコバル諸島周辺の情報と混同されたものと考えられる。『諸蕃志』など南海の地理を記した漢文史料や『インドとシナの情報』などアラビア語史料は共にアンガマン諸島・ニコバル諸島における食人風習や黄金の産出など共通する情報を掲載していることから[16]、マルコ＝ポーロも含めてこれらの情報は当時のインド洋を往来した航海士や商人が共有していた情報が伝えられたものであろう[17]。マルコ＝ポーロ自身もチパングとは別にアンガマン諸島の情報を伝えているが[18]、やはり食人風習と黄金産出の点ではチパングと情報が共通している。つまり、これらの情報は全て、ワーク＝ワーク同様に東ア

ジア海域と東南アジア海域、そしてインド洋西海域のアフリカ東沿海を極めて近い範囲に収めるイスラーム地理学の認識に基づいていると言えそうである。これまでの先行研究には方角や距離を厳密に勘案してワーク=ワークに対応する地域がどこなのか見つけ出そうとしたものもあるが、そもそも当時の地理的認識においては実際の距離や方角を厳密に反映されていたわけではなく、特にインド洋海域は東アジア・東南アジア・北東アフリカがほぼ重なり合う空間としてデフォルメされて認識されていた。そのような曖昧さは曖昧さとして理解しておかなければ、前近代の異文化認識の在り方を見誤ってしまうことになるであろう。

3. 日本とモンゴル帝国

　モンゴル帝国と日本が接点を持った最大の事件とされるものに二度にわたる「モンゴル襲来」がある。モンゴル帝国（＝元朝）が日本に派兵をおこなったものであり、通常、日本では両国に加えてモンゴルと共同で日本を攻めた高麗を加えた三国間の出来事として認識されている[19]。しかし、モンゴル帝国側の視点から見ると、この戦争は決してモンゴル帝国と日本の間だけで完結するものとして計画されていたものではなかった。1274年に起こったモンゴルの日本第一次侵攻（文永の役）は前年の耽羅（三別抄政権）攻略の延長上にあるものであり、日本がよほど態度を軟化させない限りは日本への侵攻は想定済みであったと見られる[20]。

　本来、日本への侵攻は南宋の都、臨安を挟撃するための包囲網形成の一環としておこなわれたものであったが、1276年に臨安が陥落して事実上、南宋が服属すると、元朝は海域アジアに勢力を拡大し、交通路を掌握する方策を前面に出すようになる。1281年の第2次日本侵攻に前後して、モンゴルはビルマ・タイ方面への攻略を開始し、1277年には第1次のパガン朝侵攻が、1283年には第2次パガン侵攻がおこなわれている[21]。さらに、1282年には海上交通路の要衝となるチャンパへの第一次侵攻がおこなわれ、続いて、大越（ベトナム）にも派兵がおこなわれた[22]。ベトナムとの関係が一段落すると、元朝はさらにジャワに遠征軍を派遣する[23]。ベトナム、ジャワといずれも最終的に元朝は敗北を喫して撤退しているが、両国と通商を前提とした朝貢関係を結び直すという点では目的は果たされていた。世祖フビライが崩御したのは、南海の海上交通路が安定し、

次に日本へ第3次の派兵をおこなおうとした矢先であった[24]。

　このように見てみると、モンゴルの日本への襲来は決して日本だけを単独で捉えていたわけではなく、常に東アジア方面と東南アジア方面の経略が連動して計画されていたことがわかる。モンゴル軍の基本的な経略は、アジアだけではなく、モンゴル帝国が中央アジア・イランから西ヨーロッパのユーラシア西部に拡大した際の経略と基本的に大きく変わるところはなかった。そして、モンゴルのインパクトが戦役による短期的・一過的な動揺だけでなく、その後、経済・文化の面において長期的・永続的な影響を与えるようになった点でも、日本とユーラシアのモンゴル襲来には共通性がある[25]。モンゴル帝国時代に東西ユーラシアを移動して影響を及ぼした文化や知識は必ずしもモンゴルそのものに属するものではない。むしろ、モンゴルの支配下にあった様々な文化が相互に交わり合う現象がユーラシアの東西で見られた。これこそ、モンゴル＝インパクトの長期的側面であったといえる[26]。日本において、モンゴル襲来を経た後、14世紀に日元を往来する僧侶や交易船がピークを迎えたのは決して日本特有の現象ではなかったと言える[27]。

おわりに

　今回は紙幅の関係もあって限られた事例しか取り上げることはできなかったが、ユーラシア史や海域交流史を扱うなかでも実に多くのパーセプション＝ギャップが存在する。大学で学ぶのは、これらのパーセプション＝ギャップを解消する方法ではない。まずは、パーセプション＝ギャップ自体を認識することから始めなければならないが、そのためには自分の認識を自覚すること、自分の認識を相対化することが前提となる。自分を相対化するにはなるべく多くの他者の事例を認識しなければならない。

　また、研究との関わりから見ると、大学の授業では、研究で明らかになった具体的な歴史事象そのものを講義することは多くない。むしろ、その背景にある社会構造やより大きな世界構造を具体的な事例と共に解説することが多い。残念ながら、少なくとも筆者の専門とする分野では、歴史認識の基軸となるこれらの背景知識が現在の歴史教育に十分に反映されているとは言い難い状況であるが、そのようなメタな次元の認識が歴史教育に反映されるようになれば、同時に一般的

な歴史認識も変わってゆくであろうし、歴史を通じた現代社会認識にも応用が利くようになってゆくのではないだろうか。

---

(1) 例えば、飯塚浩二 1963: pp.3-99 を参照。

(2) マルコ゠ポーロ／愛宕，1：p.3；マルコ゠ポーロの使用する「インド」の概念については四日市康博 2019, 注 34：p.146 を参照。

(3) 宮崎市定 1942: 197-206 頁／山本達郎 1933: 104-121 頁．

(4) 金華黄先生文集，巻三五，松江嘉定等處海運千戸楊君墓誌銘；四日市 2007: pp.134-136.

(5) Marco Polo/Benedetto: p.3; マルコ゠ポーロ／愛宕，1：p.3

(6) 四日市康博 2013: pp.66-67.

(7) Rashīd al-Dīn/Raushan, 2: p.911. m は音韻的に b と交替することが多いことから「日本国」の音写であると思われる。

(8) 例えば、Ibn Khordādhbeh/Goeje: p.70, 99; Buzurk/Yajima: pp.11-13, 33, 45, 115, 122-123, 124-126, 138-141; ブズルク／家島，1: pp.79-85,180-182, 222-224; 2: pp.158-161,165-175, 205-211 を参照。

(9) Goeje 1883-86: pp.295-307; Ferrand 1907; pp.450-506; Ferrand 1932: pp.193-243;

(10) Buzurk/Yajima: pp.124-125; ブズルク／家島，2: pp.165-166.

(11) Idrīsī/BnF-ms.2221: fols.3ab; Idrīsī/Bodleian-ms.375: fols.3b-4a, 42b-43a.

(12) Idrīsī/Bodleian-ms.375: fols.3b-4a, 42b-43a.

(13) Marco Polo/Benedetto: p.163; マルコ゠ポーロ／愛宕，2: p.130

(14) 寶慶四明志，巻六，敍賦下，市舶，日本；至正四明續志，巻五，土産，市舶物貨．

(15) Marco Polo/Benedetto: p.166; マルコ゠ポーロ／愛宕，2: pp.139-140.

(16) 諸蕃志／杨：pp.125-127;諸蕃志／藤善：pp.197-199; Abū Zaid/Reinaud: pp.9-10; アブー゠ザイド／家島，1: pp.29-30.

(17) 四日市康博 2014: 30-32 頁．

(18) Marco Polo/Benedetto: p.176; マルコ゠ポーロ／愛宕，2: pp.163-164.

(19) モンゴルの日本遠征に関する研究は多いが、ここでは以下の三点のみ挙げておく。池内宏 1931; 川添昭二 1977; 村井章介 2010.

(20) 三別抄と日本の外交に関しては、石井正敏 1978: 1-7 頁；村井章介 2010: 61-64 頁などを参照。

(21) 緬（パガン帝国）への侵攻は元史，210: 4656-4660 頁、八百媳婦（ラーンナー王国）への侵攻は元文類，41: 46ab などを参照。

(22) 元史，210: 4640-4649, 4661-4664 頁．

(23) 元史，210: 4665-4667 頁；元文類，41: 36a-37b.

(24) 元史，17: 376 頁．

(25) 中央アジアにおけるモンゴル侵攻に関しては、例えば、Juwainī/Qazwīnī, 1: pp.62-66（オトラル）, 66-69（ジャンド）, 70-74（ファナーカト、ホジャンド）, 74-75（マーワラーンナフル）, 75-84（ブハーラー、サマルカンド）を参照。モンゴルは相手を服従する者（下僕）と服従しない者（敵）というように二元論的に捉えていたが、それは定宗グユク＝ハンがヴァティカンに送った書状（ペルシア語訳副本）に押印されている朱印（御璽）のモンゴル語文面にも顕著に表れている（Archivio Segreto Vaticano,Inv. no. A.A.Arm. 1802(2)）。

(26) この点については、2016年12月に昭和女子大学国際文化研究所主催で開催されたInternational Symposium "Mongol Impact on Maritime Asia: Archaeological and Historical Perspectives of the Mongol Invasion" において議論された。その成果となる論集は今後刊行予定である。

(27) 村井章介 1992: 170-198頁.

史料

・Abū Zaid/Reinaud: Abū Zaid Ḥasan bn Yazīd Sīrāfī, (ed.)M. Reinaud. *Relation des voyages faits par les arabes et les persans dans l'Inde et à la Chine dans le IXe siècle de l'ère chrétienne : texte arabe imprimé en 1811 par les soins de feu langlès (Akhbār riḥlāt al-'Arab wa-al-Furs ilá al-Hind wa-al-Ṣīn)*. Paris, 1845.

・Buzurk/Yajima: Buzurk b. Shahriyār al-Rāmhurmuzī, (ed.)Yajima Hikoichi. *Kitāb 'Ajā'ib al-Hind: Barr-hā wa Baḥr-hā wa Jazā'ir-hā*. Tokyo: Research Institute for Languages and Cultures of Asia and Africa, Tokyo University of Foreign Studies, 2018.

・Ibn Khordādhbeh/Goeje: Ibn Khordādhbeh, (ed.) M.J. de Goeje. *Kitāb al-Masālik wal-Mamālik*. Leiden: E.J.Brill. Second Edition, 1967 (1st ed. 1889)

・Idrīsī/BnF-ms.2221: Idrīsī 1325. *Nuzhat al-Mushtāq fī Ikhtirāq al-Āfāq*. Bibliothèque nationale de France, MS. Arabe 2221.

　Idrīsī/Bodleian-ms.375: Idrīsī 1553. *Nuzhat al-Mushtāq fī Ikhtirāq al-Āfāq*. Bodleian Library MS. Pococke 375.

・Juwainī/Qazwīnī: Juwainī, 'Alā al-Dīn Atā Malik. (ed.) Mīrzā Muḥammad Qazwīnī. *Tā'rīkh-i-Jahān-gushā*, 3 vols., Leiden and London, 1912-37.

・Marco Polo/Benedetto: Marco Polo, (ed.)Luigi Foscolo Benedetto. *Il Milione: Prima Edizione Integrale*. Firenze: Leo S. Olschki – Editore, 1928.

・Rashīd al-Dīn/Raushan: Rashīd al-Dīn Fadhl Allāh Hamadānī. (ed.)Muhammad Raushan wa Mustafā Mausuwī. *Jāmi' al-Tawārīkh*. Tihran: Nashr al-Barz, 1373.

・アブー＝ザイド/家島：アブー＝ザイド＝ハサン＝イブン＝ヤズィード＝スィーラーフィー,（訳注）家島彦一『中国とインドの諸情報』1-2. 東洋文庫, 東京：平凡社, 2011.

・ブズルク/家島：ブズルク＝ブン＝シャフリヤール,（訳注）家島彦一『インドの驚異譚：10世紀〈海のアジア〉の説話集』1-2. 東洋文庫. 東京：平凡社, 2011.

- マルコ＝ポーロ / 愛宕：マルコ＝ポーロ，（訳注）愛宕松男『東方見聞録』1-2. 東京：平凡社，1970-71
- 元史：宋濂等『元史』二百十巻．校点本．中华书局，1976.
- 元文類：蘇天爵『國朝文類』七十巻．元元統刊本．四部叢刊初編．
- 寶慶四明志：方萬里，羅濬『四明志』二十一巻．清咸豊刊本．宋元地方志叢書 8.
- 金華黄先生文集：黄溍『金華黄先生文集』四三巻．元至正刊本．四部叢刊初編．
- 至正四明續志：王元恭『四明續志』十二巻．清咸豊刊本．宋元地方志叢書 9.
- 諸蕃志 / 杨：趙汝适，（校訂）杨博文《諸蕃志校釈》北京：中华书局，1996.
- 諸蕃志 / 藤善：趙汝适，（訳注）藤善真澄『諸蕃志』吹田：関西大学出版部，1991.

参考文献

- Ferrand, Gabriel 1907. "Les iles Ramny, Lamery, Wakwak, Komor des geographes Arabes, et Madagascar." *Journal Asiatique* Novembre-Decembre 1907: pp.433-566.
- Ferrand, Gabriel 1932. "Le Wakwak est-il le Japon?" *Journal Asiatique* Auvril-Juin 1932: pp.193-243.
- de Goeje, M.J. 1883-86. "Le Japon connu des Arabes." in Buzurk ibn Shahriyār al-Nākhudāh al-Rām-Hurmuzī. *Kitāb ʿajāyib al-Hind: barruhu wa-baḥruhu wa-jazāyiruh: Livre des merveilles de l'Inde*. E.J. Brill, 1883-86
- 飯塚浩二 1963.『東洋史と西洋史とのあいだ』岩波書店．
- 池内宏 1931.『元寇の新研究』東洋文庫．
- 石井正敏 1977.「文永八年来日の高麗使について—三別抄の日本通交史料の紹介」『東京大学史料編纂所報』12: 1-7 頁．
- 川添昭二 1977.『蒙古襲来研究史論』雄山閣出版．
- 宮崎市定 1942.「南洋を東西洋に分つ根拠に就いて」『東洋史研究』7/4: 197-218 頁．
- 村井章介 1992.「渡来僧の世紀」石井進（編）『都と鄙の中世史』吉川弘文館．170-198 頁．
- 村井章介 2010.「蒙古襲来と異文化接触」『日本の対外関係 4 倭寇と「日本国王」』吉川弘文館：57-80 頁．
- 山本達郎 1933.「東西洋といふ稱呼の起原に就いて」『東洋學報』21/1: 104-131 頁．
- 四日市康博（編著）2008.『モノからみた海域アジア史—モンゴル〜宋元時代のアジアと日本の交流』九州大学出版会．
- 四日市康博 2013.「マルコ・ポーロの見た黄金の国ジパング」『マルコ・ポーロが見たユーラシアー『東方見聞録』の世界』（特別展図録）横浜ユーラシア文化館．
- 四日市康博 2014.「マルコ＝ポーロの書『世界の記述』の虚構と物語性：物語作家ルスティケッロ＝ダ ピーサはその共著者か？」『横浜ユーラシア文化館紀要』2: 19-44 頁．
- 四日市康博 2019.「総論に代えて：モンゴル帝国＝元朝の覇権から見た 13 〜 14 世紀の諸相」『史苑』79/2: 129-146 頁．

| | 歴史学・歴史を「教える」─歴史学研究者の視点から |

大学における
歴史学教育の実践

関　周一
宮崎大学教育学部　教授

本章のねらいと自己紹介

　本章では、歴史学（日本史）研究者による、大学における歴史学の教育実践について紹介していく。

　筆者は日本中世史、特に対外関係史を中心に研究している。2013年10月、宮崎大学教育文化学部に赴任し、小学校・中学校・特別支援学校の教員養成課程である学校教育課程と、新課程（ゼロ免）の人間社会課程社会システムコース（高等学校の教員免許状を取得する学生を含む）の日本史分野の授業を担当し、日本史ゼミ生を指導してきた。2016年4月の学部改組により、宮崎大学教育学部の所属になり、学校教育課程において、小中学校の社会科ないし高等学校の地理歴史科の教員をめざす学生（小中一貫コースの小主免・中主免の学生）を中心に、日本史分野の教育を担い、日本史ゼミ生を指導している。教育学研究科教職実践開発専攻（教職大学院、専門職学位課程）の授業も担当している。

　宮崎大学に赴任するまで、筆者は、14大学、3短期大学、1工業高等専門学校、3高等学校および2予備校の非常勤講師（ないしは兼任講師）として授業を行ってきた。高等学校については、私立普通科2校、公立普通科・家政科1校において、社会科日本史や地歴科世界史・日本史の授業を担当した。こうした経験を踏まえ

て、学生の指導にあたっている。

　本章の１では、歴史学の特性や研究方法を踏まえた上で、宮崎大学における歴史学の教育について述べ、受講前に学んでおいて欲しい点について言及する。２においては、高等学校で求められる「主体的・対話的で深い学び」を考えるための素材として、中学校の状況を紹介し、最後に宮崎大学の基礎教育の実践について紹介する。尚、宮崎大学における歴史学の教育については、「地方国立大学教育学部における日本史教育―宮崎大学教育文化学部の場合―」（夏目琢史・竹田進吾編『人物史　阿部猛―享受者たちの足跡―』日本史史料研究会企画部、2016 年）において述べたことがあり、本章はその後の実践について述べる。

1　大学における歴史学の教育

(1) 歴史学の特性と研究方法

　まず歴史学の特性や研究方法について、遅塚忠躬『史学概論』（東京大学出版会、2010 年）を基に、（ア）（イ）の２点を確認しておきたい。

（ア）歴史学の約束ごと　論理整合性と事実立脚性

　同書の「はしがき」において、歴史学の約束ごとは、このただ二つだと述べている。論理整合性については、「歴史学が学問であり科学（science,Wissenschaft）であるからには、理性を備えた人間なら誰でもが納得できるような、論理的筋道の通った議論をしなければならない」（2 頁）とする。事実立脚性については、「歴史学が、経験によって知られた事実（文書や記録を読んだり、遺物を調べたり、関係者から聞き取りをしたりして得られた事実）に基づく学問だ」（2 頁）と述べている。

　この論理整合性と事実立脚性をもった議論をできる学生を育てること。これが大学における歴史学の教育の目標といってよいだろう。特に事実立脚性は、歴史学の根幹に関わるものである。

（イ）歴史学の方法・作業工程

　遅塚氏は、歴史家の営みを分解して、次のような作業工程表を示している（工程表は 116 頁。117・118 頁の記述を加えた）。

　　①問題関心を抱いて過去に問いかけ、問題を設定する。

　　②その問題設定に適した事実を発見するために、雑多な史料群のなかからそ

の問題に関係する諸種の史料を選び出す。

③諸種の史料の記述の検討（史料批判・照合・解釈）によって、史料の背後にある事実を認識（確認・復元・推測）する（この工程は考証ないし実証と呼ばれる）。（「事実の認識」）

④考証によって認識された諸事実を素材として、さまざまな事実の間の関連（因果関係なり相互関連なり）を想定し、諸事実の意味（歴史的意義）を解釈する。（「事実の解釈」）

⑤その想定と解釈の結果として、最初の問題設定についての仮説（命題）を提示し、その仮説に基づいて歴史像を構築したり修正したりする。（「歴史の認識」）

（2）大学における歴史学の教育カリキュラム

　以上述べてきた歴史学の特性や研究方法などを踏まえて、大学における歴史学のカリキュラムや授業内容が定められる。とはいっても、学生の所属学部・専攻などに応じて、それらは多様である。

　一般論でいえば、①教養ないし人文系学問の基礎として歴史学を学ぶか、②歴史学を専門として学ぶ（史学専攻）かによって、カリキュラムや授業内容は大きく異なっている。①は、概論・概説などと呼ばれる講義が主となる。なかには、演習（ゼミ）を取り入れている大学もある。②は、概論・概説という基礎、特論・特講・特殊講義などと呼ばれる応用の二種類の講義と、史料学・史料講読・外国語講読や演習（ゼミ）のような学生の主体的な学習を求める授業とが、密接に関連付けられる必要がある。演習は、新入生や初学者向けの基礎演習と、上級生向けの演習とに分けられ、研究の方法を学ぶ他、日本史分野では史料講読を行うことが多い。卒業論文執筆のための演習を設ける大学もある。

　筆者が勤務する教育学部は、①②双方のカリキュラムを必要としている。小中高教員として授業をするために必要な学びと、歴史学で卒業論文を書く学生の学びとが並存しているためである。前者は①および②の概論・概説が、後者は②の要素をもった授業科目群が対応する。

（3）宮崎大学教育学部における日本史の授業（社会科教育の学生対象）

　講義については、「日本史概論」（1年前期、2単位）と「日本史特論」（2年後期、

２単位）とがあり、前者は必修科目、後者もほぼ全員が履修する（中主免は必修）。この２つは、教員として必要な日本史を学ぶための科目である。日本史の概説（４単位分）を２つに分けたものとしており、したがって（2）②の特論・特講・特殊講義に相当する科目は、開講していない。

「日本史概論」は、河添房江『唐物の文化史―舶来品からみた日本』（岩波書店〔岩波新書〕、2014年）を教科書とし、古代・中世・近世の政治・対外関係・文化について扱う。「日本史特論」は、古代・中世・近世・近現代の特徴を理解することをめざし、学習の進展を考慮して社会経済史や社会史などのやや難解な内容を扱っている。両講義とも（1）の作業工程表①〜⑤の作業を、教員が例示している。

上記の２科目の他、日本史ゼミ生の受講を想定した選択科目（演習）を開講している。ゼミ生の最終目標は卒業論文の執筆にあり、そのために必要な能力を養成することを主たる目標としている。

２年前期の「日本史講読」は、先学の著書や論文を批判的に読み、研究上の課題や研究方法を学ぶことなどを目的としている（作業工程表①に対応）。２年後期の「史料学」では、歴史学研究に必須の史料について考えていく（作業工程表②に対応）。両授業ともテキストの講読を行う。担当者はレジュメを作成してテキストの該当箇所について報告し、質疑応答を行う。プレゼンテーションや討論の訓練も兼ねている。

３年前期の「日本史演習Ⅰ」は、史料の読解力をつけることを目的とする（作業工程表②③に対応）。佐藤進一『新版　古文書学入門』（法政大学出版局、1997年）を教科書として講読し、文書の様式を知った上で、変体漢文の読み方や、史料用語の習得を目指す。講読の際、日本史史料研究会監修・苅米一志著『日本史を学ぶための古文書・古記録訓読法』（吉川弘文館、2015年）を参考書としている。その後、南九州の中世文書、近年は日向国の大光寺文書を講読している。後期の「日本史演習Ⅱ」においては、卒業論文をめざして、各自のテーマ設定（問題設定）と、先行研究の収集と批判的検討を行う（作業工程表①に対応）。受講生が，レジュメを作成して報告するのは、２年次と同様である。またゼミ生の希望に応じて、別途、各時代の史料を講読する勉強会を開き、卒業論文に向けての史料読解力の向上を図っている（作業工程表②③に対応）。その他、博物館や史跡の見学を行っている。

4年次の卒業論文は、小中高大の学びの集大成だと考えている。作業工程表の内容を実行してもらい、歴史学研究の醍醐味を体験してもらうことを意図している。指導は、学生の中間発表（複数回）と個別指導とによって行う。また10月下旬ないし11月上旬に、宮崎大学・宮崎公立大学・鹿児島大学教育学部合同の卒業論文構想発表会、12月下旬に、西洋史ゼミと合同で、歴史講座卒業論文構想発表会（4年次、3年次）を開いている。宮崎県地域史研究会の例会として、2月中旬に宮崎大学・宮崎公立大学歴史学卒業論文合同発表会を開催している。

(4) 講義の前提と工夫

筆者は、前述した講義を準備するにあたり、高等学校の日本史Bおよび世界史Bの内容、それも大学入試レヴェルの内容（冒頭で述べた筆者の経験に基づく）を念頭において、授業内容や水準を決めている。その水準で始めないと、卒業論文や教育実習には間に合わないからである。

しかし地歴科の開設後、高等学校で日本史を学んでいない学生が多数いることを、講義の前提にしなければならなくなった。本学部社会科教育の学生は、日本史Bを履修している学生が多数派ではあるものの（その分、地理の未履修者が圧倒的に多い）、世界史については、世界史Aを履修した学生が大半で、世界史Bの履修者は少ない。

このような事情に対して、教科書を指定し、詳細なレジュメ（一部に空欄補充）を配付する、スライド（パワーポイント、写真・模式図が主）や映像を使用するなど、講義の方法を工夫し、予習・復習がしやすいように配慮している。数学や理科とは異なり、歴史は積み上げの科目ではないため、講義の中で必要に応じて、未履修者向けに基礎的な解説を加えている。しかしそれのみではカバーしきれないため、五味文彦・鳥海靖編『もういちど読む山川日本史』（山川出版社、2009年。新版は2017年）や木村茂光・小山俊樹・戸部良一・深谷幸治編『大学でまなぶ日本の歴史』（吉川弘文館、2016年）などを附属図書館に用意してもらい、それを読むことを勧めている。また文献解題を丁寧に行い、辞典・事典、通史、概説書などの利用の仕方や、ジャパンナレッジの利用法などを説明している。このことは、当該科目の予習・復習はもとより、教育実習、教員としての授業準備にも欠かせない。

講義の導入では、中学校社会科歴史的分野の教科書（現在使用されているもの）

を提示しながら展開するようにしている。受講生全員が中学校で学んでいるはずだし、教育実習を控えている学生の学ぶ意欲をかき立てるのではないかと考えたためである。また筆者は、学校教育課程全員の必修科目である「人権同和教育」（3年後期）において「部落問題の歴史と現状」について3回にわたり講義している。その最初に、中学校社会科歴史的分野の教科書の目次を配付し、古代・中世・近世・近代・現代がどのような時代であるかについて簡潔に説明している。

　以上述べたように、講義では、中学校社会科歴史的分野の復習を導入にしている。その際、大半の学生は内容を忘れていることを前提にしている。そもそも筆者のように、日頃から歴史を調べたり、考えたりする人間は、ごく少数に過ぎない。歴史学を専攻していない学生（社会科教育の学生の大半は、この範疇に含まれる）が、歴史を意識して日常生活を送っているわけではない。学んできた歴史の知識を思い出してもらえれば、授業は展開できるのである。

　筆者の講義は、中学校・高等学校の学習を単に繰り返しているのではない。焦点を絞り、研究史を紹介しながら、社会科教育でいわれる「認識的不一致」が生じる内容を選んでいる。例えば、「日本史概論」の唐物、交流の場（博多・対馬など）、国風文化論、「日本史特論」の古代道路、立荘論、中世の自力救済、貨幣、国民国家と国語などである。

　これらを理解するためには、古代・中世・近世・近代・現代、もしくは世紀ごとにその特徴を理解しておくことが望まれる。そのためには、例えば、古代では律令国家、近世では幕藩制国家というような研究概念を知っておいてもらう必要がある。「日本史特論」では、予習として、世紀ごとの特徴を整理するワークシートを提出させている。手書きで作成させ、誤字の訂正を含めてコメントを付して返却している。筆者の実践を踏まえていえば、小中高の学習では、時間軸に即して歴史を理解するという学習を期待したい。

　上記に加えていえば、小川幸治氏が提唱した「世界史リテラシーの観点100」や桃木至朗氏が提唱した「歴史の基本公式」などを学んでおくことも有効だと考える。詳細は、桃木至朗「歴史の「思考法」の定式化」（『歴史評論』第828号、2019年4月号）などを参照されたい。

2 「主体的・対話的で深い学び」へ向けて

(1) 中学校社会科歴史的分野における「歴史のとらえ方」

　筆者が高等学校に勤務していたのは、1990 年代から 2000 年代初頭であったが、板書と講義で一斉授業をしていた。しかし、現在では、このような方法は、少数派になりつつある。

　教育文化学部の社会システムコースの学生は、1 年前期の「大学教育入門セミナー」において、教員による細かな指導がなくとも、グループによる調査や、パワーポイントを使用したプレゼンテーションを抵抗なく行っていた。教育学部の「社会科教育実践研究」（2 年後期）では、グループごとに、小学校社会科の授業を想定しつつ、教材開発事例研究を行っている。問題設定や調査方法の選択などに苦労しつつも、最終的には一定の水準をクリアしている。このような実践が可能なのは、高等学校日本史・世界史の授業以外の機会に、経験してきたからであろう。

　中学校においては、平成 20 年（2008）3 月 28 日改訂の『中学校学習指導要領』において、社会科歴史的分野に「(1) 歴史のとらえ方」が設けられている。主な教科書（平成 27 年 3 月 31 日付　文部科学省検定済）の構成を挙げてみよう（紙幅の関係で、頁数は省略する）。

①帝国書院『社会科　中学生の歴史』「第 1 部　歴史のとらえ方と調べ方」

　「第 1 章　歴史の流れと時代区分」

　　　「歴史をたどろう」「1　時代の移り変わりと時代区分」

　「第 2 章　歴史の調べ方　まとめ・発表の仕方」

　　「1　調べるテーマを決めよう」「2　情報を集めて調べよう」

　　「3　結果をまとめて発表しよう」

　　　宮城県仙台市の仙台七夕まつりを具体例として示している。「技能をみがく」として「1　情報の集め方」「2　野外・聞き取り調査の仕方」、「3　レポートのまとめ方」「4　発表の仕方」のコラムを付す。

②日本文教出版『中学社会　歴史的分野』「第 1 編　歴史のとらえ方」

　「1．歴史の流れをふり返ろう」

　「2．時代を代表する人物などについて、調べて考えよう」

　　　「人物・できごと・文化遺産を調べるポイント」を示す。

I 歴史学と歴史教育の「領域」

「3. 班で考えたことを整理して発表しよう」

「相手に伝わる発表のしかたのくふう」として「整理のしかた」「説明のしかた」「発表のしかた」「提示のしかた」を示す。

「歴史をはかるものさし」

「さあ、中学校の歴史学習を始めましょう」

説明のポイントとして、「1 因果関係」、「2 世界史との関連」、「3 さまざまな角度から」、「4「時代の転換」をとらえる」、「5「時代の特色」をとらえる」を挙げる。

③東京書籍『新編新しい社会 歴史』「第1章 歴史の流れをとらえよう」

「1 身近なものにも歴史がある！？」

「歴史の流れ」「歴史スキルアップ 1 時代や年代を読み取ろう」

「2 「歴史の流れ」から思い出してみよう」

「3 「歴史の流れ」からまとめてみよう」

「4 歴史の調べ学習をするには…？」

「① テーマを決めるポイント」、「②調べるポイント」、「③考察するポイント」、「④まとめと発表のポイント」、「⑤見直すポイント」を示し、「堺市の歴史を調べよう」という事例が示される。「調査の達人」として「①図書室・図書館を利用しよう」「②インターネットを利用しよう」（後の章に、他の調べ方を挙げている）を示す。

いずれの教科書も、小学校の復習や地域学習を通じて、歴史の学び方を述べている。扱う内容や水準の違いはあれ、大学における歴史学の学びと共通する方法が、提示されているのである。

（2）教育実習生による中学校社会科歴史的分野の授業

本学部3年生の附属中学校における教育実習（「実習II」、3週間）を視察すると、実習生は、おおむね次のパターンで歴史の授業を行っている。(a) 前時の復習をする。(b) ワークシート（空欄補充）を配付して教科書の内容を確認する。(c) 学習課題を板書し、ワークシートを配付する。(d) 教科書・副教材や実習生が用意した資料・映像・スライドなどを使用して、生徒一人一人に、ワークシートに記入させる。(e) グループを作らせて相談させ、グループとしての回答をホワイトボードに記入させる。(f) ホワイトボードを黒板に集め、各グループの代表に

47

回答を発表させる。(g) 発表をもとに、実習生が授業のまとめを行う。(b) は附属中学校だからこそ可能だろうが、4年生が宮崎県内の中学校で行う教育実習（「実習IV」、2週間）や「教職実践演習」の模擬授業においても、(c) 以下は、ほぼ同様に行われている。

　上記のうち、(c) の学習課題の設定が最も難しく、教員や学生の間で議論の対象になる。ともすれば当該時代の状況を無視した課題が設定されがちである。筆者は、学習課題や作業ありきではなく、時代や史料（中学校は現代語訳）などに即して課題を考えるよう指導している。

(3) 宮崎大学基礎教育「現代社会と歴史 (1)—近現代日本とアジア（外交と戦争）—」の実践

　本科目は、基礎教育「課題発見科目」の一つで、1 (2) で述べた①にあたる。「課題発見科目」は、「少人数のクラス編成によるグループ学修等のアクティブ・ラーニングを教育方法の特徴とし、知識・理解の習得に加え、論理的思考力、問題解決能力、コミュニケーション能力、生涯学習力等の育成を目指」（『2019年度　キャンパスガイド（学生便覧）』103頁）す科目群である。

　本科目は、地域資源創生学部・教育学部・農学部・工学部・医学部という5学部の学生を対象とし、定員の目安を40名としている。教科書[注]を使用した講義が11回、附属図書館の案内などに1回、グループ討論で3回（計15回）とし、以下のような方法を採っている。

　（ア）講義の予習時にワークシートに取り組ませる。教科書の該当箇所の要点（著者の主張など）を抜き書き、または整理させる。先行研究や史料を根拠として示していく歴史学の文章に慣れさせ、文章を読む力を養成することを目指している。講義は、ワークシートの回答を確認しつつ、レジュメを配付して、教科書の内容を理解させる。この方法は、高等学校で日本史を履修していない学生に配慮したものでもある。「主体的・対話的で深い学び」をするためには、歴史を体系的に理解していく必要があり、そのためには、教員による講義は欠かせないと考える。

　（イ）講義に対して、コメントペーパーを書かせる。人の話を聞き、考えてまとめる力を養成することを目指す。

　（ウ）3回のレポート提出を課す。1・2回目は、教科書に関連した調査課題を

各自が設定し、文献やインターネットを調べて調査する。3回目は、授業の総括をさせ、各自の考えを述べさせる。レポートの執筆を通じて、論理整合性のある文章を書く力を養成する。

（エ）レポート提出期限の前週に、グループ討論を行う。各自の調査内容や考えを相対化させることで、さらなる調査をし、自身の考えを深化することを目指すものである。事前に調査課題をアンケートに記入させた上で、できるだけ異なる学部・学科のメンバーになるように編成している。1グループは、4人程度が適切である。討論の際、「報告・討論メモ」に記入させる。目的は、受講生が討論に集中させることと、教員が討論の様子を把握して評価できるようにすることである。

（オ）成績評価は、レポート、コメントペーパー、報告・討論メモというような受講生が書いたものを対象とする。

　最後に誤解のないように述べておくと、筆者は、板書と講義による一斉授業（歴史の見方や、歴史に関する知識を伝達することを想定）を否定しているわけではない。前述したように、アクティブ・ラーニングをうたった宮崎大学基礎教育の授業においても、講義の比重はむしろ高い。講義があって初めて、アクティブ・ラーニングが可能になるのだと思う。さらに付言すれば、文部科学省『高等学校学習指導要領（平成30年告示）』および『高等学校学習指導要領（平成30年告示）解説　地理歴史編』が求めるような課題学習を核とする、歴史総合の授業は、高等学校の地歴科教員のこれまでの授業実践を白紙にするのではなく、むしろそれを基に構築していくべきものだと考える。

（注）指定した教科書は、次の通りである。〔2014年度〕趙景達『近代朝鮮と日本』（岩波書店〔岩波新書〕、2012年）・同『植民地朝鮮と日本』（岩波書店〔岩波新書〕、2013年）。〔2015年度〕中村政則『戦後史』（岩波書店〔岩波新書〕、2005年）。〔2016年度〕加藤陽子『戦争の日本近現代史―東大式レッスン！征韓論から太平洋戦争まで』（講談社〔講談社現代新書〕、2002年）。〔2017年度〕筒井清忠編『昭和史講義―最新研究で見る戦争への道』（筑摩書房〔ちくま新書〕、2015年）。〔2018年度〕三谷博『維新史再考　公議・王政から集権・脱身分化へ』（NHK出版〔NHKBOOKS〕、2017年）。

大学の教養教育と歴史教育

丸橋 充拓
島根大学人文社会科学系　教授

教養歴史教育の現状

　大学教養課程の歴史教育には、高校歴史教育と重なるところがある。それは、大多数の学生にとって「学校でまなぶ生涯最後の歴史学習」になる可能性が高い点である。（大学で歴史学を専攻するほんのわずかな学生を除く）99％の市民にとって、「最後の歴史学習経験」は高校の歴史科目、もしくは大学の教養科目になる。それはそのまま「市民の歴史的教養」のクォリティーを大きく規定することになる。

　ひるがえって、「市民の歴史的教養」の近況には、懸念材料があふれている。身の回りのことにのみ関心が向き、外部への視野が開かれない。あるいは、目前の現象を脊髄反射的に批評するばかりでそこに至るまでの過程（歴史の積み重ね）に想像力が働かない等々、いずれも歴史教育の現状分析がなされる際に、しばしば論じられる問題である。

　こうした問題の原因として誰もが指摘するのは、高校歴史科目における「暗記の強要＝受験の弊害」であるが、これについては今次の学習指導要領改定を軸に、改善の道筋がつけられつつある。これに対し、受験に帰責できない大学教養歴史教育の場合はどうか。何が課題なのか。そしてそれをどう打開すれば良いのか。

　現状における課題は大きく二点。まず授業を担う教員が純然たる歴史研究者でもあるため、その内容が「専門課程の歴史教育を薄めたもの」になりがちだったこと。次に、「多学部構成の多人数授業」という不可避的な制約のため、どうしても一方向的な講義形式になってしまい、学生の受動性が克服

されないこと、が挙げられよう。

多くの大学において、歴史学の専門課程には、卒業研究がゴールとして設定されている。卒業研究は、学生が主体的に課題を設定する。分析には論理性が欠かせない。さらに文章やプレゼンテーションを工夫して、他者にも解りやすく他者に伝えることも必要となる。

したがって、卒業研究を課し、その指導をしている大学歴史教員の多くは、「主体的・対話的で深い学び」などはとうの昔に実践済み、と考える。自らの研究のみに没頭し、学生本位の教育など眼中にない教員も依然として少なからずいるわけであるから、このように考える大学教員はまだ教育熱心な部類である。「専門課程が学生教育の主戦場」という考えは一面では当然のことであって、そのこと自体に責められるべき点はもちろんない。

「歴史学の支持層」先細りの懸念

しかし「専門課程のみでは、教育の波及範囲が極めて狭い」という点には、注意が向けられにくかった。

「専門課程を薄めた内容の、一方向的な講義授業」は、理系を含む大多数の他分野学生に響くだろうか。残念ながら、彼ら／彼女らにとって教養歴史科目は現状「単位稼ぎのコマの一つ」に過ぎず、その知識はほとんど「期末試験までが賞味期限」に終わる。

彼ら／彼女らが社会人になり、さまざまなバックグラウンドを持つ人たちと仕事をともにする経験でもすれば、歴史的教養の重要さに気づくこともあるだろうが、「教養歴史科目の賞味期限」は往々すでに切れている。仮に彼ら／彼女らが学び直しの動機づけを抱いても、それに応える魅力的なメニューがアカデミズムの側に揃っていない。そうこうしている間に、せっかくの「市場の需要（お客様）」を、非学問的でエモーショナルな（一見魅力的な）歴史語りに奪われる、という悪循環が生まれている。

大学歴史教育が「1％の歴史専攻生」のみをターゲットとし、「99％の歴史を専攻しない高校生・大学生・市民」をおろそかにしてきたことは、市民の歴史離れ、歴史修正主義の台頭などの「今日の危機」と深く結びついている。少子化が進む今日、非歴史専攻生に提供する「市民の歴史的教養」の内容と

方法を、本腰を入れて構想しなければ、「歴史学の支持層」は先細りとなり、遠からず絶滅の危機を迎えかねない。

こうした状況は、歴史学界においてもちろんすでに認識され、対応も始まっている。今世紀初頭に活動を始めた大阪大学歴史教育研究会の成果『市民のための世界史』（2014年）は教養向けのテキストであり、日本学術会議「（報告）大学教育の分野別質保証のための教育課程編成上の参照基準 歴史学分野」（2014年）は教養課程重視のスタンスでまとめられている。

さらに2015年には高大連携歴史教育研究会が設立され、行政・大学・小中高校・教科書出版社・受験産業などの「業界の壁」、あるいは「地域の壁」を越えた協働が進められるようになった。本稿との関連では、同会を構成する5つの部会のうち、第5部会が「大学の教養歴史教育と教員養成」を分担しており、「非歴史専攻生向けの歴史教育には、（専門課程とは異なる）独自の探究領域がある」との認識は確実に広がりつつある。

ただし、方法論の具体化はまだまだこれからである。

教養課程に歴史の概説科目を開講している大学は多い。ただしその中身は、①日本史・東洋史・西洋史の担当者によるオムニバス型か、あるいは、②歴史専攻生の入門編としての「史学史」型であることが多い。それぞれ前世紀から一般的だった講義内容だが、現状の課題に照らせば、①は担当教員の得意分野を講じる「顔見世興行」に終わり、体系性が重視されない、②は非歴史専攻生が学ぶ意義を見出しにくい（「文系学生が情報教育においてコンピューターの原理まで教わる」のとパラレルな現象、といえば理系学生の受け止めを想像しやすくなるだろう）、という点で改善を要する。

これからの教養歴史教育に向けて

大学の歴史教育には「受験の縛り」がない。「学問の自由」に基づき、独自性・多様性を追求することが無論重要である。したがって教養歴史教育も「大学間で内容を共通化すべし」という話には、もちろんならない。しかしその一方で、歴史研究の意義を市民に伝える方法を「業界総出で」構想しなければならない時代になっている、という現実も直視する必要がある。

おそらく大学の違いを越えて共有できる目標は、①コンパクトで体系的な

概説を設計すること、②非歴史専攻生の主体的な学びを引き出すこと、であろう。

このうち②において重要なのは、「良質な問い」「取り組みやすく加工された資料」「他者と意見交換する仕掛け」等の集積と体系化である。一見、多人数・多分野の教養講義に不向きのようだが、工夫次第では学生の主体性を喚起することは十分可能であり、そうした実践例も徐々に蓄積されつつある。

もちろんそうした作業を教員個々人のみで行うことは困難であり、多分野の教員による協働が欠かせない。たとえば高大連携歴史教育研究会の第2部会が立ち上げた教材共有サイトなど、横連携を広げるプラットフォームは整いつつある。多様な専門家が集まり「よってたかってわいわいと」教材開発する文化を育てていくことは、大学教員にとっても今後重要になるだろう。それは決して「教育の自由への介入」ではない。むしろわれわれを、創見に満ちた新鮮な世界へといざなってくれるに相違ない。

参考文献

・小川原宏幸・向正樹「わかる歴史から、考え実践する歴史へ―同志社大学の取組と構想」(大阪大学歴史教育研究会・史学会編『教育が開く新しい歴史学』所収、山川出版社、2015)
・丸橋充拓「島根大学・教養歴史教育のためのアクティブラーニングの試み」(『報告 島根大学法文学部歴史学分野における歴史教育改革の取り組み (二〇一六年度)』所収、島根大学学術情報リポジトリ http://ir.lib.shimane-u.ac.jp/ja/38649、2017)
・鹿住大助「大学で歴史を学ぶということ」(南塚信吾・小谷汪之編『歴史的に考えるとはどういうことか』所収、ミネルヴァ書房、2019)

I

歴史学と歴史教育の「領域」

これまでの歴史教育

世界史教育の
来し方行く末を
考える

日高 智彦

東京学芸大学教育学部　講師

はじめに―ある授業開き

　1952 年 4 月、新設 3 年目の東京都立広尾高校のあるクラスで、世界史の授業
開きが始まろうとしていた。担当は、31 歳の新任教師である吉田悟郎。すでに
編集者として歴史本を作成する経験を持っていた吉田は、生徒を新しい校舎の屋
上に連れて行って、次のように語りかけたという。

> 「これから始まる世界史の授業は、この地域から始まる。あそこの通学路
> を下りていくと、庚申塚がある。そして、あそこに板碑がある。あそこに、
> 中国人の女性留学生が入学した実践女学校がある。自分は、この広尾とい
> う地域から世界史を見ていくことをやりたい。自分だけが話すような授業
> はしない。黒板には字を書かないし、年号とか暗記とか無視した授業をす
> る。ノートも別に取らなくてもいい。みんなで勉強していこう。」[1]

後に世界史教育に重要な足跡を残す吉田の、面目躍如といったエピソードでは
ある。それにしても、どうしてこのような授業開きであったのだろうか。とりわ
け、なぜ世界史を地域から見ていこうとしたのか。その背景を探ることから、「こ

れまでの世界史教育」について考えることを始めてみよう。

世界史教育のはじまり

　第二次世界大戦後の新学制において、高校には社会科が新設され、そのなかの選択科目として「人文地理」、「時事問題」、「東洋史」、「西洋史」が設置された（1947年版学習指導要領）。「東洋史」と「西洋史」は、戦前以来、外国史教育として設置されていた教科目の枠組みであった。しかし、1948年10月に、次年度から「東洋史」、「西洋史」を廃して「国史」（のち「日本史」）、「世界史」と改められることが発表された。この「世界史」新設経緯については不明なことも多いが、いずれにせよ十分な検討および歴史的背景があっての設置ではなかった[2]。そのため、1949年4月の授業開始時には、学習指導要領もなければ正式な教科書も存在しない状態であった。

　当然ながら、現場は混乱した。そのような市場をねらって世界史と銘打った参考書も多く出版されたが、そもそも世界史とは何か、「東洋史」と「西洋史」を合わせただけで「世界史」になるのか、などについての学的検討は、時間的にも十分に行われたわけではなかった。吉田が世界史教師となった1952年度から検定教科書が発行されるが、同様の問題は残った。「年号とか暗記とか無視した授業をする」と吉田が言ったとき、そもそも「世界史」において無視できない年号や暗記が何なのかも、自明ではなかったのである。

　このような混乱の中で、従来の「東洋史」と「西洋史」をそのまま教えることを前提に、その「比率」をどうするか、というやり方で対処する現場もあったようである。一方、混乱の中から、従来のものを単に足して割っただけではなく、何をどう学んだら「世界史」になるのかを前向きに追求する教師たちもいた[3]。その背景には、戦争体験、戦後の体制変化、朝鮮戦争、冷戦といった、生徒と教師をとりまく生活や国際情勢の変化があった。

　吉田よりも3歳若く、東京都立第一商業高校の教師だった鈴木亮も、そのような教師の一人であった。鈴木は、1953年度に担当した高3「時事問題」の授業において、「自分の今までの歴史をふり返り、現在の自己の姿を正しく理解すると共に、将来自分の生きてゆくべき方向を考える材料とする」ために、生徒に作文集『私たちの歴史』をつくらせた[4]。生徒は、自分の人生の区切り（小学

校入学など）に沿って、資料を集め、疎開生活などについて調べ、その報告を集団で議論し、「私たちの歴史」として書いた。

　鈴木は、この実践の反省点として、「世界史的なものの見方が欠けて」いたことをあげた。「自分たち自身の経験」を「政治的社会的関連の中でとらえ」させることが「時事問題」ともつながる歴史学習であるとすれば、それは「世界の動きの中で日本や自分をとらえるということが抜け」てはならないと実践の中で気づいていったのである。そして翌1954年、「なぜ日本には朝鮮人がたくさんいるか」という教材研究の成果を発表した[5]。鈴木はここで、自ら生活の中で抱いた（生徒も抱くであろう）疑問を解明するために、朴慶植ら研究者をたずねて材料を集め、鈴木なりの解答を歴史像として示している。後に、世界史教育の目標を「世界史をすでにできあがったものとして、そのワクの中でどう教えるかをさがすのではなく、子どもの・われわれの世界（史）認識の創造と形成を目ざすものである」[6]とした世界史教師としての鈴木の歩みは、こうして始まった。大事なことは、世界史像を構成していく際の出発点を、自らの生活の場に置いていることであろう。それは、吉田の「世界史の授業は、この地域から始まる」とも響き合っていた。

世界史教育の展開

　参照できる世界史がなく、世界史とは何かを自主的に考えざるをえなかったがゆえに、世界史とはそもそも実体としてあるものではなく、現実の課題に向きあう中で主体的に構成していくものという世界史教育論が生まれたのであった。これを理論的に主導していった歴史学者の上原専禄は、吉田らとともに世界史教科書を編纂した。その特徴は、前近代の世界を複数の「文明圏」の複合として描き、それらが接触と交流を深める中で、やがて一体化した近代世界が成立するという構成にあった。その発想の背景には、ヨーロッパ産の時代区分概念で非ヨーロッパ地域の歴史まで描くのではなく、それぞれ個性を持った文明を対等な関係としてとらえるという、現実的な問題意識があった。上原らの教科書は1957・58年と2度検定に落ちたが[7]、この「文明圏」の複合体としての世界史構想は他の教科書にもすぐに影響を与えた。1960年の第3次改訂学習指導要領にも「文化圏別に学習することも考えられる」との文言が入り、1970年の第4次改訂学習

I 歴史学と歴史教育の「領域」

指導要領は完全に文化圏別の内容構成を採用した。以後の展開は周知の通りで、今日では世界史叙述の典型として定着している。

「文明圏」の複合体という構造だけではなく、その構造を組み立てる内実も充実していった。例えば、アフリカ諸国の独立やキューバ危機を経験する 1950 年代末から 1960 年代前半にかけては、第二次大戦後のアフリカやラテンアメリカが記述されるようになった。また、前近代に「地中海世界」概念が導入され、ヨーロッパ＝ギリシア・ローマの後継者という西洋中心主義的歴史観を克服しようとする契機も生まれてきた。

一方、「型」ができるということは、「世界史」の内容が実体化することでもあった。第 3 次改訂学習指導要領から強まった教科内容の「系統化」という流れの中で、「文化圏」ごとの通史的で網羅的な学習が、大学入試対策も合わさって、世界史教育の典型として定着していくことになった。その中では、本来は現実の世界の変化に合わせて充実していったアフリカ記述や「地中海世界」概念も、覚えるべき重要用語の肥大化として受けとめられた。この傾向は、1960 年代以降の進学率の上昇とともにさらに強まった。世界史教育の重要性が自覚され、その内実が深まるほど、暗記科目としての体裁が整っていったのである。さらに、第二次大戦後に始まった大学における教員養成は、上記のような世界史教育を再生産する構造—大学受験対策としての事項暗記型通史学習が好きで得意であった生徒が、大学に進学し、教員となって、自分が受けてきたものと同タイプの授業を行う—としても機能するようになる。

こうした危険性を感じとっていたからか、当時文部省の担当教科調査官だった平田嘉三は、「系統学習の中にも、問題解決学習のもつすぐれた学力観と学習方法を取り入れたい」と考え、第 3 次改訂の「世界史 B」に「主題学習」を導入した[8]。その事例、取扱い、ねらいは、「世界史 B は，世界史 A の場合よりも深めて取り扱うものとするが，その際たとえばシルクロードと東西交渉，イギリスの議会政治の発達，西部開拓と南北戦争，露土戦争と列強の世界政策，ワイマール体制とその崩壊などのような適当な主題を選び，政治的，経済的，社会的な観点から総合的に学習させる。それによって，歴史的思考力をいっそうつちかうことをあわせ考慮するものとする」とされた。例えば、「ワイマール体制とその崩壊」という主題は、高度経済成長によって大衆社会化が進む当時の日本において、生徒にとってアクチュアルな意味を持つ学習の提案だっただろう。しかし、現場で

57

の受けとめはあくまで通史的系統学習の補完ということが多かった。その結果、大学入試が一層重視されるようになると、主題学習は実施すらされないことが増えていったという。実際、「主題学習」はその後も継続し、今日ではさらに充実された形で教科書にも記述されているが、筆者が教える大学生には、高校時代に「主題学習」を受けた者はほとんどいない。

世界史必修から世界史未履修へ

　1989年の第6次学習指導要領改訂において、高校社会科は地理歴史科と公民科に分離された。地理歴史科は、「地理（A・B）」、「世界史（A・B）」、「日本史（A・B）」の3分野から成り、「世界史A」または「世界史B」が必修となった。これは、「戦後政治の総決算」を掲げた中曽根康弘首相のもとで、「戦後教育の花形」であった社会科の解体をねらった政治的動機によるものとされる[9]。よって、社会科解体に対する反対運動も起こった。しかし、東京で高校教師をしていた二村美朝子によれば、教科としての社会科から地理歴史科になっても、科目の枠組みは従前のままだったのだから、「ごく普通の社会科教師」は「ほっと」したのだという[10]。これが、「世界史」の内容が自明ではなかった黎明期から40年後の、「世界史」の実体化の姿であった。

　もっとも、実体化した「世界史」の内実は、社会史研究等の進展や、冷戦崩壊等の国際情勢の変化を受けて、教科書の記述レベルにおいて、さらに改善された。例えば、「大航海時代」のヨーロッパ人によるアメリカ大陸への到達を「新大陸の発見」とする表現は教科書からなくなっていったし、そもそも「大航海時代」を「世界の一体化」に向かう画期とする記述も、海域アジア史研究の成果によって相対化されていくなど、従来のヨーロッパ中心・中国中心の構成が克服されていったことも確かである。

　また、吉田悟郎や鈴木亮の問題意識を継承し、充実化した「世界史」を所与のものとせず、生徒自身の「世界とのつきあい方」の問題としてとらえ返していった教師たちもいた。東京都立高校の世界史教師だった鳥山孟郎も、その一人である[11]。鳥山は、授業に身近な実物教材を多く持ち込み、手触り感のある授業を展開した。また、授業の三分の一を調べ学習にあて、世界の諸地域の研究や、外国に関係のある活動をしている人物へのインタビュー調査などを行わせた。生徒

自身の興味関心に沿って世界を知っていくことを通して、異質で多様な価値観を認め合う（＝自己の価値観のみで他者を序列化しない）ことの重要性に気づかせ、そのように生きていく手段としての世界史学習の意味をつかませようとしたのである。

鳥山の実践記録からは、生徒自身が主体的に世界史像を形成していく様子と、その充実が分かる。一方で、「受験勉強には熱心でも、授業以外の時間を使って課題に取り組むことをいやがる生徒」が多くなり、1998年度以降は、好意で応じてくれた相手に迷惑をかけることになるため、インタビュー調査を実施しなくなったという。

1990年代以降、日本経済が構造的不況に陥っていく中で、週5日制、学校選択制、教育特区など、「教育の自由化」の名のもとに競争的な教育政策が議論され、具体化されていった。こうして教育の商品化がすすむと、受験競争はさらに激化していった。必修化された「世界史」も、この影響を受けることになる。結果、鳥山のような試みは少数派にとどまり、多くの教室では、充実化する「世界史」が受験対応と合わせてより実体化されていき、教科書を網羅的に教える授業形態が一般化した[12]。

こうした中で、学校現場では、「世界史」の「読みかえ」が行われるようになった。第6次改訂学習指導要領では、「世界史A」（2単位）か「世界史B」（4単位）のどちらかを学校が選択して設置することとされていた。これは週5日制などで授業時間確保が難しくなる中での配慮でもあった。しかし、多くの大学が受験科目に「世界史B」を要求すると、進学校は、「世界史A」を開設しながら、実質的には「世界史B」教科書の一部を授業する、という方策をとることになった。その「一部」の内容としてどこを扱うかは、学校によってさまざまであった。この結果、「世界史」は全国の高校生の必修科目でありながら、その名目で学ばれた内容に統一性がない科目となった（この状態は、現在も続いている）。

上記のような科目設置の措置を支えているのは、（逆説的ながら）既存の教科書の内容の網羅的な通史学習という授業観[13]であり、その前提に大学入試対応があることは明らかである。教科書が改善されていったとしても、その叙述構成を支える問題意識を読みとるのではなく、時系列順に内容を網羅することが優先されれば、意味を感じにくい事項暗記型の学習に陥りやすくなるだろう。また、大学入試対応が前提とされるならば、同じ網羅であればより用語の少ない「日本

史」や「地理」を優先するという発想が、この授業観から導き出されても不思議ではない。事実、世界史必修のもとでの最初のセンター試験である 1997 年以降、「世界史」受験者数は地理歴史科の中で最低であり続けている。こうして学校現場では、「世界史」を開設しながら実際には他科目（多くは「地理」）の授業を行うという「読みかえ」すら行われることがあった。これがマスコミを賑わせ、社会問題にまで発展したのが、2006 年の世界史未履修問題であった。

未履修問題とは何だったのか

一般的に、未履修問題とは他科目への「読みかえ」を問題化する言葉であり、「世界史 A」を「世界史 B」の「一部」に「読みかえ」ることはさほど問題とされなかった。A も B も同じ「世界史」として内容を実体化・固定化して考え、単位時間に応じて変化するものの網羅的な通史学習を行うことに変わりはない、という世界史教育観がその背景にある。しかし実際には、「世界史 A」と「世界史 B」は、科目の目標も、教科書の構成原理も異なっている。であれば、これもまた「未履修問題」ではないか—。北海道の高校教師である吉嶺茂樹は、これを「実質未履修」と呼んで批判し、各教師のもつ世界史教育観に再考を促した[14]。

もっとも、「実質未履修」は教科書の網羅的学習が求められる大学入試に起因するのであり、入試問題が改革されるべきであることは言うまでもない。しかし、入試問題が変われば学校現場が変わるとまで言えるのか。そもそも、現行の入試問題も教科書の世界史像も多様である。にもかかわらず、ある特定の世界史像のみを「オーソドクス」と呼んで疑わない教師側の発想こそ、変わるべきではないか—。東京の高校教師だった鳥越泰彦は、教科書やカリキュラムの（国際）比較研究を通じて、大学受験以外に世界史を学ぶ意味を教師が再考する必要性を訴えた[15]。

長野県の高校教師である小川幸司は、初期の高校世界史教科書を分析し、現行より 2000 語も用語が少なかったことを確認するだけでなく、「語り口」が異なっていたと主張した。初期の教科書は、人類や日本の未来を展望するために世界史の学習があるという問題意識に貫かれているがゆえに、教科書中に（現行では禁欲的になった）「問いかけ」が存在していた。ここから小川は、そもそも世界史を学ぶとは、歴史事象への「問いかけ」と、その歴史事象を考える人びと（生徒

と教師）の間での「問いかけ」が連鎖する「対話」であることを抽出した。そして、自身の授業という形の「世界史との対話」を叙述で示しながら、網羅的な通史学習で重視される事実認識や、事実間の因果認識だけでなく、それらの歴史事象を学ぶ意味について「対話」する「歴史批評」を歴史教育の知として位置づけること、そのために教師の「語り口」が変わるべきことを提案した[16]。

　その際、小川が依拠した世界史教育論のひとつが、吉田悟郎の「自分づくり」としての世界史教育論であった。

　　　「……私達を巻き込んでいる〈乱世〉を伸びやかに生きてゆくことができるような〈自分さがし〉、そしてそういう考えや生き方のできる〈自分づくり〉の作業であり、また〈自分〉のなかに豊かで壮大な〈世界〉や〈宇宙〉、多種多彩な〈他者〉を見つけまた創っていく胸おどる作業なのでもある。」[17]

ここでは、世界史は「〈自分〉のなかに豊かで壮大な〈世界〉や〈宇宙〉、多種多彩な〈他者〉を見つけまた創っていく」ための、参照すべき豊かな経験を含んだ総体として位置づけられており、それ自体を実体化するわけではなく、よそよそしく感じられる事項暗記型の網羅的な通史学習も否定されている。かつて、初めて教壇に立った吉田が、校舎の屋上で「地域から世界史を見ていく」と述べ、生徒に対して「年号とか暗記とか無視」し「みんなで勉強していこう」と呼びかけたことも、ここに関わっている。世界史未履修問題を経て、高校世界史教師たちがあらためて到達したのは、世界史教育が始まった当初の教師たちが直面していた課題だったのである。

おわりに―これからの世界史教育

　2022年度より全面実施される第9次改訂学習指導要領によって、世界史の名を冠した科目は選択科目「世界史探究」のみとなる。しかし、これまでの世界史教育が、その反省点も含めて到達した課題からは、必修科目「歴史総合」もまた世界史教育として展開されるべきである。高校生が歴史学習を通じて「自分づくり」をしようとすれば、身近な地域から宇宙まで、歴史は参照すべき経験に満ちているのであり、「日本」や「日本とのつながり」や「その頃、日本では」といった観点にとどまらず、世界と日本を同時的にとらえるような学習も構想されるべきであろう。その際、どの歴史事象を題材に「自分づくり」をしていけばいいか、

生徒と教師の「対話」が重要となる。しかし、これを試みた良い教科書ができあがったとしても、それを実体化して網羅的に教えようとすれば、有意義な「対話」は生まれないだろう。

では、有意義な「対話」をどうつくっていけばいいだろうか。ここであらためて、鈴木亮の実践を参照すべきだろう。『私たちの歴史』は、単なる自分史作成や発表授業ではなかったことに着目したい。このとき生徒は、卒業後（就職してから）の自身の生き方を、朝鮮戦争や第五福竜丸事件のような現実社会の動きのなかで考えるために、各々の戦争体験（疎開生活など）について調べ、議論したのだった。そうした生徒たちとの対話を通じて、鈴木は「なぜ日本には朝鮮人がたくさんいるのか」という教材を作成したのである。生活における切実な問題について、私ひとりではなく「私たち」の問題として考えようとすれば、歴史的に形成された世界の不均等な構造を見つめることでしかとらえられない、ということだろう。教科書は、あくまで、そのような「対話」における見取り図のひとつと考えるべきではなかろうか。

また、鈴木やその生徒たちがはたらかせていた、未来を見据えて過去に着目する際の視点や、その過去を調べ、考えていく際の方法に関連して、第9次改訂学習指導要領は、これを「社会的事象の歴史的な見方・考え方」と呼び、「生徒が学習や人生において」「自在に働かせることができるようにすることにこそ，教師の専門性が発揮されることが求められる」としている。「読みかえ」では対応できない。そこで、未履修問題に向きあいながら、「歴史的思考力」の育成をめざして試行錯誤してきた教師たちの実践が参考になるだろう[18]。

世界史教育が始まったとき、学問的背景もなければ、正式な教科書も存在しなかった。現在は、世界史を構成するための研究も進展し、教科書記述も充実してきている。黒板とノートだけでなく、ICTも学習ツールとして加わった。これらを活用し、「地域から世界史を見て」いきながら、生徒と教師が「対話」し、「自分づくり」をしていくための世界史教育の試みは、本書に寄せられた諸実践に見られるように、すでに始まっているのである。

I　歴史学と歴史教育の「領域」

(1) 「歴史教育体験を聞く　吉田悟郎先生」（聞き手：鈴木正弘・三王昌代・茨木智志）『歴史教育史研究』4 号（2006 年）、65 ページ。

(2) 茨木智志「成立期における高校社会科「世界史」の特徴に関する一考察─科目の設置と文部行政による対応に焦点を当てて」『社会科研究』72 号（2010 年）、11-20 ページ。

(3) 尾鍋輝彦編『世界史の可能性─理論と教育』（東大協組出版部、1950 年）。

(4) 『私たちの歴史』実践については、鈴木亮「授業で現代史をどう扱ったか」同『世界史学習の方法』（岩崎書店、1977 年）、10-30 ページ。また、この実践について論じたものとして、鬼嶋淳「一九五〇年代の歴史叙述と学習方法─『昭和史』・歴史教育・生活記録」大門正克編著『昭和史論争を問う─歴史を叙述することの可能性』（日本経済評論社、2006 年）、第3 章、115-143 ページ。

(5) 『歴史地理教育』創刊号（1954 年）、36-42 ページ。

(6) 鈴木亮「世界史学習の目標と方法」同『世界史学習の方法』（岩崎書店、1977 年）、4 ページ。

(7) これは後に、上原専禄編『日本国民の世界史』（岩波書店、1960 年）として出版された。

(8) 主題学習については、原田智仁「主題学習」日本社会科教育学会編『新版 社会科教育事典』（ぎょうせい、2012 年）、154-155 ページ。

(9) 森茂岳雄「社会科の教育課程」大森正・谷敷正光・森茂岳雄・大友秀明『社会科教育研究』（梓出版社、1992 年）、第 3 章、32-73 ページ。

(10) 二村美朝子「社会科と歴史教育」（歴史学研究会編『歴史学と歴史教育のあいだ』三省堂、一九九三年）、271-279 ページ。

(11) 鳥山の実践については、鳥山孟郎『考える力を伸ばす世界史の授業』（青木書店、2003 年）、同『授業が変わる世界史教育法』（青木書店、2008 年）。

(12) 拙稿「高校世界史の可能性について」『歴史評論』781 号（2015 年）、5-14 ページ。

(13) 単位時間内では網羅できない教科書の内容を、単位時間以上の時間をかけてでも網羅しようとする意味で、ここでは「逆説的」の語を使用している。

(14) 吉嶺茂樹「高校教員の目から見た世界史探究」『歴史評論』828 号（2019 年）、68-74 ページ。

(15) 鳥越泰彦『新しい世界史教育へ』（飯田共同印刷、2015 年）。

(16) 小川幸司『世界史との対話─70 時間の歴史批評』上・中・下（地歴社、2011-2012 年）。

(17) 吉田悟郎『世界史学講義』上（御茶の水書房、1995 年）、iii ページ。

(18) 例えば、鳥山孟郎・松本通孝編『歴史的思考力を伸ばす授業づくり』（青木書店、2012 年）、永松靖典編『歴史的思考力を育てる─歴史学習のアクティブ・ラーニング』（山川出版社、2017 年）。

I 歴史学と歴史教育の「領域」

これまでの歴史教育

日本史教育を考える
実践と議論

戸川　点
拓殖大学国際学部　教授

はじめに
学習指導要領改訂に伴って

　今次の学習指導要領改訂で地歴科関係の科目は大きく変わることになる。日本史は日本史探究となり、知識を詰め込むのではなく、歴史的な見方・考え方を働かせ、問いを立て、仮説を立てる思考力育成型の科目となる。また生徒の主体的な活動を重視するアクティブ・ラーニング（「主体的・対話的な深い学び」）が導入されることになる。現場では慣れない手法への戸惑いや「知識を教えずに思考することなどできるのか」といった意見など様々な反応が見られる。今後実際にどのような形で授業が行われていくのか注目されるところである。

　ところで今回話題になったような「知識重視か思考力、方法論重視か」といった議論は学習指導要領改訂の歴史の中では何度も繰り返されてきた議論である。ごく大まかにまとめれば戦後直後の学習指導要領（試案）では生徒の生活経験を重視する問題解決学習を行う「初期社会科」が導入された。ところが初期社会科では経験が重視されるために断片的な知識しか身につかないとの批判を受け、1955 年の第 2 次改訂では系統的に知識や内容を扱う系統学習へと内容が変更された。ここで方法や経験を重視する問題解決学習から知識重視へと変わったので

ある。しかしその後、詰め込み教育や知識偏重による落ちこぼれなどが問題となり、1977年の第5次改訂ではゆとり教育が提唱され、知識を教え込む教育から子供が自ら学び考える教育への転換が打ち出される。さらに1989年の第6次改訂では学校5日制を目前にして学習内容を精選し、学ぶ意欲や主体的に対応できる能力を重視する新しい学力観が提唱された。つまり知識偏重から思考力重視へと変わったのである。しかしその後、ゆとり教育で教育内容が削減されたこと、OECDの学習到達度調査（PISA）の結果が芳しくなかったことなどから学力低下問題が浮上し、思考力と同時に確かな学力と称して再び知識が重視されだしたところである。そして今次の改訂では「主体的・対話的で深い学び」、いわゆるアクティブ・ラーニングが打ち出され、思考力重視が打ち出されたのである。もちろん今次の改訂では、基礎・基本的な知識を習得させたうえでそれを活用することが求められており、系統的な知識を切り捨てたわけではないのだが、このようにこれまで指導要領における学力観は知識重視と思考力・方法論重視の間を行きつ戻りつしてきたといえるのである。

　このように見てくると今次のアクティブ・ラーニング導入に対する戸惑いや批判もわからないわけではない。知識と思考力は学力の両輪ともいうべきものでどちらかを強調すれば、必ずもう一方を重視せよとの批判が出ることになる。したがって要はこの両者をどうバランスよく組み合わせていくかにあると思われる。

　ところでこれと類似の問題はこれまでの歴史教育の実践の中で何度か議論されてきている。古くは安井俊夫氏の実践をめぐる論争であり、近年では加藤公明氏の討論授業に関するものである。本稿は本来これまでの日本史教育をふり返るものなのであるが、これまでの日本史教育を全般的に振り返るのではなく、今後の日本史教育を考えるためにこの問題に焦点化してこれらの実践と議論を取り上げ紹介してみたいと思う。その点読者のお許しを請いたいと思う。

安井氏、加藤氏にみる歴史教育の実践

(1) 歴史学における思考力を育成する実践

　さて、まず安井俊夫氏の実践について取り上げる。氏の実践ではおそらく一番著名なスパルタクスの反乱を取り上げた実践について見ておきたい。この実践については『歴史学研究』に連載されたシリーズ「歴史学と歴史教育のあいだ」の

中で古代ローマ史研究者の土井正興氏との間で論争が行われ、知識と思考力・方法について考える上で参考になるからである[1]。本章でスパルタクスの事例は適切ではないのだが、行論の都合上、簡単にだけ見ておきたいと思う。

さて、この実践はスパルタクスの反乱を学ぶ中で、生徒にローマを攻撃するかアルプスを越えて故郷に帰るか、スパルタクスが選択しなければならなかった問題を考えさせるというものであった。その際、生徒の多数はローマを攻撃すべき、という史実と異なる選択をする。この点をどう考えるかという論争である。

つまり単純化していえば、思考力育成型授業で、生徒が思考した結果であればその結論をよしとするのか、あるいは歴史学の成果と同じ結論になるように指導すべきなのかという問題である。安井氏の場合、子どもの共感を重視し、歴史学の研究成果と違う意見が出てもよいと考えるのである。つまり歴史教育に歴史学と異なる相対的独立性を見出すのである。これに対し土井氏は生徒の発想が史実と異なる場合には史実を伝え、生徒の考えの修正を迫るべきだとするのである。

当時、この論争は決着を見なかったが、歴史的思考力の育成を重視するのか、歴史学の研究成果に基づく定説や系統的な知識を重視するのかという現在にも続く問題である。そしてこの問題は近年の加藤公明氏の実践についても論じられていることなのである。

(2) 歴史学における討論を中心とする実践

加藤氏の実践は「考える日本史」、討論授業と呼ばれ、多くの実践例が公表されている[2]。基本的には教師が問題提起し、それに対して生徒が回答すべく仮説を立てる。さらにその仮説についてクラス全体で討論を重ねていく授業である。生徒たちが主体的に取り組み、生き生きと議論を重ねている点をみればまさにアクティブ・ラーニングの先駆的なものといえそうである[3]。この加藤氏の実践については多くの検討が加えられているがここでは今野日出晴氏[4]と宮原武夫氏[5]の論文に注目してみたい。両氏はともに加藤氏の『一遍聖絵』の「備前福岡の市」を題材にした実践[6]を検討している。

まず加藤氏の実践を見ておこう。氏は最初に『一遍聖絵』の福岡の市の場面を示し、鎌倉時代になって出現した物を探すこと、そしてそれがなぜ鎌倉時代に出現したのか、その理由を考え仮説を立てることという二つの課題を与え、図書室で調査と仮説の作成を行わせる。そして提出された仮説の中から議論になりやす

I 歴史学と歴史教育の「領域」

いものを４つ選びプリントにして配布、授業時に討論をするというものである。４つの仮説は「画面に描かれた大甕はトイレだ！」「琵琶弾きは農民のアイドルだった！」「宅急便です！舟と馬」「農民が銭を手にする！」が取り上げられ討論が行われる。討論の過程では生徒同士で様々な意見が飛び交う。その意見を述べるために生徒らは主体的により詳しく学習し、そこで知識や概念を獲得していく。この生徒同士の相互批判により仮説はより完成度を高めることになる。そこでの議論はかなりレベルが高く、驚くほどである。そして教師による正解は示されない。いわゆるオープンエンドである。それは教師が最後に正解を示すことにより生徒が議論をしなくなることを避けるためと思われるが、その点では学界の定説と異なる議論が行われても訂正はされないことになる。

　この加藤実践について今野氏は豊かな内容を持つ絵巻の場面から４つの仮説に絞り込んで討論していること、仮説を教師が選び出していることなどについて生徒の多様で複雑な思考を限定し、生徒の歴史像構成の可能性を阻む恐れがあると批判している。一方で今野氏は同じ福岡の市の場面を取り上げた田村浩氏の別の実践を高く評価している[7]。田村氏の場合、絵巻の注目すべき点を指摘しながら生徒の発言を引き出し、さらに生徒とやりとりする中で様々な説明が加えられ生徒の知識とされていくというもので、教師のリードにより教師と生徒の問答が進められる実践である。つまり田村実践では話題が限定されず、教師の指摘により研究状況を反映した論点が生徒に示されて行くのである。たとえば最初に「画面で取引されている品物は何か」と注目すべきポイントを示す。さらに米という回答が出れば「米、山陽道で思いだすことは」と問い、二毛作という回答を引き出し、さらに市場での米の販売が前提になって年貢の代銭納が行われたことなどの説明につなげていく。あるいは乞食や非人の姿から中世の身分制へと話を進める。このように田村氏の場合は絵巻の読み取りから教師の誘導で学ぶべき概念や知識へと学習が広がるのである。今野氏はこうした接近の仕方が生徒の歴史像を豊かにするものと評価している。

　一方宮原氏は、田村実践は知識・理解を直接の目標とするのに対し、加藤実践で行われる生徒の学習過程は研究者の研究過程と同様のものであり、加藤実践は思考力育成を目標とするものとして高く評価している。

　この評価の違いは歴史的思考力を育成する際に幅広く学界での議論や定説などを伝えて知識を広げることが重要か、知識や定説より実際に思考させてみること

が大事かといった観点の違いによるものである。思考力育成に関していえば加藤実践のように実際に研究者がするような研究過程を追体験させる方がよいだろう。但し、その際、生徒が参照し、獲得していく知識は自分の仮説の論証に必要な知識に限られてしまい、学ばせたい知識をまんべんなく生徒が獲得するかは保障のかぎりではない。加藤実践では上述の通りかなり高いレベルの知識も獲得されているのだが、討論授業一般としては知識の量が限られる心配はあるだろう[8]。

　また、生徒が自由な発想で探究を続けていくと、時に歴史学でも盲点となっていた課題を発見し、解決するという画期的な成果を生むこともありえるだろう。しかし逆に学界での定説と異なる解釈が出される場合もある。むろん突飛な思いつきであればクラスの討論の中で淘汰されていくことにはなるのであるが、それなりの論理性を持つ仮説であればクラス討論の中でそのまま成立してしまうこともあるのではないだろうか。その場合、学会の定説を学ばないで終わってしまう危険性もあるように思われる。この点をどう考えるのか。

（3）思考力の育成による成果

　ところで歴史認識には歴史を知る事実認識の段階（いつどこで何が起きたかなど）と歴史を理解する関係認識の段階（そのできごとがなぜ起きたのか）とさらに歴史を評価する意味（価値）認識の段階の３層があるという[9]。近年加藤氏はこのうちの歴史を評価する実践を重視しているようである。そして徳政一揆をおこした農民は有罪か無罪かを生徒に評価させ討論させる実践を行っている。

　この実践の中で生徒たちは徳政一揆を評価し「一つの立派な市民革命」「今の日本の民主主義の第一歩」と発言している[10]。この実践を分析した須賀忠芳氏はこの生徒の発言を「事情の異なる他国と日本との歴史状況を無理に連関させるとともに、当時の状況を踏まえることなく、現代の視点から歴史状況を恣意的に解釈し、「共感」したもの」ではないかと指摘し、この発言を評価する加藤氏に対し、むしろ「徳政一揆は、果たして、いわゆる「市民革命」と同じなのだろうか？」と生徒に投げかけて、理解をさらに深めさせるべきだったのではないかと批判している[11]。この批判に対して加藤氏は先行研究を検討し、生徒の発言は決して恣意的な解釈ではないと反論し、また生徒が自らの歴史観にもとづいて歴史評価を行うことの重要性を再度主張し反論している[12]。

　この論争自体は研究上の徳政一揆の位置づけが主な争点となってしまったが、

それよりも生徒が歴史を評価する行為を教員がどのように評価するかという点で議論を深める必要があると思われる。時代や背景の異なる歴史事象を比較し評価する際には慎重さが求められる。その点、須賀氏のいうとおりである。しかし一方で、市民革命や徳政一揆に「戦う民衆の姿」といった大まかな共通性を見出し、評価することも許されるべきだろう。この論争に関してはどちらが正しいかという問題ではなく、思考力育成型の授業で生徒の価値判断をどのような基準で評価していくかという観点で議論を深めていく必要があるだろう。

さて、ここまで安井氏、加藤氏の実践について見てきた。両実践とも思考力育成のための優れた実践であるが、獲得する知識の量や定説との関係など問題点を指摘する意見もあった。また加藤氏のレベルで討論授業を進めていくことは誰にでもできるということではないように思われる。討論授業のほかに系統的に知識を獲得させつつ、思考力を育成する授業はないものか。

宮原氏による歴史教育の実践

その点でヒントになるものとして次に宮原武夫氏の実践を紹介してみたい[13]。宮原氏の実践は安井実践を受け、その後に行われたもので加藤実践を生み出す契機となったものと言われる。つまり安井実践と加藤実践のちょうど中間にあたるものである。

宮原氏も教員になった当初は歴史学の成果をわかりやすく生徒に講義することを中心とする知識重視型の授業を行っていたという。しかし安井俊夫氏の「楽しくわかる授業」実践に学ぶ中で自身の実践を見直し「楽しくわかる授業」を追求するようになる。ここにいう「楽しくわかる授業」とは「子どもが自分なりの感じ方や考え方をどんどん出せる授業」のことである。つまり教師の考える歴史認識を生徒に伝えて生徒の歴史認識とさせようとするのではなく、生徒に「自分なりに歴史を考える楽しさ」を伝える授業のことである。その結果、氏は講義式から問答式へと授業スタイルを変更する。講義によって知識を伝えるのではなく、問いかけることにより生徒の思考を促していくのである。その際にどのような問いかけを行うか、その工夫が重要になる。宮原氏はその際、安井氏の次のような実践を参考にしている。

1756年の美濃国郡上郡の百姓一揆の時に作られた署名が円形にならぶからか

さ連判状（傘連判状）を見せて通常なら「なぜこのような形で署名したのか」と問うのに対して安井氏はそうではなく一揆を起こそうとして署名している農民の立場に立って「農民は、こんな形に署名しながら何を考えていたんだろう」と問うという。「なぜか」という質問では生徒は「一揆の指導者をかくすため」という正解を出そうとして考え込んで発言が出にくくなる。ところが安井氏のように問いかけると「まるく書いた方がパッと見て、誰が署名したかすぐわかっていいと思ったんじゃないか」「輪のような形にしてお互いにがんばろうという気持ちだった」「丸く書いた方が強く見える。一つになってまとまるという気分だ」など次々に意見が出て楽しい授業になったという。これらの発言は「一揆の指導者をかくすため」という「正解」とは程遠いものである。しかし戦国時代の武将も傘連判状を作っており、こちらは「平等に団結するための盟約である」と解釈されているという。この解釈を参考にすれば江戸時代の傘連判状も「一揆の指導者を隠す」という「正解」だけではなく「平等に団結するため」という解釈も成り立つ可能性もある。生徒に自由に発言させれば毎回こうした新たな発見があるとは限らないのだが、このような生徒の発言を引き出す問いかけが重要だというのである。

　さてこのような問いと生徒の発言を意識した上で実施されたのが平安遷都の授業であった。課題として「なぜ794年に都を奈良から京都に移したのか」を設定し、生徒には①平城京の復元模型の写真、②平城京から出土した宮殿の太い柱の写真、③近畿地方の地図、④教科書を掲示し生徒たちに課題を考えさせ遷都の理由について発言させるというものであった。生徒は様々な理由を発言したが、その中に「天皇の力が強いことを示すため」という答えがあった。その後、授業終了のチャイムが鳴ったために宮原氏はその発言を受け、天智系の王朝にかわって勢力を誇示する必要があったためと生徒の発言を補強してその時間を終えている。当初はそれで授業を終えるつもりだったが、発言した全ての生徒の意見を活かすことを考え、次の時間も平安京の授業を行うことに変更した。そして生徒全員にどの生徒の意見を支持するかを聞いて「正解」を決めて授業を終える形にした。ここに問答によって生徒の活動を促すという問答式の実践と、さらにそれを発展させた討論を重視した実践が行われたことになる。そして、この２時間目の討論を重視した実践がのちの加藤氏の討論授業へとつながっていくのは明らかであろう。

　ところで宮原氏のこの実践を分析した本多公栄氏によれば、この実践には、「宮

原氏が用意した①～④の４点の資料だけでは考えるための材料が不足している」という批判や「講義式はダメか」「発言しないと考えたことにならないか」といった批判が寄せられたという。確かに宮原氏の用意した４点だけで遷都の理由を考えるのは無理であろう。また「発言しないと考えたことにならないか」も正鵠を射た批判であろう。講義一辺倒の知識注入式の授業では居眠りをする生徒もいるだろうが、興味を持って講義に聞き入り、教員が紹介する学説について思索する生徒もいるはずである。このようにこの実践には厳しい批判があり、また宮原氏自身も自身の判断で２時間目の授業で討論式授業へと舵をきったのである。しかしそれだけが正解ではあるまい。問いや生徒の考えを引き出す手立て、提示する資料の工夫などで問答式のままでも生徒の思考を促す、より良い実践はできたのではないか。筆者は授業時間の制約、獲得させたい知識、準備段階の教員の負担、誰にでも追試や工夫・改善ができることなど、様々な条件を考えると宮原氏の１時間目のような問答式の授業のあり方をもう少し追求してもいいのではないかと考えている。

　確かに歴史的思考力を育成するためには討論授業は有効であろう。但し加藤氏の討論授業の場合１つのテーマを扱う単元でおそらく４時間は必要となるであろう。年間どの程度討論授業を用意するかにもよるがカバーできる内容はかなり制限されるであろう[14]。思考力重視で考えれば知識量が限られてしまうのはやむをえないことであり、後は生徒が獲得した方法論と思考力を活用して自習せよということなのだろう。

　だが、筆者には通史学習へのこだわりが捨てきれないところがある。教科書は歴史研究者による通史叙述だと言われる。これにならえば年間の講義は教員による通史叙述なのである。講義一辺倒でも考える生徒は考えるだろう。もちろん思考力育成の工夫は必要である。また学習内容の精選も必要であろう。そのうえで通史を学ばせたい。そうしたバランスを考えた時には初期の宮原氏のような講義をベースに、問答が含まれる授業を見直してみることも必要なことではないだろうか。

おわりに

　さて、本章はこれまでの日本史教育を紹介するものであったが、日本史教育の

流れ全般については十分に扱えなかった。それらについては海後宗臣『歴史教育の歴史』（東京大学出版会、1969 年）、歴史教育者協議会編『あたらしい歴史教育　第 6 巻　戦後歴史教育を見直す』（大月書店、1994 年）、石山久雄／渡辺賢二編『展望日本歴史 2　歴史教育の現在』（東京堂出版、2000 年）、歴史科学協議会編『歴史学が挑んだ課題　継承と展開の 50 年』（大月書店、2017 年）などを参照されたい。

　また、本稿では取り上げることができなかったが、河名勉『日本史授業シナリオ』上下（地歴社、2011 年）、松井秀明『授業中継　エピソードでまなぶ日本の歴史』①～③（地歴社、2009、2010、2012 年）など優れた授業実践は他にもある。高大連携歴史教育研究会の教材共有サイトでは全国の教員による実践例がアップロードされている。十分な紹介ができなかったことをお詫びするとともにあわせての参照をお願いしたい。

I 歴史学と歴史教育の「領域」

(1) 土井正興「『歴史研究と歴史教育』について」、安井俊夫「スパルタクスの反乱をめぐる歴史教育と歴史学」（ともに歴史学研究会編『歴史学と歴史教育のあいだ』三省堂、1993 年）

(2) 加藤公明『わくわく論争！考える日本史授業　教室から〈暗記〉と〈正答〉が消えた』地歴社、1991 年。『考える日本史』2 〜 4、地歴社、1995 年、2007 年、2015 年。『日本史討論授業のすすめ方』日本書籍、2000 年ほか

(3) 形だけを見ればアクティブ・ラーニングともいえるが、氏自身は育成する能力など目的が異なるとして自身の実践とアクティブ・ラーニングを区別している（加藤公明「『考える日本史授業』とアクティブ・ラーニングについて」同『考える日本史授業 4』前掲）。

(4) 「歴史教育実践の現在」（同『歴史学と歴史教育の構図』東京大学出版会、2008 年）

(5) 「高校歴史学習の課題」（歴史教育者協議会編『あたらしい歴史教育　第 6 巻　戦後歴史教育を見直す』大月書店、1994 年）

(6) 「一遍上人絵伝に中世の息吹を発見する」（『わくわく論争！考える日本史授業』前掲）

(7) 田村浩「中世の商人、子ども、乞食・非人」（千葉県高等学校教育研究会歴史部会編『新しい日本史の授業―地域・民衆からみた歴史像』山川出版社、1992 年）

(8) なお加藤実践を分析した鈴木哲雄「『備前福岡市』の教材化をめぐって」（同『社会史と歴史教育』岩田書院、1998 年）は、加藤実践は討論授業に向けた下準備が巧みに行われており、図書室での調査の際などに相当の知識・理解が深められていること、加藤実践においても教師による誘導的な説明がみられることを指摘している。

(9) 宮原武夫『子どもは歴史をどう学ぶか』青木書店、1998 年

(10) 加藤公明「実践『徳政一揆の農民は有罪か』をめぐって」（同『考える日本史授業 4』前掲）、「歴史を熱く語り合う高校生」（加藤公明・和田悠編『新しい歴史教育のパラダイムを拓く』地歴社、2012 年）

(11) 須賀忠芳「問い直される歴史事実に「共感」することの意味」（『中等社会科教育研究』32、2013 年）

(12) 加藤公明「生徒による歴史評価および歴史学の成果と歴史教育の主体性について」（『中等社会科教育研究』33、2014 年。のち『考える日本史授業 4』所収）

(13) 宮原武夫「日本史の授業論―『平安京遷都』を素材に―」（同『歴史の認識と授業』岩崎書店、1981 年）。宮原氏の実践を分析したものに本多公栄「宮原武夫氏の平安遷都の授業」（同『社会科教育の理論と実践』岩崎書店、1984 年）、前田徳弘「『考える日本史』授業の成立―宮原実践と加藤実践のあいだ―」（加藤・和田編『新しい歴史教育のパラダイムを拓く』前掲）などがある。

(14) 加藤氏の年間授業計画は同『日本史討論授業のすすめ方』前掲に掲載されている。ないものねだり的になるが、やはり扱いきれていないテーマもある。

73

過去の実践記録を読む
ということ

若松 大輔
京都大学大学院教育学研究科　博士後期課程

史資料としての実践記録の歴史

　　実践記録を読むことは、歴史学における史資料を読み解くことと、同様の目的と方法なのだろうか。その評価は読者に委ねるとして、本稿では、実践記録の性質を概説して、1つの読み方を示したい。

　　実践記録は、平野婦美子『女教師の記録』（1940年）など、現場の語りの方法として、戦前から既に成立していた（成田、2001；浅井、2008）。しかしながら、教育学のフィールドにおいて広く共有されることになるのは、1951年刊行の無着成恭編『山びこ学校』を皮切りとして、戦後になってからである。1950年代は、教師の実践記録や子どもの生活綴方だけではなく、母親などによる生活記録や、労働者のルポルタージュやドキュメンタリーなど広く「記録」に光が当てられる時期であった（鳥羽、2010）。1950年代に実践記録が隆盛した背景には、他の「記録」と同様に、リアリズムの追求の1つの手段として期待されていたことがあると考えられる。「教師の綴方」や「教師の生活記録」と呼ばれたこの時期の実践記録は、1年間もしくはそれ以上に及ぶ、教師と子どもによる格闘と成長の物語が描かれることが多かった。この時期の代表的な歴史教育における実践記録としては、例えば、生活綴方とフィールドワークを組み合わせて郷土教育実践を行った相川日出雄『新しい地歴教育』（1954年）が挙げられる。

　　1960年代になると、このような実践記録のスタイルに加えて、1時間の授業を基本として、授業の事実を正確に記録しようとする授業記録が登場した。その背景には、教育実践の事実を経験的に検証して「実践の科学」とし

ての教授学を確立しようとしていたこと（砂沢、1963）に加え、教師と子どもの発言をそのまま再現することができるテープレコーダーが普及したことがあった。授業を科学的に分析しようとするこの立場の記録論は、教育工学に接近して発言関連図など授業の可視化ツールの開発にも向かった。

　1980年代には、1時間の授業の中でも発問や指示など教授行為に焦点化し、誰でも追試をすることができる授業記録の様式が提案された。その代表が「教育技術の法則化運動」による法則化論文である。法則化論文は、「教材とその配列」「発問・指示とその配列」「注意・配慮事項」「効果（成功率）」「エピソード」を明示させ、教師の「発問・指示」を枠で囲い強調するものであった（向山、1991）。このように1950年代以降、様々な様式の実践記録が提案されてきたが、各記録の目的が異なるため、既存の様式が新しい様式に取って代わられてきたわけではなく、それぞれに展開してきたことには留意されたい。

　教育実践の記録への着目は日本だけではない。例えば、アメリカでは、1986年に発表されたカーネギー財団の報告書『備えある国家―21世紀のための教師―』で、豊かに描かれた教育実践の「事例（case）」が教師教育の鍵になることが示された。それ以降、教師が事例を読むことや書くことに関する理論的研究が進められてきている（Shulman, 1992）。また、実際に教育実践の「事例集（casebook）」も刊行されている。

　以上の粗描からもわかるように、教育実践が記録される様式は多様である。本稿においては、「実践記録」「授業記録」「事例」にかかわらず、授業や生活指導などの教育実践について記述されたものを幅広く「実践記録」と呼ぶことにする。また、実践記録の書き手が誰であるのかは論点になりうるものの、本書第II部の記録はいずれも書き手が実践者であるので、以下では、実践者自らが書いた実践記録を念頭に置いて議論していく。

実践記録の性格

　では、実践記録はどのような性格をもつのだろうか。実践記録の性格を考察する足がかりとして、まず実践記録に向けられた批判を紹介したい。おそらく最も有名な批判は、実践記録が隆盛を極めていた1950年代に、教育社

会学者である清水義弘によってなされたものであろう。清水の批判は、教育の合理化を目的とする「教育科学」の立場から、実践記録が有する呪術的性格に向けられたものである。この呪術的性格の1つは、記録の「文芸性」である。つまり、清水は「教育的実践記録には、科学的記録よりも文芸的記録が多い。それは、日記としてつづられたにせよ、またレポートとしてまとめられたにせよ、少なくとも読者を予想する限りにおいては、一つの作品であり、フィクションである。……［実践記録は］教育科学というよりも、教育文学である」（清水、1955）と指摘した。この実践記録のもつ「文芸性」については、批判者だけではなく、実践記録に対して好意的な立場の人物も認めるところである。例えば、清水の批判に対して反論した教育学者の勝田守一は、実践記録には「強調と省略」がなされると述べている（勝田、1955）。また、アメリカで事例論を展開した教育学者のリー・ショーマン（Shulman, L.）も、教師が自身の経験を事例として書くことが「選択と概念化の行為（act of selection and conceptualization）」であると説いている（Shulman, 1996）。したがって、実践記録は、教育実践のすべてではなく、書き手によって切り取られ書かれたものであることは疑いようがない。

　しかしながら、実践記録の「文芸性」は、必ずしも批判されるべき性格であるとは言えないだろう。まず、勝田が述べるように、実践記録は、「強調と省略」があるにせよ、フィクショナルな文学ではなく「実践の事実の記録」である。その上で「強調と省略」の意味を考えたい。秋田喜代美は、一般的な観察記録とは異なる実践記録の意義を「客観性というよりも記録者本人にとっての意味づけを付した一人称の主観的記述」（秋田、2005）に見出している。このことを踏まえると、勝田の「強調と省略」は、無意味に強調されることや省略されることを意味しているのではなく、記録者による「意味づけ」の表れであると捉えることができる。記録者が実践者である場合、この「意味づけ」は、教師の専門家としての見方が暗黙裡に反映されていると言える。なぜならば、記録者である教師は、実践者による意思決定の連続体である教育実践に対して、実践後に専門的鑑識眼を働かせて省察し、現象全体から取捨選択をして意味のまとまりとして記述しているからである。そのため、記録者がどれほど意識的であるかにかかわらず、教師による記述には専門的判断が下されているのである。すなわち、実践記録は、教師による思考と思想

が反映された有意味な世界なのである。

　以上より、実践記録の中心的な性質は、教育実践の事実に基づいて下された教師の専門的判断の表れとしての「文芸性」にあると言える。このことは、教育実践そのものと書かれた実践記録にはズレがあることを意味している。

　次に、このような「文芸性」を有する実践記録をどのように読むことができるのかを考えていきたい。

他者の実践の中に自己の実践を見る

　実践記録を読むことの目的と方法を考える上で、まず誰が読むのかを問う必要がある。本稿では、読み手を教師と措定して議論していきたい。ここでの教師とは、小学校・中学校・高等学校だけではなく、大学における「教える者（teacher）」も想定している。また、教師とは自分自身の実践をもっている者を含意している。そこで、実践者である教師がどのように実践記録を読んできたのかを、2人の中学校教師の言葉を手がかりに考えていこう。

　1人目は、「授業づくりネットワーク」の中心人物である石川晋である。石川は、初任の時に大村はまの『授業を創る』（1987年）という実践記録と出会った。授業が全く成立しない苦しい状況の中で、授業の名手であった大村でさえ悪戦苦闘していたという記述を自分の姿と重ねながら読み、希望を見たのである。このような体験をした石川は、実践記録を読むことの意義について次のように述べる。「一つはっきりと言えることは、彼らの実践記録を丁寧に読みほどく中で、自分の中に眠っている可能性が揺り起こされ、あるいは自分の中にあるものと彼らの実践とが共振し、実践者としてのぼくの背中が押されていったということです。本は（実践記録は）、そのように人を揺さぶり動かす力を持っています。……丁寧に書かれた実践記録を読みほどいていくことは、自分の実践の可能性を開くこと、心に火をともすことです」（石川、2018）と。石川の読みは、実践者である教師にしかできない読み方である。すなわち、自己の教育実践と往還しながら、他者の実践記録を読むのである。仲間と教育実践について語らうかのように。このような読み方が、共に苦難を生きている他者の実践記録の声に励まされるだけではなく、秘められた自己の実践の可能性に気づかせてくれることがあることを、石川の言葉は物語っている。

2人目は、生活指導や国語教育の分野で活躍した大西忠治である。大西は、実践記録を読む目的と方法について、「私が実践記録を読むのは、どこまでも、私の実践のために、私の実践の経験とてらしあわせながら、今後に、私ならどのように実践にたちむかうかをあきらかにする方向で読むのである」（大西、1984）と述べている。大西も石川と同様に他者の実践記録に自身の実践を重ねている。しかしながら、その読みの方法のスタンスはやや異なっている。大西は、実践記録を読むことを「実践記録の分析」と表現する。大西による「分析」は、「実践記録のなかに、書かれてはいない、かくされた実践をあきらかにしていく方向」と「あきらかにされてきた実践的事実が、教育としてどういう意味をもっているかの判断」という2つのベクトルを含むものである。つまり、分析とは、教育実践そのものと実践記録にはズレがあるため、直接書かれていないことも推察して他者の教育実践を像として立ち上げることと、そのようにして立ち上がった教育実践の像を評価することを意味している。ただし、この「分析」は、他者の実践記録を批評するためのものではない。どこまでも自分の実践のためである。このことは次のように明確に述べている。大西は、先人による過去の実践記録を分析してきたことで自身の実践そのものがよりよくなったかどうかを自分で判断することは難しいと述べつつも、「言えることは、すぐれた実践記録の批判検討をやりつづけたことが、逆に、私自身の実践を見る目をきたえてくれたことである。私は自分の実践が、すこしずつ見えるようになったと思うのである。——つまり、他人の実践を批判するということは、実は、他人の実践の中に、自分の実践を、主として自分の実践や思想の弱さを見つめていくということであり、そこに見つめた自分の実践を批判することであったと、今、思いあたったのである」と述懐している。

石川と大西という2人の中学校教師による実践記録の読み方は、方法のスタンスがやや異なっているものの、共通する部分も多い。すなわち、石川のように仲間と共に語らうかのように読むのか、大西のように厳しい批判的検討として読むのかという違いはあるにせよ、「私はこのように実践をした」という表明としての他者の実践記録に対して、問いながら、自分の事とする点において共通しているのである。表裏の関係にある「問いながら読むこと」と「自己の実践を重ねて読むこと」が、実践者である教師が実践記録を読む

ということの 1 つのあり方であると言える。さらに、実践記録を読むことの目的についても、自身の実践をより豊かにするために、すなわち力量形成のためにという点で 2 人の考えは重なっている。それは、過去の実践記録を読むということが、過去を明らかにするということに留まらず、読み手である実践者の授業づくりを通して、未来の可能性を拓くことを意味している。

参考文献

・秋田喜代美「実践記録と教師の専門性」教育科学研究会編『教育』No.719、2005 年、pp.45-52。
・浅井幸子『教師の語りと新教育―『児童の村』の 1920 年代―』東京大学出版会、2008 年。
・石川晋「授業記録を読むということ」ネットワーク編集委員会編『授業づくりネットワーク』No.30、学事出版、2018 年、pp.120-125。
・大西忠治『実践記録の分析方法（授業と生活 7）』明治図書、1984 年。
・勝田守一「実践記録をどう評価するか」教育科学研究会編『教育』No.48、1955 年、pp.82-87。
・坂元忠芳『教育実践記録論（あゆみ教育学叢書 7）』あゆみ出版、1980 年。
・清水義弘『教育社会学の構造―教育科学研究入門―』東洋館出版社、1955 年。
・砂沢喜代次「授業記録は何のためにとるか」砂沢喜代次編『授業記録のとり方（授業の技術別巻）』明治図書、1963 年、pp.7-35。
・田中耕治「『実践記録』の性格と方法をめぐって」田中耕治編『時代を拓いた教師たち II ―実践から教育を問い直す―』日本標準、2009 年、pp.14-24。
・鳥羽耕史『1950 年代―「記録」の時代―』河出書房新社、2010 年。
・成田龍一『「歴史」はいかに語られるか―1930 年代「国民の物語」批判―』日本放送出版協会、2001 年。
・向山洋一『教育技術入門』明治図書、1991 年。
・Shulman, J. H.(ed.), *Case Methods in Teacher Education*, Teachers College Press, 1992.
・Shulman, L. S., 'Just in Case: Reflection on Learning from Experience', In Colbert, J. A., Desberg, P. & Trimble, K.(eds.), *The Case for Education: Contemporary Approaches for Using Case Methods*, Allyn and Bacon, 1996, pp.197-217.

大学修学能力試験「世界史」からみる韓国の歴史教育

平川 敬介
教材編集・執筆者（フリー）

　入学試験は、各国の教育事情が垣間見える「窓」であると言える。本稿では、大学修学能力試験（修能）「世界史」を手がかりに、韓国の高校歴史教育について概観する。「世界史」には日韓関係以外の学習事項が多く、歴史認識問題を離れた概観が比較的容易と考えられるからである。

修能とセンター試験　〜似ているようで異なる二つの試験〜

「韓国史」は全員必須、素点を等級に置きかえ利用される修能

　韓国で例年11月に実施される修能（国立教育評価院が主管）は、日本の大学入試センター試験になぞらえ紹介されることが多い。教育課程や教科書を尊重しつつ多様な教科・科目が客観式で出題され、成績が各大学での選抜に利用される点は、確かに共通している。しかし、修能は「韓国史」が全員必須である。また、センター試験の成績は素点が利用されるのに対し、修能の成績は素点を9等級に区分して利用される。

・公平性確保のための公的サポート

　韓国の教育当局は、私教育（塾や予備校）の存在が受験生間に不平等をもたらすことを強く懸念する。そのため、1学年時から修能本番直前までに、公的機関による「模擬評価」試験が10回以上にわたり行われる。また、ＥＢＳ（公共教育放送）が「修能特講」などの講座で受験生をサポートしており、本番の問題の70％以上はＥＢＳテキストと連携するよう規定されている（ここで言う「連携」は、受験生の立場で言うならば、同一主題や同一素材など、

既視感を持てるような配慮と理解すればよいだろう）。

・修能「世界史」は独立した20問で構成

　こうした性格を持つ修能のうち、「世界史」は社会探究分野（センター試験「地歴」「公民」に相当）の選択科目として出題されている（下図参照）。他の社会探究分野科目と同じく解答数20、解答時間30分、配点50点であり、センター試験の半分あるいは半分を超える程度である。

　センター試験「世界史Ａ」「世界史Ｂ」は４つの大問につき６〜10個ずつの小問で構成されているが、修能では20問すべてが独立している（P.84・85の表参照）。また、センター試験の選択肢は四者択一が中心であるが、修能はすべて五者択一である。

社会探究分野における修能「世界史」の位置

「世界史」選択は社会探究科目受験者の７％

　社会探究科目分野は、最大２科目まで選択できる。選択率が最も高いのは「生活と倫理」（社会探究科目受験者の61.3％）であるが、「世界史」は7.0％にとどまる。同じく歴史科目である「東アジア史」（9.6％）を下回っており、最下位「経済」（2.0％）に次ぐ不人気である（2018年11月実施分）。

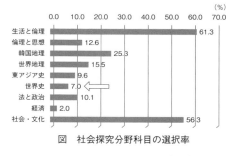

図　社会探究分野科目の選択率

韓国教育課程評価院
『2019学年度大学修学能力試験受験者現況』
（2018年12月）による

・「世界史」不人気の背景

　まず、中学校までの段階で他国の歴史にふれる機会がきわめて少ないことによる、世界史の重要性に対する認識の低さが指摘される。また、アフリカなどなじみが薄い地域に対する無関心、そして、扱われる知識の多さへの負担感もあるようだ。さらには、修能特有の等級区分にも原因があるという。「韓国史」以外の各科目は、成績の等級が相対評価によって決定される。したがって、受験者が少ない科目は素点のわずかな違いで等級が大きく変わりうる。

このリスクが忌避され、もともと少ない受験者数がさらに減るという構造がある。

多彩な導入、しかし知識重視の修能「世界史」

シンプルな文の正誤判別で問われる知識

　センター試験同様、修能「世界史」も知識重視である。短文を選択する問題が中心であり、各選択肢の文は日本語換算で最大30字程度である。選択肢の内容は歴史的事実としては正しいものばかりであり、問いの主題となっている時代・事象・人物などに合致するか否かの判別が要求されている。大半の問題では、主題の核心となる時代や人名などの情報が空欄などで伏せられており、これらが何を指すのか周辺の情報を手がかりに特定して選択肢の正誤を判断することが求められる。一見、思考力（知識の活用力）を見る問題のようにも見えるが、実質的には教科書レベルの知識を想起できるかどうかで成否が決まる問題である。

・観光ガイド、ネット検索、広告……仮想の設定に基づく出題に積極的

　各20問は、多彩な素材によって導入される。表（P.84、85）に掲げるように、通常の説明文だけでなく文献資料・地図・写真などが例年用いられ、2015学年度（2014年11月）ではグラフ（日本の小倉藩の身分別人口割合）も用いられた。これらの素材はセンター試験にもみられるが、修能の場合は、「観光ガイドによる遺跡の説明」「ネット検索（検索エンジン風のレイアウト）」「企画展の案内広告」「歴史新聞」「歴史人物インタビュー」など、仮想の設定による素材が多数みられる。

・探究活動関連の問題も、結局は知識量で決着

　探究活動関連の設定も、2016学年度以降4年連続で見られる。たとえば、2018学年度には「イギリス産業革命の展開を主題としたグループ探究活動」が設定された。グループ1はイギリスの石炭・鉄生産地分布状況、グループ2はアダム＝スミスと古典派経済学についての活動を行うことを踏まえ、グループ3の活動内容として適切でないものを選択肢（「ワットの蒸気機関改良」「第2次囲い込み運動の展開過程」など）から選ばせる。しかし、選

択肢中「ハンザ同盟結成の背景」だけが中世の事象と判断できれば正解が導ける構造であり、実質的には産業革命や中世商業都市についての知識を問う問題である。「始皇帝の統一政策と皇帝支配体制の成立を主題としたグループ別探究活動」（2016 学年度）、「アメリカのヨーロッパ復興計画についての調査」（2017 学年度）、「元王朝についての分野別グループ活動」（2019 学年度）も同様である。

多彩な素材の背景には、歴史に対する興味の喚起だけでなく、調査・プレゼンテーションなど探究活動に必要なスキルへの意識づけがあることは十分にうかがえる。しかし、9つの等級を形成するために、肝心の問いでは知識量による得点差を付けざるを得ない、というのが現実のようである。

歴史学習と修能「世界史」のこれから　〜大学入試と入学後の学びのギャップ〜

知識重視の修能と大学進学後の学びのギャップは大きい。そこで、修能後に各大学が課すことのできる「論述」には、ギャップを埋める役割が期待される。しかし、「論述」の出題では教育課程を超えた専門的内容が続出し問題化した。私教育による論述対策指導を受ける機会の不平等への懸念もあり、「論述」は縮小傾向だという。このように、現在の韓国の入試体制下では思考力を測る機会がきわめて少なくなっているのが現状である。

・知識偏重脱却のきざし

大学入試で知識が重視されている限り、高校生の学びは知識偏重になりがちである。しかし、韓国の歴史教育でも知識偏重からの脱却が少しずつではあるが進行しているようである。一部の反発を受けつつも、討論や資料分析など多様な方法で探究的な歴史学習への取り組みが行われている。

ここで、伝統的価値観が若年層で大きく変化しつつあることが、知識偏重脱却への追い風となる可能性を指摘しておきたい。例えば、韓国女性政策研究院による 2018 年 11 月の調査によると「家族の生計に男が責任を持つべき」という考え方に同意する男性が 50 代で 71％を占めるのに対し、20 代では 33％にとどまるという。同様に、「師」が知識を伝授するという伝統的学習

スタイルにこだわらない世代が主流を占めるようになれば、変化は加速しうる。

　なお、世界史の場合、大学入試に使う生徒が少ないからこそ、授業において探究的な活動を実施しやすいという意見も聞かれる。

・内容削減・探究シフトが進んだ新課程教科書

　2021学年度以降の修能は、新教育課程（2015年改訂）に基づき出題される。金星出版社の新課程対応教科書「世界史」を見ると、全239ページという分量は、同社旧課程版から100ページ以上の減少である。また、本文の内

表　修能「世界史」の概要　　　　　　　　　　　　　　　2019学年度（2018年11月実施）

問	主題	導入素材
1	メソポタミア文明の説明	写真（印章）
2	ルネサンス時代の人文主義者	読書感想文大会の案内広告
3	陳勝・呉広の乱の説明	説明文
4	アンコール＝ワットの説明	遺跡の写真＋観光ガイドによる案内
5	正統カリフ時代の出来事	史料（タバリー『歴史』）
6	江戸時代の日本の出来事	史料（開港場のイギリスの新聞記事）
7	スパルタについての説明	説明文
8	康熙帝の事績	肖像画＋説明文
9	アクバル帝・アウラングゼーブ帝の事績	地図（各皇帝時の版図）
10	北魏の出来事	説明文
11	カノッサの屈辱〜ヴォルムス協約の間の出来事	イラスト（聖ズマティルデに懇願する皇帝）＋教師による説明
12	ガリレイとベーコンの事績	2名の肖像画＋自己紹介
13	李鴻章の事績	「世界史新聞」（新式兵器の写真＋説明文）
14	ハイチについての説明	説明文
15	ジェームズ2世についての事績	史料（ウィリアム公への手紙）
16	ブレスト＝リトフスク条約〜ローマ進軍の間の出来事	説明文
17	アフリカにおけるベルギーの行動	風刺画（レオポルド2世の搾取）＋説明文
18	マーシャル＝プランに関する探求活動	説明文
19	第1回選挙法改正が行われた時期	風刺画（腐敗選挙区）＋説明文
20	ユーゴスラビアの民族紛争と分離独立の経緯	三人の生徒の会話

容が系統的記述から資料読解を重視した出題学習（15 テーマ）へと再編され、「集中探究」（12 テーマ）、「意見交換活動」（6 テーマ）などの特集も設けられた。いずれの特集も「教師から与えられた資料の読解」の域を出てはいないが、内容削減・探究シフトが進んだ新課程が知識重視の修能にどのような変化をもたらすのか注目される。

2018 学年度（2017 年 11 月実施）

問	主題	導入素材
1	メソポタミア文明の説明	写真（粘土板）＋説明文
2	イギリス産業革命の展開	探究活動計画書
3	春秋時代の中国について説明	説明文
4	教皇子午線とトルデシリャス条約についての説明	説明文
5	戊戌の変法についての説明	史料（光緒帝への上書伝達の様子）＋説明文
6	カルタゴについての説明	写真（アントニヌスの浴場）＋説明文
7	両税法についての説明	説明文
8	ソ連崩壊の時期	イラスト（ゴルバチョフ大統領辞任を伝えるニュースキャスター）
9	雍正帝の事績	肖像画＋説明文
10	インド国民会議についての説明	「世界史新聞」（創立大会の写真＋説明文）
11	ウェストファリア条約についての説明	史料（条約の概要）
12	フランス人権宣言についての説明	史料（トマス＝ペイン『人間の権利』）
13	ガリレイの事績	史料（ガリレイからケプラーへの書簡）
14	エチオピアについての説明	イラスト（アディスアベバ平和条約について説明する人物）
15	インカ帝国についての説明	写真（マチュ＝ピチュ遺跡）＋地図（インカ文明の領域）
16	ロシア臨時政府についての説明	史料（「四月テーゼ」）
17	ポルトガルの海外進出	地図（アフリカにおけるポルトガル領）＋説明文
18	ウマイヤ朝の成立〜トゥグリグ＝ベクのバグダード入城の間の出来事	説明文
19	「教皇のバビロン捕囚」の間の出来事	アヴィニョン教皇庁の写真＋ガイドによる案内
20	平和五原則についての説明	写真（ネルーと周恩来）＋両首脳の会話

歴史資料を用いた思考

歴史学者の思考・歴史学習者の思考

池尻 良平
東京大学大学院情報学環　特任講師

はじめに

　本稿の目的は、高校生に対して、歴史資料を用いた思考を育成するための方法と課題について考察することである。また、それに向けて歴史学と歴史教育がどう協力し合っていくべきかについても論じたい。

　最初に、筆者の歴史教育に対する立場を明確にしておく。筆者は、歴史を学ぶ意義を感じてもらえる教員になることを目指し、学部時代に歴史学を専攻して高校の地歴科の教員免許を取得した。その当時の歴史教育の世界的な潮流として、歴史学者の思考を育成する方法に注目が集まっていた一方、現代に生きる学習者の目線から意義のある歴史を学べる方法については手薄な状況だった。そこで大学院からは教育工学の領域に移り、歴史を現代に応用する方法の開発を行ってきた。そして、今は歴史学者の思考を育成しつつ、歴史で学んだことを現代に応用するための教材を開発している。そのため、高校の歴史教育では知識を身につけさせるだけでなく、歴史学者の思考を育成し、歴史で学んだことを現代に応用できる思考まで育成できるカリキュラムが望ましいと考えている。歴史で学んだことを現代に応用できる思考力の育成については池尻（2015）ですでに議論しているため、本稿では歴史学者の思考の育成に注目し、歴史教育のさらなる充実化

I　歴史学と歴史教育の「領域」

を目指したい。

歴史資料を用いた思考の重要性

　次に、なぜ歴史資料を用いた思考に焦点を当てるのかを説明しておく。これには大きく2つの理由がある。1つは、歴史資料を用いた思考は歴史学者の思考の土台になっているからである。歴史学者の思考については、1980年頃から各領域で活発になった、熟達者研究によって解明が進んだ。その中で、歴史学が他の学問と決定的に違う点として、歴史資料の扱い方に注目が集まった。実際、歴史資料は歴史学の根幹を支えるものであり、歴史資料を用いた思考こそが歴史学独自なものといえるだろう。さらに、1980年代以降、様々な種類の「歴史的思考(力)」が概念化されていき、それらを育成するための教育方法も開発されてきた。歴史的思考力の分類は様々な研究者が提示しているが、池尻(2015)では先行研究上の分類を参考に、歴史的思考力を大きく、①史料を批判的に読む歴史的思考力、②歴史的文脈を理解する歴史的思考力、③歴史的な変化を因果的に理由付ける歴史的思考力、④歴史的解釈を批判的に分析する歴史的思考力、⑤歴史を現代に応用する歴史的思考力、の5つに分類している。本稿では、①の歴史的思考に加え、歴史資料を用いながら行う②〜④の歴史的思考を「歴史資料を用いた思考」として扱う。

　歴史資料を用いた思考に焦点を当てる2つ目の理由は、平成30年版の『高等学校学習指導要領解説 地理歴史編』（以降、新指導要領と略す）において、歴史資料を用いることの重要性が高まっているからである。実際、必修科目である歴史総合の大項目A「歴史の扉」では「歴史の特質と資料」が設定されており、資料の扱い方を理解させたり、歴史が資料に基づいて叙述されていることに気づかせたりすることが目標として挙げられている。また、歴史総合、日本史探究、世界史探究のいずれにおいても、カリキュラム全体を通して問いの設定と資料を活用した追究が重視されている。特に、資料活用の技能の習得を促す発問例が記載されていたり、資料に問いかける学習の項目が記載されていたりと、これまでの学習指導要領に比べ、歴史資料を用いた思考がより重視されていることがうかがえる。

　つまり、歴史学においても歴史教育においても、歴史資料を用いた思考は共通

して重要なトピックになっているのである。しかし、歴史資料を用いた思考については歴史学者も暗黙的に行っている部分が多く、この種の経験が少ない教師にとっては、何をどうすれば良いのか不安に感じやすいだろう。

　そこで本稿では、先行研究や先行実践を踏まえた上で、高校生に対し、歴史資料を用いた思考を育成する際の方法と課題について考察していきたい。本稿の進め方としては、まず、歴史資料を用いた際の歴史学者の思考を紹介する。次に、歴史資料を用いた思考を促すための既存の教材を紹介する。その後、それらの教材を使った授業において、学習者はどのように歴史資料を用いた思考を発達させていくのかを紹介する。最後に、これらの知見を踏まえた上で、高校生に対し、歴史資料を用いた思考をどう育成していくと良いのか、何が今後の課題になるのかについて考察する。

歴史資料を用いた際の歴史学者の思考

　では、歴史資料を用いた際の歴史学者の思考から紹介していこう。

　歴史学の領域でいち早く熟達者研究を行ったのは、ワインバーグ（1991）である。彼は、アメリカ史を専門にする歴史学者4人と、アメリカ史以外を専門にする歴史学者4人を熟達者として集め、歴史の成績が良くて上級の歴史コースに在籍している高校生8人を初心者として集めた。その後、「1775年の4月19日、レキシントン・グリーンで何が起こったかを理解すること」が目的であると伝えた上で、アメリカ独立戦争が始まる契機となったレキシントンの戦いに関連する8つの文書資料を読ませた。また、作者名や描かれた時期に関する情報を伏せた状態で3つの歴史の絵画資料を見せ、「どれが最も正確にレキシントン・グリーンで起こったことを描いているか」という問いにも答えてもらった。これらの活動中、歴史資料を読解しながら何を考えているのかを発話してもらい、そのデータを分析、比較することで歴史学者ならではの特徴を抽出した。

　その結果、アメリカ史を専門にしているかどうかに関わらず、歴史学者は、複数の歴史資料を用いて思考をする際、高校生にはほとんど現れない3つの方略を用いることがわかった。それは、「確証あるものにすること（corroboration）」、「出所を明らかにすること（sourcing）」、「文脈に位置付けること（contextualization）」の3つである。1つ目の「確証あるものにすること」は、歴史資料の確からしさ

を判断する際、他の文書と比較しながら重要な細部を探そうとすることである。2つ目の「出所を明らかにすること」は、歴史資料のテキストを読む前に、その歴史資料の出典や情報源に注目することである。つまり、歴史資料に書かれたテキストだけでなく、その歴史資料が作られた意図や動機や目的にも注目しているということである。3つ目の「文脈に位置付けること」は、歴史資料を具体的な時空間の文脈に位置付けることを意味している。先述した歴史的思考力の分類でいうと、彼らが行っている思考は歴史的文脈を理解する歴史的思考に近いものと考えられるが、この3つの方略を用いることで、当時の歴史をより深く理解できるようになっているのである。

さらにワインバーグ（2001）は「文脈に位置付けること」に関連した興味深い実験も行っている。ワインバーグは、「偉大な解放者」と称されることが多いリンカンに対し、白人至上主義者のように読み取れるリンカン自身の発言に関する歴史資料をはじめ、奴隷制を支持する選挙の対抗馬である人物の歴史資料や、奴隷解放論者の歴史資料、リンカンの人生における異なるシーンの歴史資料など、7つの歴史資料を用意した。その上で、歴史学者と大学生を対象に、各歴史資料がリンカンの思想のどの部分を解明するものかを発話しながら考えてもらい、その発話データを分析、比較することで、歴史学者ならではの特徴を抽出した。

その結果、大学生はリンカンの言葉を額面通りに受け取る傾向にあったり、テキストの背景にある文脈を知る必要があると気づいても、その文脈を歴史資料から導出しようとはせず、現代の世界の文脈に当てはめる傾向にあることがわかった。一方、南北戦争を専門にしていない歴史学者の場合、1つの歴史資料に対して平均して約4回も問いを投げかけながら、自分は何がわかっていないかを明確にしていた。また、安易に矛盾を解消しようとせず、矛盾を感じる箇所に注目しながら、何度も他の歴史資料を参照して自身の解釈を作り出していったのである。

以上の2つの実験結果をまとめると、主に歴史的文脈を理解する歴史的思考を行う際、歴史学者は「確証あるものにすること」、「出所を明らかにすること」、「文脈に位置付けること」といった方略を駆使し、歴史資料に何度も問いを投げかけながら、当時の歴史的文脈を織り上げていくという思考を行っているのである。

歴史資料を用いた思考を促すための教材

　ワインバーグはこれらの研究を行った後、歴史資料を用いた思考を高校でも育成できるように、『歴史家のように読む』というカリキュラム教材を開発した。このカリキュラム教材には複数の単元が用意されており、各単元には「コア・クエスチョン」が設けられている。例えば、南北戦争の単元では「リンカンは差別主義者だったのか？我々はその過去をどう審判すべきか？」というコア・クエスチョンが、1920 年代の単元では「電気と女性の仕事—誰がいつ本当に利益を得たのか？」というコア・クエスチョンが設定されている。また、コア・クエスチョンに回答する際に必要な複数の歴史資料と、それらの歴史資料を用いた思考を補助するための複数のワークシートもセットで提供している。ワークシートには、各歴史資料の理解を深めるための問いが複数書かれていたり、複数の歴史資料の出所を表で書かせながら比較させるような工夫がされている。この教材では、「確証あるものにすること」、「出所を明らかにすること」、「文脈に位置付けること」に加えて、「精読すること（Close Reading）」を所々で意識させながら、様々な種類の歴史的思考が学べるようになっている。『歴史家のように読む』については書籍でも発行されているが（ワインバーグほか, 2013）、Stanford History Education Group がホームページ上でも公開しており、会員登録をすれば教師用の資料や生徒用の資料、実際の歴史資料をダウンロードできるようになっている。

　一方、歴史資料を用いた思考を促す教材として、Document Based Question（以降、DBQ と略す）も有名なので紹介しておきたい。北米では AP（Advanced Placement）プログラムと呼ばれる、大学初級レベルのカリキュラムを高校生が受けられる制度があるが、歴史資料を用いた DBQ はこの AP プログラムの授業やテストでよく使われており、教材なども色々な出版社から出されている。DBQ では、重要な人物のスピーチや、風刺画・チャート・地図のような図表、新聞記事やインタビューなど、一般的に 8 点〜 11 点の歴史資料が用意されている。さらに各歴史資料の理解を助けるための問いに答えるパートと、それらの歴史資料や既習知識を用いて短いエッセー課題に解答させるパートも設けられている。特に後半のパートでは、異なる歴史資料を操作させたり、背景知識を使わせたり、歴史資料の著者や日付や立場や批判点に注目させたりすることで、生徒の

知識の変形を狙っている。また、評価基準や得点配分も書かれており、例えば、Edward O'Connor（2004）が出版している *Teaching and Using Document-Based Questions for Middle School* では、各歴史資料に対する問いが1つもしくは2つずつ用意されており、それぞれ何が書かれていれば何点なのかのルーブリックが載せられている。また、エッセー課題については「効果的な文書の使用（最低でも5点の文書を使用している）」や「社会科の知識（提示された文書を超えた情報を使用している）」など7つの評価基準と得点配分が設けられている。

DBQ はテストでも用いられることが多いため、『歴史家のように読む』に比べて教師ができる足場かけについての記述が少なく、その点では『歴史家のように読む』の方が授業利用には向いているといえるだろう。一方で、DBQ には評価のためのルーブリックが記載されているため、試験も含めたカリキュラムを考える際には参考になるだろう。

学習者は歴史資料を用いた思考をどう発達させていくのか

ではこれらの教材を用いた授業を受けた際、学習者は歴史資料を用いた思考をどう発達させていくのだろうか。これに関しては、ラインハルト（2000）の研究が参考になる。彼女は、AP プログラムで DBQ を定期的に利用している教師の授業を調査し、DBQ のエッセーの質が向上した高校生のポールに焦点を当てて、彼の歴史資料を用いた思考の発達の様子を明らかにしている。具体的には、コースの初期である10月と、約3ヶ月授業を受けた1月の2時点において、ポールの歴史資料の活用方法とエッセーの文章構造を比較することで、何がどう発達したのかを分析している。

分析の結果、ポールは10月の時点では複数の歴史資料を統合して用いることができていなかったのに対し、1月になると、各歴史資料の隅にその歴史資料がどのようなカテゴリーに位置付くのかのメモを書き込むようになっていた。興味深いのは、彼は1つの歴史資料に対して1つのカテゴリーを書いていたのではなく、複数のカテゴリーを書くようになっていた点である。これと連動する形で、エッセーの中で同じ歴史資料を複数回使えるようになったり、複数の歴史資料を論拠にして主張を書けるようになっていた。つまり、自分なりの引用システムが

構築できるようになっていたのである。

　また、エッセーの文章構造についても向上が見られた。10 月の時点では DBQ のエッセー課題に答えることと、歴史資料を用いることが分離しており、文章自体も序数的に書く構造になっていた。しかし 1 月になると、既有知識と歴史資料の内容を統合しながらエッセー課題に答えるようになり、文章構造についても論拠を示しながら因果的な表現を多く使えるようになっていた。

　では、なぜポールは歴史資料を用いた思考を発達させることができたのだろうか。ラインハルトはその要因として、教師の問いかけから始まる授業中の議論に積極的に参加していたことと、何度もエッセー課題に取り組んで教師からフィードバックをもらっていたことに注目している。つまり、DBQ を利用して歴史資料を用いた思考を何度も体験させることに加え、教師が問いかけながら生徒の歴史資料を用いた思考を促すことが効果的だと考えられる。

歴史資料を用いた思考を育成するために

　では、これまで紹介してきた知見を踏まえ、問いかけの支援、教材開発、高校生への最適化の 3 つの観点から、高校生に対し、歴史資料を用いた思考をどう育成していくと良いのか、何が今後の課題になるのかを考察する。

　1 つ目は問いかけの支援についてである。紹介してきた先行研究によると、高校生の場合、歴史資料を用いた課題に取り組ませたとしても、既有知識と歴史資料の内容が統合できなかったり、歴史資料に書かれている内容を現代の文脈に当てはめて解釈してしまうことが考えられる。そのため、教師は歴史資料の内容の読み取りを支援するだけでなく、課題に引きつけながら、歴史資料の出所を考えさせたり、歴史資料同士を比較させて確からしさを高めさせたり、習った歴史の時空間の中に歴史資料を位置付けさせたりすることを支援するような問いかけを意識的に行っていくことが重要になるだろう。新指導要領では、「確証あるものにすること」、「出所を明らかにすること」、「文脈に位置付けること」に該当すると思われる発問例が記載されているが、これらの問いかけについては頻繁に生徒に投げかけ、生徒自身がその思考を内化できるように支援することが有効だろう。実際の授業の中でどのように問いかけたり、思考の足場かけをすれば良いのかの具体例を知りたい場合は、『歴史家のように読む』を使った授業実践における教

師と生徒の会話のやり取りを紹介している、原田（2015）の研究が参考になるだろう。ただし、このような問いかけができるようになるには、教師自身が歴史資料を用いた思考を実践したり、教員研修の場でトレーニングを積めるような環境を用意することが必要になる。この点については今後の課題といえる。また、DBQの弱点でもあるが、取り組むべき問いがあらかじめ決まっているため、生徒からどう主体的に歴史的な問いを生み出させるか、その問いに答えるための歴史資料をどう提供できうるかは今後の課題といえる。

　2つ目は教材開発についてである。ラインハルト（2000）の事例を見ると、複数の歴史資料と課題をセットにした教材そのものが、歴史資料を用いた思考を促す授業を支えていることがわかる。実際、教師1人が特定の課題を考え、複数の歴史資料を探して授業を作るのは、時間的にも歴史資料のアクセス的にもハードルが高いといえる。そのため、『歴史家のように読む』やDBQのような教材を充実させることは、歴史資料を用いた思考を促す前提として重要だと考えられる。近年では、歴史資料をデジタルアーカイブ化するだけでなく、Library of Congress（https://www.loc.gov）のように、授業計画と複数の歴史資料をセットにして教材として公開しているサイトも増えているが、日本語で整備されているものや、日本のカリキュラムを考慮したものはまだまだ少ない。そのため、日本の高校のカリキュラムに沿った課題とそれを解くための歴史資料をセットにした教材を開発することが今後の課題になるといえる。

　3つ目は、高校生への最適化についてである。当然ながら、歴史学者と比較すると、高校生は歴史の知識についても思考力についても不足している部分が多い。また、アメリカの事例を見てもわかるように、DBQは高校生の中でも上級コースに位置づく授業やテストで使われており、学力を考慮せずに高校に導入するとうまくいかない可能性が高い。特に、『歴史家のように読む』やDBQは、かなりの数の歴史資料を読むことが前提になっているが、最初は学力を考慮しながら1～3点程度の歴史資料で実施したり、グループ内で分担して読ませるなど、高校生の認知的負荷を下げる工夫が必要だろう。また、課題の設定についても現代に生きる高校生のことを考慮し、歴史を学ぶ意義を感じられるようなものを考えることも必要だろう。高校生への最適化については先行研究でも議論が不十分なため、今後、授業実践を重ねる中で考えていくことが必要だといえる。

　最後に、これらの課題を解決するための案を提示する形で、本稿を締めくくり

たい。それは、歴史資料に精通している歴史学の関係者と、高校生の学びや教材作りに精通している歴史教育の関係者が協力し、高校生にとって意義のある課題とそれを解くための複数の歴史資料がセットになった教材を開発するプロジェクトを立ち上げるという案である。このプロジェクトを進めることで、先に挙げた日本の歴史教育で導入しやすい教材の整備ができるだけでなく、他の課題の解消にもつながると思われる。例えば、教材開発の中で『歴史家のように読む』のようなきめ細かい足場かけを盛り込もうとすれば、歴史学者の思考プロセスをより明確にする必要が出てくる。これによって、歴史資料を用いた思考を促すためのより細かい方略や有効な問いかけが発見でき、教材中に記載されていれば、間接的に、教師の問いかけ支援の負担を軽くできるだろう。また、この教材を教師自身が使ってみることで、歴史資料を用いた思考をトレーニングする教員研修と同じような効果も得られるだろう。さらに、扱う課題の種類が豊富になれば、生徒自身が生み出した歴史的な問いに対する歴史資料を提供できる可能性も高まっていくだろう。そして、この教材開発は歴史学と歴史教育の対話を促すことにもなるため、試行錯誤は必要になるものの、高校生への最適化も進むだろう。

　歴史資料を用いた思考を軸に、歴史学と歴史教育の交流が進み、高校生にとって実り多い学びとなる教育が展開されることを願い、本稿の結びとする。

参考文献

- Edward O'Connor. (2004) *Teaching and Using Document-Based Questions for Middle School*. Teacher Ideas Press.
- 原田智仁 (2015) 米国における"歴史家のように読む"教授方略の事例研究 —V. ジーグラーの「レキシントンの戦い」の授業分析を手がかりに—. 兵庫教育大学 研究紀要, 46, 63-73.
- 池尻良平 (2015)「学習者から捉え直した歴史の可能性」. 岡本充弘, 長谷川貴彦, 渡辺賢一郎, 鹿島徹 (編). 歴史を射つ：言語論的転回・文化史・パブリックヒストリー・ナショナルヒストリー. 御茶の水書房.
- Leinhardt, G. (2000) 'Lessons on Teaching and Learning in History from Paul's Pen'. In Peter N. Stearns, P. Seixas & S. Wineburg (Eds.), *Knowing Teaching and Learning History: National and International Perspectives*. New York University Press.
- Stanford History Education Group. History Lessons. https://sheg.stanford.edu/history-lessons (参照日 2019 年 4 月 1 日)
- Wineburg, S. (1991) Historical Problem Solving: A Study of the Cognitive Processes Used in the Evaluation of Documentary and Pictorial Evidence. *Journal of educational Psychology*, 83: 73-87.
- Wineburg, S. (2001) *Historical Thinking and Other Unnatural Acts: Charting the Future of Teaching the Past*. Temple University Press. (ワインバーグ, S.(著), 渡部竜也(監訳). (2017) 歴史的思考 その不自然な行為. 春風社 .)
- Wineburg, S., Martin, D., and Monte-sano, C. (2013) *Reading Like a Historian: Teaching Literacy in Middle and High School History Classrooms*. Teachers College Press.

※本稿の一部には、科学研究費助成事業 18K02892「理想的な歴史的思考を段階的に体験できるデジタルゲーム教材の開発と評価」の助成を受けて調査した知見が含まれている。

東洋史学の営みと
科学的方法

山下 大喜
名古屋大学大学院教育発達科学研究科　博士後期課程

東洋史学の形成

　大学の教職課程で中学校社会科もしくは高等学校地歴科免許状の取得を目ざす際に、その「教科に関する専門的事項」として「東洋史概説」と題した講義科目を履修するケースが出てくるであろう。現在、大学で広く講じられているアカデミックな学問としての「東洋史学」とは明治日本に端を発したものである。その大きなきっかけとなったのは、日清戦争後における「アジア」への関心の高まりを背景に、那珂通世が中等教育の科目として「東洋史」を創設するよう提議したことにある（田中 1992）。これにより歴史科目の構成が「国史」、「東洋史」、「西洋史」となった。ここで新たに創設された「東洋史」のため編まれた教科書の中で、とりわけ名著として高く評価されているのが桑原隲蔵による『中等東洋史』である。

　桑原隲蔵は内藤湖南とならんで京都帝国大学東洋史の礎を築いた人物である。東西交渉史や法制史などその業績は多岐にわたり、考証学的背景から実証的な方法論を重んじたことに大きな特徴がある（吉澤 2006）。その中でも前述した『中等東洋史』は桑原の名著として名高く、中等教育の教科書として広く活用された。桑原の教えを受けた宮崎市定は、『中等東洋史』について「文部省の教授要領」による「（1）中国を中心とする東洋諸民族の盛衰興亡、（2）東西両洋の交通交渉、（3）我が国と東洋諸国との関係」といった「甚だ困難な条件」をほぼ完全な形で応えるものであったと評価している（宮崎 1968: 758）。桑原が著した歴史教科書の波及は日本に留まることなく、漢訳により自国史の「中国史」教科書として当時の中国にも大きな影響

を及ぼしたことが諸研究により明らかとなっている（黄 2012; 土屋 2018）。加えて、考証学的背景をもとにした桑原の実証的な方法論は中国国内の雑誌に漢訳論文が掲載されることで、中国の知識人とも思想的交流関係にあったことを看過してはならない。その一例として、雑誌『新青年』を拠点に新文化運動を牽引した胡適をあげることができる。

胡適と科学的方法

　胡適は中国近代を代表する知識人であり、その影響は多岐にわたっている。新文化運動では陳独秀らと共にその運動の中核を担った。とりわけ、アメリカ留学中に『新青年』第 2 巻第 5 号（1917 年 1 月）へと寄稿した「文学改良芻議」は文学革命の口火を切る存在となった。胡適のアメリカ留学は義和団事件の賠償金返還による公費留学で実現したものであり、留学後半期にあたる 1915 年から 1917 年にはコロンビア大学でジョン・デューイに直接師事している。

　胡適はコロンビア大学での博士論文審査を終え、1917 年 6 月にアメリカを離れ帰国の途についている。中国へ向かう途中で横浜港から東京へ立ち寄った際に、胡適は『新青年』第 3 巻第 3 号（1917 年 5 月）を手にしている。その号には胡適の「歴史的文学観念論」に加え、桑原隲蔵「支那学研究者の任務」の漢訳が収録されていた。この桑原論文に対して、胡適は「その大旨は、中国学を治めるためには科学的方法を採用すべきというものであり、極めてまっとうな意見である」と日記に記している（『胡適全集』第 28 巻：581-582）。この「科学的方法を採用すべき」という見方に対して、胡適はどのような展望をみたのかであろうか。以下の二点を指摘することができる。

　第一に、桑原と胡適の思想的背景は互いに共鳴するものであった点である。桑原は考証学的背景に加え、欧米の東洋史学も積極的に受け入れていたことから、「科学的方法（Scientific Method）」の重要性を繰り返し説いていた。これに対して、胡適は留学以前の学堂時代を通じた考証学的訓練に加え、コロンビア大学ではデューイに直接師事したことから実証的な方法論を自らの学問研究へ応用しようとしていた。胡適の博士論文 *The Development of Logical Method in Ancient China* はその代表作といえる。このことを

鑑みれば、桑原と胡適の思想的背景は共鳴関係にあり、「科学的方法を採用すべき」という桑原の見方へ大いに賛同したのは胡適自身も清朝考証学やデューイ思想をもとに実証的な方法論の重要性を認識していたからであるといえる。

　第二に、桑原論文からの示唆をもとに、胡適が自らの学問研究を展開していった点である。胡適の代表的な業績の一つである「整理国故」とは中国の古典的な学術文献や史料を実証的な論証もとに再評価することである。この「整理国故」へとつながる背景として前述した清朝考証学やデューイ思想の影響に加え、桑原からの影響も大きく関係している。すなわち、ここでの「整理」概念とは桑原の漢訳論文から示唆を受けたものである。桑原は論文「支那学研究者の任務」の終盤において、中国研究者として「正史」の「校勘」に加え、「正史」を「整理」することの重要性について論じている。これに対して、胡適は前述した日記において「桑原論文の末段では中国の典籍が未だ『整理』されておらず、利用に適さない」ことが論じられているとして、「ここでの『整理』とは、英文のSystematizeのことである」と記している。

　ここでの「整理」概念がのちの論文「新思潮的意義」（1920年4月）へとつながってくる。同論文で胡適は「なぜ整理する必要があるのか」の問いに対して、「古代の学術思想に筋道がなく、手がかりがなく、系統的なものでないため、第一に筋道を立てて系統的な整理をしなければならないのである」としている（『胡適全集』第1巻：698）。この論文は胡適による「整理国故」の胎動とされるものであり、ここに記された「整理」概念とは上述した日記における「Systematize」そのものである。総じて、実証的な方法論をもとに、中国の古典的なテキストである「国故」を系統立てて「整理」するという胡適の学問的姿勢の背景には、アメリカ留学の帰途に出会った桑原論文からの示唆がその形成過程の一つとして大きく作用したのである。

現代への系譜学

　本論では、胡適を一例として、桑原隲蔵の学問的業績と漢訳による中国知識人への影響について考察してきた。胡適は清朝考証学やデューイ思想に加え漢訳された桑原論文からの示唆を総合しつつ、実証的な方法論を基礎とし

て「整理国故」に取り組んでいったのである。こうした胡適の実証的な学問的姿勢は現代の台湾にも語り継がれている。台北市南港区にある中央研究院（Academia Sinica）は中華民国を代表する学術研究機関である。胡適は晩年の４年間に院長を務め、その院内には当時の院長邸宅が「胡適紀念館」として保存されている。中央研究院の真向かいにある小高い丘には胡適の墓園が築かれており、緑豊かな一帯は「胡適公園」として整備されている。胡適公園には胡適の嘉言が刻まれた石碑が並んでいる。その中でも「大胆的假設・小心的求證（大胆な仮説・慎重な考証）」は胡適が清朝考証学を再評価する際に提示した十文字であり、揮毫を求められた際に最もよく好んで記した言葉でもある。そして、この言葉は胡適自身の実証的な学問的姿勢を表す言葉として現代へと語り継がれている。こうして現代にも受け継がれる胡適の学問的姿勢の背景には清朝考証学やデューイ思想に加えて、桑原からの影響をみてとることができる。東洋史学の研究方法論からして、胡適と桑原は互いに漢訳を通じた思想的交流関係にあり、この点は近代東アジアにおける「知の循環」として特筆すべきことであろう。

参考文献

・季羨林主編『胡適全集』安徽教育出版社、2003 年
・黄東蘭「「東洋史」から「中国史」へ―桑原隲蔵『中等東洋史』と陳慶年『中国歴史教科書』の比較から―」、アジア教育史学会『アジア教育史学の開拓』東信堂、2012 年
・坂元ひろ子『連鎖する中国近代の"知"』研文出版、2009 年
・ジェローム・B・グリーダー、佐藤公彦訳『胡適 1891 − 1962　中国革命の中のリベラリズム』藤原書店、2018 年（原著 1970 年）
・田中正美「那珂通世」、江上波夫編『東洋学の系譜』大修館書店、1992 年
・土屋洋「清末の「東アジア史」教科書―その日本史認識を中心として―」、『文化共生学研究』第 17 号、2018 年
・宮崎市定「解説」、桑原隲蔵『桑原隲蔵全集〔4〕』岩波書店、1968 年
・山室信一『アジアびとの風姿　環地方学の試み』人文書院、2017 年
・吉澤誠一郎「東洋史学の形成と中国－桑原隲蔵の場合」、岸本美緒編『岩波講座「帝国」日本の学知〔3〕：東洋学の磁場』岩波書店、2006 年

そもそも「教える」とは

五十嵐 沙千子
筑波大学人文社会系　准教授

あなたは毎日の仕事が幸せだろうか?

私の哲学カフェ（筑波大学哲学カフェ「ソクラテス・サンバ・カフェ」）に、ときどき学校の先生が来てくれる。だいたい、話すことは決まっている。仕事が辛い、というのである。

辛い理由はいろいろある。「生徒が授業を聞いてくれない」「忙しすぎて授業の準備ができない」「残業が多い」「部活で土日も休めない」。最近はこれに「アクティブ・ラーニングがわからない」も加わった。

その先生たちはたいてい真面目で良い人である。仕事にも一生懸命取り組んでいる。決してサボっているわけでも、能力がないわけでもない。むしろ市民としては最良の部類の人たちである。それなのに仕事が辛い、というのである。

聞いていると胸が痛くなってしまう。

でも、その人たちは哲学的に言えばみんな同じ病にかかっているのだ。

それは「先生」という病である。

この病にかかっている人はたいてい次のように言う。

・自分が「教師として」「先生として」果たしてどうなのか。生徒や社会（や管理職や保護者）の要請に応えきれているのか。自信がない。

・文科省（や管理職）に対して、本当はとても不満がある。でも従っている。

・土日の部活指導が辛い。でも仕事だし、生徒のためにも休めない。

・「自分は未熟だ」と思っている。「生徒の前に立つんだから責任は重大だ」と思うとため息が出るが、「教員としての研鑽を積んでいきたい」し「生

徒の気持ちがわかる教員になりたい」とも思う。

・授業は、「当然、自分が教えるものだ」と思っている。

・生徒が「わからない」のは教師としての自分の力量不足だと思っている。

・努力は美徳だと思っている。授業論や教育関係の本を買ったり、せっかくの「部活のない土日」にも研修会やセミナーに行ったりする。

・でも自分の無力さを痛感してもいる。

・生徒とは心理的距離がある。それは仕方のないことだと思っている。「大人と子どもは違う」「教師と生徒の間に壁があるのは当然」なのだ。

・「生徒に読ませる」「考えさせる」「書かせる」など、使役の助動詞「させる」をよく使う。

・「生徒の頑張り」はきちんと評価してあげたいと思っている。

・「頑張れない子ども」をどうすればいいか悩んでいる。

・生徒の前で自分のことを「先生」と呼んでいる。

・生徒のことを「子どもたち」と言う。

・「向上すること」は良いことだと思っている。

・「成績が上がること」は良いことだと思っている。

　あなたはいくつ当て嵌まっただろうか？

　責任感が強いからこそ引き受けてしまう。いい加減じゃないからこそ頑張ってしまう。教員なら当然のこと。あなたはそう思うかもしれない。

　でも、この重荷はあなたにとって、いや、むしろ生徒にとって本当に必要なものなのだろうか？

　たとえばカントなら、次のように言うだろう。「こういう親切な後見人がいるから人間は成長しないのだ」、と。つまり、どうにかして自分が生徒を教え成長させてやらなければならないと思っている大人がいるから生徒が成長しないのだ、というのである。

　こう言われたら怒る人もいるかもしれない。だって、あなたが一生懸命に先生としてがんばっている、その努力は不要なばかりか逆効果だ、というのだから。

　カントがこう語っているのは『啓蒙とは何か』という本である。

　カントはこの本の中でこう言っている。人間にとって何よりも大事なこと

は、その人が自立して生きることだ、と。自立して生きる人間が大人（成年）であり、そうできない人は「未成年」である。そして人間は、未成年であってはならない。人間として生まれた以上、彼は自立した成年（大人）にならなければならないのである。

それはそうだろう。未成年のままでいいとは誰も思うまい。

では人間はいつ大人（成年）になるのか？

人間はそれを自分で決めるのだとカントは言うのである。つまり自分は未成年だと自分で決めれば未成年であり、未成年ではないと決めれば未成年ではない。20歳になれば自動的に大人になれるのではない。未成年であるかどうかは他人が評価し決めることではない。「未成年をやめる」「大人である」ことは自分が決めることなのだ。そして、あなたを始めとする世のほとんどの「大人」は「大人」ではなく未成年だ、しかも死ぬまで未成年のままなのだ、とカントは言うのである。

これをカントは当時新聞で公開したのだ。よく石をぶつけられなかったものである。

いったい、カントのいう「未成年」とは何なのか？

カントによれば未成年とは「自分で判断できない人間」のことである。自分が何をするべきか、自分が何をしたいか、それを自分で決められない人間、何も「自分で」判断できない人間を「未成年」とカントは呼ぶ。

たとえば小さな幼児は何をすべきかわかっていない。だから幼児は親や先生に教えられたり叱られたり誉められたりしながら少しずつ「して良いこと」「してはいけないこと」を学習していく。「良い子」というのはその学習が行き届いていて、たとえ大人がその場にいなくても「あたかも大人がいるかのように」自分で判断して適切にふるまえる人間のことである。

ところがカントによればこういう「良い子」こそ救い難い「未成年」である。その人は本当の意味で「自分で」判断してはいないからである。

この「良い子」がしているのは、「大人」の判断に従うことである。親や先生や上司や専門家といった「大人」たちが「正しい」と言うからそれが「正しい」のだと考え、ひとが「良い」と言うからそれが「良い」ことだと信じ、ひとが「しなければならない」と言うからそうしなければならないと思い込んで、ひとの指示に従いひとのいう「正解」に従って彼は生きている。絶え

ずひとの目を気にし、ひとから何か言われるのではないかと怖れ、何か言われる前に自分で自分をチェックして「何も言われないように」自分の行動を制御する。ひとが求める「あるべき姿」になろうと頑張り、ひとの目で自分を測って自分の「足りない所探し」をし、ひとに評価されないと自分自身に悲観する。「良い子」はそうやって一生ひとを気にして生きていくのである。

だとすればこれを「自分で判断している」と言えるのか？

ひとから言われること（他律）を自分にインストールし（内面化）、誰も見張っていなくてもちゃんとひとに合わせて生きているのだとすれば、これは「自律」ではない。これは単なる「他律の内面化」に過ぎない。良い子は他律のエキスパートなのだ。そして「大人」と呼ばれる世の多くはこの「良い子」なのである。

だからほとんどの「大人」は大人（成年）ではない、とカントは言うのである。「大人」は自分で判断しているのではない、「大人」はひとに従っているだけなのだ。「大人」は見た目だけが大人であって、なかみは未熟な未成年のままなのだ。

問題は、この「未成年大人」が未成年を指導すると、子どもが本当の大人（成年）になれない、ということである。「未成年大人」は「未成年大人」を再生産してしまうのだ。

たとえばこういう「未成年大人」は子どもに代わって判断してやるのが常である。こういうときはこうしろ、他人にはこう接しろ、ちゃんと前を向け、先生の話を聞け、宿題をしろ、本の何頁を開け、整列しろ、スカートは膝下何センチにしろ、筆箱は机の右前に置け…。

こうした「大人」は子どもに「自分で判断」することを許さない。「教える」のは失敗させたくない親心だ、と「大人」は言うだろう。だがこれでは「他律の内面化エキスパート」が再生産されるだけである。

ではどうすれば自律した（＝自立した）真の大人が育つのか？

カントは言う。

自分で判断させることだ、と。自律＝自立するためには、まずは自分の足で歩くことが必要だ、とカントは言うのだ。よちよち歩きが自分で立つと転ぶだろう。だが転んで良いのだ。よちよち歩きが自分で立って何度か転ぶ

のは当然のこと。自分で判断して何度か失敗するのは当たり前のことなのである。

絶対に転ばないようにするには歩行器の中にいるしかない。そうやって歩行器に頼っている「大人」からすれば、「転ぶ」「失敗する」なんて考えるのも恐ろしい恐怖だろう。でも二三度転べば歩けるようになるのだ。そしてその後は一生、自分の足で歩く、自分の行きたいところに自分の足で歩いていく、という、人間にとって最低限の生きる権利を獲得することができるのである。

じゃあ、そのためにはどうすればいいのか？

放任でいいのか？

面白いことに、この答えはカントと「ティール組織」で同じなのだ。「ティール組織」はきっと知っている人も多いだろう、いま世界中で注目されている最前線のマネジメント論である。

著書『ティール組織』を書いたフレデリック・ラルーによれば、人間の組織は進化している。人間も進化するが人間の「組織」にも進化段階はあるのである。

最初は衝動型組織。力の強い者がすべてを牛耳り、弱い者がそれに従うサル山組織である。ここではリーダーは力づくで、暴力を使い恐怖で脅して部下を従わせる。昔の学校によくあった体罰教師はこれだろう。

それが進化したのが順応型組織。組織には体系がありキマリがある。そのキマリにみんなが従えば組織は安定し、メンバーも守られる。組織を導くリーダーと従う部下、この上下の立場の違いは明確であり、従順に従う部下こそ順応型組織において誉められる「良い子」である。この組織の典型例は「学校」である。

次にくるのが達成型組織。競争に勝ち成功するための組織である。学校で言えばインターハイや進学率で他校に勝つ、企業で言えば他組織よりも業績を挙げる、それが組織の大きな目標になる。勝つこと、抜きん出ることこそ意味を持つこの組織では、メンバーも互いに競争する。成績の良い者が人生の勝ち組、悪い者はいつでも負け組である。

サル山の衝動型組織は言うまでもないが、これらの順応型組織も達成型組

織も、人間にとって幸福な組織ではない。順応型組織では、キマリや周囲に適合して自己疎外しなければ排除される。達成型組織では勝ち組は人格が認められるが負け組は尊重されない。順応型組織では仲間は仲間ではなく見張り合うものたちであり達成型組織では仲間は競争相手でしかない。

　これらの「不幸」を解消すべく、次に出てくるのが多元型組織である。

　多元型組織はどんな人も尊重する。この組織は疎外された者、中心ではなく周縁に置かれた者、弱い者の味方である。誰のどんな声もちゃんと尊重され、全員の合意を求めて対話を続けようとするのがこの組織であり、全員がお互いを尊重しあえる多元的な場を維持するのがサーバント（奉仕者）としてのリーダーである。

　この多元型組織は美しい。だが、ここでは結局何も決まらない。全員の合意が実現しないと決まらないからである。そして、たとえ誰かが何かをやってみたいと欲しても全員の合意が得られなければ動けない組織では、各人の自己実現はかえって疎外されてしまうことになる。

　こうして人間はティール組織＝進化型組織にたどり着く。ティール組織では人々は「勝手に」動く。組織全体の合意を待つことも、上層部の決定を待つこともない。そもそもティール組織には上下の区別もなければ横割の部署の区別もない。全ての権限・全ての判断は実働する末端グループに委譲されていて、必要があればお互いに助言しあうという条件下で、ティールでは人々はお互いのトライアンドエラーを承認し合うのである。ここでは仕事は自己実現のためにある。仮に目標達成が短期的にはうまくいかないとしても、成功を目指して修正を続けていく、大人と大人との共同で行う長いプロセスこそが人間の生きる場である。リーダーの役目は、このティール組織を維持すること、そして自ら、自己実現を求めて働く同じ一人の主体として、自分自身の仕事を行なっていくことである。

　真の大人（成年）とは「自分で判断する」ものだとカントは言った。「自分が未成年をやめる」という決断は、「自分自身で判断する」「自分自身で判断を引き受ける」という決断である。これはもちろん、ひとの意見を聞かないということではない。反社会的な行動をとるということでもない。意見を知り意見を聞いた上で、自分自身で判断し、自分と世界にとって最も良いと

思う判断を自分自身の意思として存分に表出し、存分に実現していくことである。

　仕事がそうした自己実現の場になったら楽しい。自己疎外したり競争したりする場ではなく、そこにいる人たち全てがそれぞれの自己実現をしていく、そういう共同の場に仕事がなったら、人生は楽しい。

　もし学校が生徒にとって、そして教師にとってこんな自己実現の場になったとしたらどうだろう。生徒も教師も自分で判断し、その判断をお互いに尊重しあい、仮に失敗したとしてもそれを次に進むためのステップだと考え、一緒に学校というシステムを創っていける、そういう場に学校がなったらどうだろう。それは夢物語ではない。ティール型の学校は既にベルリンに生まれている[1]。

　あなたには生徒たちに仕事が辛く不本意なものであることを「見せる」こともできる。だが先に生まれた大人として、自分の仕事の場で自己実現していくことができること、真に仕事を楽しみ、勉強を楽しみ、十全に自己を表出し、仲間や生徒と共同して働き、人生を楽しく生きていくことができるということを「見せる」こともできる。

　わたしたちは同じく、自分で判断する者であろうとする者たちなのだ。友であるわたしたちは共に、このわたしたちの空間をどう創っていくかを考えることができるはずである。

　さて、あなたは毎日の仕事が幸せだろうか？

（1）五十嵐沙千子「対話による共同体―ティール組織の学校―」『倫理学』35 号、筑波大学倫理学研究会、2019 年。

II

歴史を
「教える」

世界史の授業実践①

どんな「問い」を生徒は学習すべきか？

―「アクティブラーニング型」世界史授業の実践から―

川島 啓一

同志社中学校・高等学校教諭・教員歴 16 年
担当科目：世界史 B

授業概要

教科：地理歴史・公民　科目：世界史 B　対象学年：高校 3 年

実施クラスの人数：31・35 名

教科書：帝国書院『新詳世界史 B』

授業の目的・狙い

・（知識・理解）生徒は、世界史についての「問い」を解く作業を通して世界史の外観を理解する。

・（活用）生徒は、習得した知識を活用しつつ、同時に新たな知識を習得しつつ世界史の「問い」を解く。

・（協同学習）「問い」に対する解答を班で学友とともに作成する。

・（協同学習）班で作成した解答を学友に説明し、質疑応答を行う。

Ⅱ 歴史を「教える」 | 世界史の授業実践①

授業の流れ

　世界史B（4単位）の各単元に2単位時間（50分×2時間）を配当した。
　1時間目は次の通りである。①「一つの問い」の提示、②教員の概説（10〜20分程度）、そして残りの時間（30〜40分程度）で、③生徒の資料読解（個人思考→ペアで共有：図1）、④生徒の「問い」への解答（個人思考→ペアやグループで共有し解答作成：図2）、⑤グループの解答の可視化・共有（質疑応答、全グループのホワイトボードの掲示または黒板への記入：図3・図4）、⑥教員による評価・解説、⑦生徒の振り返りシートの記入・回収、⑧宿題の告知を行う。宿題は、プリントの残りの「問い」である（「問いの一覧表」以外にいくつか基本的な「問い」もプリントに記載されている）。なお、①「一つの問い」は、「問いの一覧表」①〜④の「問い」の中からペアやグループワークによって学習が深まる問いを適宜選んだ。
　2時間目は、宿題の評価・解説を行う。①教員から指名された生徒による黒板への解答の記入（基本的に黒板を8分割して8人が記入）、②教員による評価・解説、を行った。

図1　シンク・ペア・シェアで意見共有

図2　役割分担して解答作成

図3　特派員と報告役の質疑応答

図4　報告役が教壇で説明する

授業実践

1　なぜ「アクティブラーニング型」世界史授業を実践するのか？
　どんな「問い」を学習すれば、どのように世界史の授業をデザインすれば、生

徒の学びは深まるのだろうか。生徒の深い学びを実現するためには、講義一辺倒の授業だけではなく「アクティブラーニング型」の世界史授業を実践し、生徒が資料を読み解いて「問い」を考え、そしてその解答を学友とともに作成する歴史学習がとても有効である（川島 2017）。なお「アクティブラーニング型授業」とは、「知識を習得する時間（講義パート）と、それをふまえた書く・話す・発表するなどの活動の時間（アクティブラーニングパート）とを組み合わせた」授業（講義＋アクティブラーニング）である（溝上 2016：35 頁）。

2　どんな「問い」を生徒は学習すべきか？

1)「歴史的思考（力）」の議論を参考に「問い」を作成

　世界史の「問い」を作成するにあたって、私は主として次の二つを参考にした。一つは、1994 年にアメリカ合衆国で発表された「歴史の全米基準」を鳥山孟郎が整理した「『歴史的思考』についての基準の概要」（鳥山 2003：62-63 頁）である。もう一つは、小川幸司が提唱した「世界史の「知」の三層構造」（小川 2011：5、329 頁）である。

2)「『歴史的思考』についての基準の概要」（鳥山孟郎）

　「『歴史的思考』についての基準の概要」の「＜基準 3 ＞歴史分析と解釈」では、世界史の「問い」を作成する際にとても参考になる歴史の見方や考え方が列記されている。それは、「A．歴史的文書や叙述の著者または出典を明らかにすること」「B．異なる思想、価値、個性、態度、制度の類似点と相違点を確認しつつ比較対照すること」「C．歴史上の解釈と事実の違いをはっきりさせること」「D．多様な見方を考慮に入れること」「E．個人の重要性、思想の影響力、偶然の役割を含む複合的な因果関係に留意しながら、原因と結果を分析すること」「F．歴史的必然論について議論をたたかわせること」「G．互いに競合する歴史叙述を比較対照すること」「H．歴史の解釈は暫定的なものであると捉えること」「I．歴史家のあいだの主要な論争を検討すること」「J．過去になされた決定のもたらす影響について仮説を立てること」である。

3)「世界史の『知』の三層構造」（小川幸司）

　小川の「世界史の『知』の三層構造」では、世界史の「問い」を具体的にどのように立てればよいのかを理解することができる。その「三層構造」では「第一の基層に、何年にどのようなことが起こったかという事件・事実の列挙」があり、

Ⅱ　歴史を「教える」　｜　世界史の授業実践①

「第二に、その事件・事実を前にして、どのような歴史の論理がよみとれるかという解釈の層」がある。第三層は「歴史を素材にして人間のありかたや政治のありかた、ひいては自分の生き方について『歴史批評』を行う、という"知"のいとなみ」である。さらに、小川は「『今日、この歴史を学んだ意味』というものが、毎時間の授業で、たち上がってくる。こうした知的営為が教室でなされることが、暗記に堕した歴史教育を刷新する道であろう」（小川 2011：329 頁）と厳しく指摘する。

4）「世界史の『知』の三層構造」の具体化

　この「三層構造」を援用すれば、たとえばフランス革命を『女性および女性市民の権利宣言』を書いたグージュの視点から学習する際、次のように「問い」を立てることができよう。

Ⅰ. 第一の層（「歴史的事実」）の「問い」：グージュは「人権宣言」をどのように書き換えましたか。

Ⅱ. 第二の層（「解釈・意味」）の「問い」：なぜグージュは「人権宣言」を書き換えたのでしょうか。

Ⅲ. 第三の層（「歴史批評」）の「問い」：グージュの視点から、あなたやあなたの社会を取り巻く法律を調べてみましょう。

　このように世界史のさまざまな学習事項に対して小川の「三層構造」を援用すれば、世界史の学習を深めることができる問いを、生徒も教員も作成することができる。

3　私の実践（資料：「問の一覧表」を参照 P.116）

　以上を参考にして、私は世界史の「問い」を作成した。それは、①「単元を貫く問い」、②「クリティカル・シンキング：批判的思考」、③「つなぐ・くらべる：現代的思考・比較的思考」、④「ジェンダーの視点から」である（なお、私はジェンダーに関する「問い」に関して、「『歴史総合』におけるジェンダー史学習案」という試案を公表した（川島 2018）。

　①「単元を貫く問い」は、ウィギンズらが指摘している「本質的な問い」を参考に作成した（田中他 2011：189 頁）。その「本質的な問い」は、「私たちの人生を通して何度も起こる重要な」問い、「学問における核となる観念と探究に対応している」問い、「生徒たちに重要だが複雑な観念、知識、ノウハウを効果的

113

に探究し意味を把握するのを助ける」ような問い、「特定の学習者たち、また多様な組み合わせの学習者たちを最も良く惹きつける」ような問い、を意味する。

②「クリティカル・シンキング：批判的思考」では、生徒が歴史的事実に基づいて、論理的で合理的な根拠を指摘しているかどうかを重視した。③「つなぐ・くらべる：現代的思考・比較的思考」では、歴史に特徴的な「時間と空間に関する問い」を作成した。④「ジェンダーの視点から」という問いでは、歴史上の「声なき声」「いのちの声」に寄り添い、歴史の視点を変えて歴史をより多面的・多角的に学ぶために作成した。

おわりに

ドイツの歴史教育の特徴について、卓越した歴史教師であった故鳥越泰彦は、次のように指摘している。

「次に、史資料とともに存在する設問について検討しよう。まずドイツの歴史教科書では、設問数の多さに驚かされる。近年の日本では、暗記中心の歴史教育の脱却や、「歴史に興味を持たせる」「歴史的思考力を培う」といった趣旨の下で、問いが置かれるようになった。しかしその数は教科書全体でも 20 を上回ることはまずない。一方、ドイツでは平均して、 1 頁に 1 問程度の問いがある。多い場合には教科書⑤のように（本文ママ、引用者注）、19 頁に 29 問もある。ひたすらに史資料を読み、問いに答える作業、そして問いに答えるために本文や史料を読む作業が歴史学習なのである。」（鳥越 2015：48-49 頁。下線部は引用者による。）

世界史を教える教員も学ぶ生徒も、世界史をより深く理解したいと思う点において、両者は全く同じ立場に立っている。私はしばしば、十代の若い生徒の歴史解釈が、私の凝り固まった考え方をはるかに凌駕していることに驚き、そのような場に出会えたことを心からうれしく思っている。「問い」を学ぶ歴史学習は、教員・生徒の双方に無限の可能性を与えてくれるのである。なお、本稿では世界史の「問い」を中心に扱ったが、「アクティブラーニング型」世界史授業の利点や困難さ、この授業と協同学習の関係などについて、機会があれば別稿を期したい。

授業で使った書籍

川北稔・桃木至朗監修、帝国書院編集部編『最新世界史図説　タペストリー』（帝国書院）

大阪大学歴史教育研究会編『市民のための世界史』（大阪大学出版会、2014 年）

福島県高等学校地歴・公民科研究会世界史資料編集委員会編『新世界史資料集』（清水書院、1994 年）

綿引弘『100 時間の世界史　資料と扱い方』（地歴社、1992 年）

三成美保・姫岡とし子・小浜正子編『歴史を読み替える ジェンダーから見た世界史』（大月書店、2014 年）

参考・引用文献

・小川幸司 2011『世界史との対話〈上〉—70 時間の歴史批評』地歴社

・小川幸司 2012『世界史との対話〈中・下〉—70 時間の歴史批評』地歴社

・小川幸司 2016「「問いをともに考える」世界史へ」『学術の動向』21 巻 5 号（特集：歴史教育の明日を探る—「授業・教科書・入試」改革に向けて—）日本学術協力財団、32-36 頁

・川上具美 2018『思考する歴史教育への挑戦—暗記型か、思考型か、揺れるアメリカ』九州大学出版会

・川島啓一 2017「「世界の主導権争い」を活用した「アクティブラーニング型授業」—「主体的・対話的で深い学び」を実現するために」『世界史のしおり　2017 年度 1 学期号　No.71』帝国書院、3-5 頁
https://www.teikokushoin.co.jp/journals/history_world/pdf/201701g/03_hswhbl_2017_01g_p03_p05.pdf（閲覧日 2019.3.31）

・川島啓一 2018「ジェンダー視点をどう取り入れるか？—高校歴史教育の現場から」『ジェンダー史学』第 14 号、69-85 頁

・楠見孝・子安増生・道田泰司編 2011『批判的思考力を育む—学士力と社会人基礎力の基盤形成』有斐閣

・田中耕治他著 2011『新しい時代の教育課程　第 3 版』有斐閣

・鳥越泰彦 2015「第 3 章　ドイツにおける後期中等歴史教育—バーデン＝ヴュルテンベルク州一般教育学校の場合　Geschichtsbildung in der Oberstufe vom Baden-Wurttemberg –Im Vergleich zur japanischen Geschichtsbildung-」鳥越泰彦『新しい世界史教育へ』　飯田共同印刷株式会社

・鳥山孟郎 2003『考える力を伸ばす世界史の授業』青木書店

・溝上慎一編 2016『高等学校におけるアクティブラーニング　理論編』東信堂

・三成美保・姫岡とし子・小浜正子編 2014『歴史を読み替える　ジェンダーから見た世界史』大月書店

・米山宏史 2016『未来を切り拓く世界史教育の探求』花伝社

・ワインバーグ，サム 2017『歴史的思考—その不自然な行為』（渡部竜也監訳）春風社

II 歴史を「教える」

世界史の授業実践①

【資料：「問いの一覧表」】

	テーマ	①単元を貫く問い	②クリティカル・シンキング：批判的思考	③「つなぐ」「くらべる」：現代的思考・比喩的思考	④ジェンダーの視点から
No.1	人類の出現と進化	なぜヒトは進化できたのか。	人類の進化について、あるネアンデルタール人（旧人）の化石人骨の脳容量は、より進化したと考えられるクロマニョン人（新人）より多い場合がある。脳容量が多いにもかかわらず、なぜ彼らは絶滅したのか。	ネアンデルタール人と現代社会に生きる我々は、どちらが幸せなのだろうか。今後も我々は進化するのだろうか。	「ヴィレンドルフの女性裸像（ヴィーナス）」について、なぜこのような特徴的な容姿形態をしているのだろうか？
No.2	人類の出現と進化②	「余剰生産物」は人々の社会を、どのように変化させたのだろうか。	人類は高度な文明を築いたはずなのに歴史上、お互いを傷つけ殺し合う戦争は止まることがない。それはなぜだろうか。	ヨーロッパ近代国家は「文明」であり、それ以外、特にアジアやアフリカは「野蛮」だとして、近代「文明」国家が「野蛮」を「文明化」させることが「使命」だと考えた（これを「文明化の使命」、「明白な天命：マニフェスト・デスティニー」などと言う）が、この問題点は何か。	農耕・牧畜社会では、男女の仕事役割が明確に分かれている場合が多く見受けられるが、それはなぜか。
No.3	メソポタミア文明	メソポタミアで興った都市国家群を「メソポタミア文明」と表現するのは、なぜか。	メソポタミアの神権政治は本当に成立したのだろうか。	「パワースポット」「スピチュアルスポット」という言葉が巷で聞かれるが、現代人もメソポタミアのジッグラトのような「聖なる場所」を求めているのだろうか。	シュメールのラガシュ市の王妃バルナムタルラは、その政治力をどのように行使したのか。
No.4	エジプト文明	なぜ古代エジプトでは、高度な文明が誕生したのだろうか。	エジプト文明は、「輝かしい人類の栄光」などとしてメディアでよく取り上げられるが、その「栄光」の裏にある歴史的事実は、どのようなものか。	「エジプトはナイルの賜物（たまもの）」（ヘロドトス：古代ギリシアの歴史家）といわれるようにエジプト文明は水源であるナイル川が育んだ。我々の現代的な生活と水源（河川や湖沼）との関係をどう考えるべきだろうか。	古代エジプトでは、王妃は王の姉妹である場合があったが、それはなぜか。
No.5	中国文明	文明を育んだ黄土にはどんな特徴があるのか。	中国の王朝交代において、易姓革命の「禅譲」は「支配者が有徳者に位を譲ること」だが、実際には「有徳者」であるかどうかにかかわらず、「禅譲」が遂行された。それはなぜか。	多くの現代国家は憲法で政教分離を規定しているが、殷王のように神の力を利用した政治のほうが、安定した世の中を実現できるのだろうか。あなたはどう思いますか。	中国では古くから、男が耕作し、女が紡織を司ることが基本的な性別役割分業とされていたが、女性が農業労働に従事することも少なくなかった。それはなぜか。
No.6	騎馬遊牧民の登場	なぜ中央アジアの諸国家は、周辺の王朝に大きな影響を与えたのか。	軍事組織としての遊牧民とオアシス民は、本当に共生関係を形成できるのか。共生関係の成立、破たんの条件はなにか。	軍事商業国家としての遊牧集団と、現代の強力な軍隊（自衛力）と経済力を有する国家とを比較して、その類似性を説明せよ。	中国王朝（漢～唐）は、なぜ周辺諸国に公主（和蕃公主）を嫁がせたのか？
No.7	諸地域世界の成立と古代帝国の栄華	「世界帝国」が存続するためには、どのようなシステムが必要とされるのか。	「世界帝国」を形成するメリットは何か？また、「世界帝国」を形成するデメリットは何か。	古代の世界を比べて現代ははるかに「グローバル化」している。そのような「グローバル化」された社会に生きる我々には、どのような「世界」の意識が必要か。	7～8世紀の東アジアでは、女性君主が相次いで登場したが、それはなぜか。
No.8	古代オリエント・地中海	ハカーマニシュ（アケメネス）朝ペルシアの支配体制はどのようなものであったか。	ペルシア生まれの宗教ゾロアスター教の「最後の審判」や「天国や地獄」の思想は、本当に支持されたのだろうか。	古代のオリンピア競技祭と現代のオリンピックの共通点、相違点はなにか。また、リオ五輪（2016.8）の際、なぜブラジルの若者は異議申し立てをしたのか。	アッシリア帝国やペルシア帝国（アケネス朝）では、「身分の差は性差よりも大きかった」と考えられているが、それはどういう事態をもたらしただろうか？
No.9	古代ギリシア	アテネの民主制は、どの程度まで民主的と言えるのだろうか。	グレイステネスの改革について、重要審議事項を審議する評議会の選出母体（選出方法は抽選）を、血縁的な四部族制から地縁的な十部族制に変更したことは、どんな影響を与えたのか。	アテネの民主政治と現代日本の民主政治を比較して、違いを述べよ。また、その違いは人々にどのような政治に対する意識（政治意識）を与えるのか。	古代ギリシアのポリスでは、どのような男女の役割が課せられていたのだろうか。
No.10	古代ローマ	小さな都市国家ローマを、地中海の覇権国家へと導いた秘密は、その共和政のシステムにあるが、なぜそう言えるのか。	「ローマの平和」とよばれる時期に生きた人々は、幸せだったのだろうか。	EU（ヨーロッパ連合）に住む人々に、古代ローマ帝国はどのように記憶されているのだろうか。	ローマ市民にはどのような権利と義務があったのか？

116

II 歴史を「教える」 ｜ 世界史の授業実践①

	テーマ	①単元を貫く問い	②クリティカル・シンキング：批判的思考	③「つなぐ」「くらべる」：現代的思考・比喩的思考	④ジェンダーの視点から
No.11	古代インド	仏教はどのように誕生・発展し、どのように衰退したのか。	仏教における愛欲と慈悲ついて、「この2種類の精神現象を「愛」の一言で表現する現代人には、人間の本質が見えにくいだろう」と述べているが、これについてあなたの見解を示せ。	なぜガウタマ・シダールタ（のちのブッダ）は出家したのか。現代において「出家」はどのような意味を持つのか。	なぜ「カースト秩序」の維持が、女性と関係するのか？
No.12	古代中国	秦・漢時代を通して、なぜ「華夷思想」が形成されてきたのだろうか。	鉄製農具がひろまり、農業生産力があがると、なぜ身分制や民族のまとまりが崩壊するのか。	諸子百家の思想は混迷を深める現代の国際社会や日本社会においてどのように有効に応用できるだろうか。	儒学が官学化したのち、どのような家族観や夫婦観が正統とされていったのか。漢代では男女の刑罰上の地位はどうだったか？
No.13	古アメリカ文明	古アメリカ文明の特色を述べよ。	マヤ文明の研究科である青山和夫氏によると、マヤ文明が滅びた原因一つに神殿の存在が考えられるという。そもそも神の力により人々を安定に導く神殿が、なぜマヤ文明の崩壊を招いたと考えられるのか。	マヤ文明といわゆる「四大文明」との相違点はなにか。	「ポカポンタス神話」は、なぜ形成されたのだろうか？
No.14	南北朝時代	南北朝時代とは、どんな時代か。	「秦漢帝国」、「隋唐帝国」という「栄光の時代」に対して、「五胡十六国時代」を軽視する風潮があるとすれば、それに対してどのように批判できるだろうか。	「五胡十六国時代」は、中国史上における民族大移動の時代であった。現代における民族移動の事例を答えよ。また、人々はなぜ移動するのか。	魏晋南北朝から隋唐時代の貴族制社会における女性は、どんな実態であったか。
No.15	ローマ帝国の分裂・解体	なぜローマ帝国の周辺の人々は、新たな「ローマ人」になってゆくのか。	なぜローマ帝国は、392年にキリスト教を国教と定めて他の宗教を禁止したのか。	ローマ帝国は新たな「ローマ人」になりたい人々を受け入れて発展した。この歴史的経験は新たな「日本人」になりたい人々、つまり「日本国籍を取得したい人々」をなかなか受け入れない現代日本にどのような展望を与えるのか。	ローマ帝国市民の男子とその妻に課された義務とは何か。
No.16	中央ユーラシアの発展と東アジアの再編	なぜ南北朝時代に中央ユーラシアを含んだ「三層構造」は成立したのか。	「漢化政策」は、なぜ実行されたのか。	「中国仏教の光と影―北魏の排仏と崇仏」には、洛陽で仏教が盛んであった様子が描かれている。翻って、現在の日本の仏教をあなたはどのように捉えますか。	中国史上唯一の女帝である武則天は稀代の「悪女」とされてきたが、それはなぜか。
No.17	隋唐帝国の栄光	唐の諸制度は、なぜ普遍性が高いのか。	唐の律令制度は「優れた」制度として周辺各国が導入したがたように、誰にとって「優れた」制度だったのか。	唐の諸制度は、なぜ普遍性が高いのか。現代世界において、普遍史の高い制度はどのような制度か。	髄の開祖（王朝を開いた人物）、唐の開祖は、どのようにして権力を手に入れたのか。
No.18	「唐宋変革」の時代	なぜ「唐宋変革」という現象が生じたのか。	宋代に中華思想はどのように変質したのか。それはなぜか。	科挙の勧学歌を読んで、現代日本の受験制度と比較して、自らの意見を述べよ。	宋代では「男は外、女は内」という考え方（ジェンダー規範）が広まったのか。
No.19	「中央ユーラシア型国家」の出現	「中央ユーラシア型国家」のような、少人口の支配者が大人口を安定的に統治するためにはどのような仕組みが必要とされるのか。	「中央ユーラシア型国家」の歴史を学ぶことに、一体、どのような意味があるのか。	上記、三つの和約（澶淵の盟など）は、武力紛争の耐えない現代社会にどのような歴史的教訓を与えるのか。	和蕃公主とは何か。また、どんな影響を与えたのか。
No.20	イスラームの成立	コーランは、ムスリムに断食の義務を課しているが、これはムスリムやシスラーム社会にどんな影響をあたえるのか	もし断食、喜捨、巡礼が義務ではなく推奨規定ならば、シスラームはどのようになったとあなたは推測しますか。	イスラームの「現実主義的側面」と「内面性重視の側面」を比較しながら説明せよ。	なぜコーランでは、男性が同時に4人までの女性と婚姻契約を結ぶことを認めたのか。
No.21	イスラームの拡大	8〜9世紀に、なぜイスラームは急速に広大な領域を支配下に組み入れることができたのか。	なぜ「コーランか剣か」というイスラームに対する認識は間違っているのか。	イスラームの成立・拡大という歴史的経験は、現代社会にどのような示唆を与えるのか。	「男は女の擁護者である。それは神が彼らを優位においたからであり、彼らが自分の財産から金を出すためである」（コーラン女性章第34節）というコーランの章句は、どのような影響を与えるのか。

117

世界史の授業実践②

問いを通じて学びを深める世界史の授業

―同じ問いを軸とした授業―

坂田 匡史

東京都立成瀬高等学校（人事交流派遣先、所属校
神奈川県立湘南高等学校）教諭・教員歴7年
担当科目：世界史B

授業概要

教科：地理歴史　科目：世界史B　対象学年：高校1年

実施クラスの人数：40名　教科書：山川出版社『詳説世界史B』

単元：「産業革命　本時：世界最初の産業革命」

授業の目的とねらい

　本授業は「産業革命」の単元の第1時間目にあたり、これまでの授業で学んだ知識や概念を活用し、資料に基づいて多面的・多角的に産業革命の起源を追究することがねらいである。高校入学後数か月の発達段階にあわせて授業で活用する知識や概念を焦点化し、他地域と比較させ、課題を設定して解決する学習活動を通して歴史的思考力を育むことが目的である。

Ⅱ　歴史を「教える」　│　世界史の授業実践②

授業の流れ

予　習…世界最初の産業革命の授業動画を視聴し、ノートを作成して学習する。
（ⅰ）資本の蓄積（ⅱ）広大な海外市場（ⅲ）労働力（ⅳ）国内の資源（ⅴ）
科学技術の発展の５つの条件から理解する。

導　入…予習の学習内容から主発問「なぜイギリスにおいて世界で最初の産業革
命が始まったか」について自己の考えをワークシートに記述し、ペアワー
クで説明して確認する。本時の目標と評価規準を確認する。

展　開…グループワーク①各国の人口や世界の生産高に占める各国の割合等の資
料から考えられることをグループで討議する。産業革命の条件を比較し
た場合、イギリスはインドや中国等のアジアの大国やフランス等のヨー
ロッパの他の国と比較すると、イギリスが人口や経済面で優位であった
といえないことに気付かせる。そこで、５つの条件以外のイギリスでの
み起こりうる"特別な理由"について、既知の学習内容を活用してグルー
プワーク②イギリスの貿易上の課題を考察し、グループワーク③課題解
決を追究する。

まとめ…「なぜイギリスにおいて世界で最初の産業革命が始まったか」について、
授業で学んだことを踏まえて、ワークシートにまとめる。評価規準に即
して振り返り（授業に対する自己評価）を行う。

授業実践

授業準備－反転授業の手法を活用－

　１学年では、４月に大航海時代から世界史学習を始めて、主権国家体制の成立
を学び、７月にこの授業を迎えている。これまでの世界史学習で、イギリス・フ
ランスの重商主義政策や絶対王政、第２次英仏百年戦争やアンボイナ事件等の
植民地を巡る抗争から世界の商業覇権の推移を学習している。本時ではこうした
知識や概念を活用して、主発問「なぜイギリスにおいて世界で最初の産業革命が
始まったか」について、様々な見方・考え方を働かせて考察し、歴史的思考力を
高めることを意図した授業である。特に①既知の学習内容の活用すること、②資
料に基づく比較、③課題を設定した追究の３点を重視した授業である。学びの

119

過程を習得・活用・探究でとらえた場合、これまでの授業や予習の動画で習得し、50分の限られた授業時間では活用や探究に焦点化している。産業革命がおこった理由のうち、詳説世界史Bの記述にみられる（ⅰ）イギリスでは資本の蓄積がみられたこと（ⅱ）植民地戦争の勝利を通じて広大な海外市場を有していたこと（ⅲ）農業革命により人口の増大が支えられ、労働力が存在したこと（ⅳ）国内に鉄や石炭等の資源があったこと（ⅴ）科学技術の発展がみられたことの5つの条件に関して、YouTubeにアップした予習用の授業動画で事前に学習させ、グループワークの土台となる知識を習得させている。限られた授業時間で問いを中心とした授業展開にすることができると考えたので反転授業の手法を活用した。

　反転授業に関しては、事前の課題を20分程度の学習時間とノート作成で済むように設計している。ノート作成に関して、普段の授業からメモや学習のまとめ、疑問点をノートに記入するように指導している。本時の予習でも生徒のノートには学習の過程がわかるようなメモやまとめを記入している生徒がほとんどであった。動画の作成は普段の授業で使っているパワーポイントに解説を付け加えたもので、スマートフォンの動画作成機能を使って音声解説を付け加えたものをYouTubeにアップし、そのURLからQRコードを取得し事前課題として生徒にプリントを配布した。課題は授業に役立つ必然性の高いものを意識しているので

生徒が作成したノート

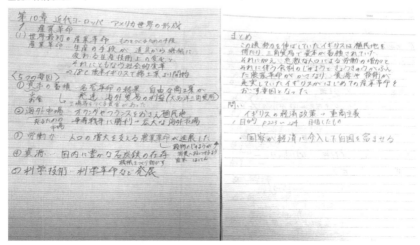

Ⅱ 歴史を「教える」 ｜ 世界史の授業実践②

全員が授業前に予習を終わらせていた。日々の授業が必然性の高い学びになっていることが重要である。

導入－個の学びとアウトプットを重視する－

　普段の授業では、導入として前回の復習やポイントをペアワークで説明させたり、授業展開で発問・質問に対して自分の考えを相互に議論させたりしている。本時の導入では予習動画で学んだことを自己の考えとしてワークシートに記述し、ペアワークで説明させた。本時の目標と評価規準を確認して12分程度であった。生徒の記述例から「イギリスで世界初の産業革命が起こった背景には、大航海時代から始めた海外への進出、植民地の拡大が1つあった。長きに渡るフランスとの植民地争奪に勝利したイギリスはアメリカ・インドと広大な植民地を形成しアフリカ・アメリカにおいては大西洋三角貿易が行われた。これによる莫大な資本の獲得が産業革命を促す要因の1つとなった。また、これにより獲得した植民地はイギリスの商品の海外市場になった。」「資本の蓄積（大西洋三角貿易）、海外市場（広大な植民地）、労働力（農業革命の進展）、資源（石炭や鉄）、科学技術の進歩（科学革命）」等文章や箇条書き、メモ程度で限られた時間の中で表現していた。生徒個々人の学びの土台を作り、知っていることがあるからこそ、より深く学ぶ意欲が喚起されると考える。

展開－見方・考え方を働かせる問いを軸にする－

　展開では、まずグループワーク①で3つの資料（写真）を通して、産業革命の条件を、イギリスと世界やヨーロッパの国々と比較すると、イギリスが他国と比べて特段に優位であったということはない、ということに気付かせる。このワークを通じて、予習動画で学んだ5つの条件だけでは産業革命がイギリスで起こった背景を十分に説明しきれていないことに気付かせ、見方を変える。1700年・1750年・1800年の3つの時点のイギリス・フランス・オーストリア・ロシアの人口が記載された資料からワークシート中の文章の空欄にグループで討議して、補充するワークでの生徒の記述例は「イギリスの人口はフランスと比較して、およそ【　2倍　】であり、人口増加も他国に比べて【　緩やか　】。イギリス産業革命の条件であった労働力を支える人口の増加は【　イギリス　】に限られることではなく世界的な傾向であった」というものであった。次の資料ではヨー

121

ロッパ諸国の植民地の状況（1750年）の地図を示して、イギリスだけが、広大な植民地を形成したわけではなく、スペインやポルトガル、フランスも世界各地に植民地を形成しており、イギリスだけが広大な植民地を有していたからという条件が他国との比較では優位でないことを明らかにした。最後の資料では世界の生産高の相対的シェアを比較すると1750年のイギリスとフランスの比較ではフランスのほうが優位であった。さらにイギリスと中国では大きな差があったことに気付かせた。

　グループワーク②「では、なぜイギリスにおいて世界で最初の産業革命が始まったか、イギリスで起こる特別な理由がある。それを探るためにワークシートから、イギリスの貿易はどのようなものであったか、また、それはどのような目的であったか。グループで話し合って下さい」主発問を改めて示し、授業を展開する問いとして既習の学習内容から考察するグループワーク②（5分程度）を行った。生徒から「重商主義、目的は貿易黒字をめざすこと」という発言を引き出した。
　グループワーク③では、イギリスの貿易に関する課題解決を行った。

ワークシート

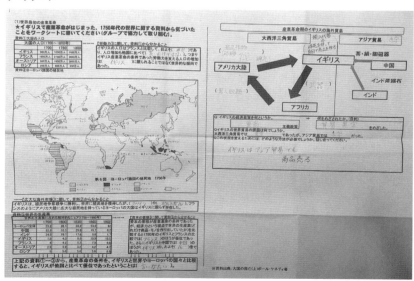

II　歴史を「教える」　｜　世界史の授業実践②

発　問：「イギリスは、大西洋三角貿易では奴隷貿易等を通して貿易黒字であったが、茶・絹・陶磁器・綿布を輸入していたアジア貿易では貿易赤字であった。イギリスでの需要の高い茶・絹・陶磁器・綿布を手に入れながら貿易赤字を解消するためにはどのようにすればいいでしょうか、話し合って下さい」

生徒a：「輸入するだけでなくてイギリスも輸出すればいい」

生徒b：「イギリスはあまりアジアに売っていないから、黒字になるわけないじゃん。原料を輸入して再輸出する」

生徒c：「これ（茶等の輸入品）って全部アジアの植民地でつくらせて安く買い取ればいい」

生徒d：「黒字の大西洋三角貿易と結び付けて、何かの商品をアジアに送ればいい」

　　　　　　　　　　　　　　　　　　　　　グループワーク③では、10分程度の時間で、これまで学んだことを活用しながら様々な視点から意見を出しており、異なった意見から見方・考え方を揺さぶられながら拡散的思考が促されているように感じた。リーダーの役割の生徒にとっては、こうした多様な意見をグループの意見として合意形成して発表に備えることも重要であり、時間を考えてまとめるように努めていながら、妥協的な結論に終わるグループは少なかったように見受けられた。ここまでで3つのグループワークをおこなっているが、教師はほとんど介入していない。この理由は後述したい。

　生徒の発表では「武器を作って、植民地で戦争を起こして、アジアに武器を売る。イギリスの植民地を増やす。原料を持ってきて、自分たちで作っちゃう。綿だったら原料をインドとかから持ってきて、自分の国で作る」等の意見が出た。武器を作って売るとは、大西洋三角貿易を学んだことから想起し、再輸出の概念も地理の学習や中学で学んできたことを関連付けて考察できている。これまでの学習内容を活用して、より深い理解を促すことができたのではないか。

123

まとめ－最後は必ず個人の学習に落とし込む－

　最後にまとめとして、輸入代替という知識を生徒に伝えてまとめにはいった。「いくつも意見がありましたが、茶・絹・陶磁器・綿布の中でもイギリスが自国で作ることができるものに関して、自国で生産することを輸入代替という。絹や茶をイギリスで作ることは難しかったが陶磁器や綿製品を作ることはできる。綿製品のように国内で生産可能な商品については国内で生産し、貿易収支を改善することが求められた。そのため、綿製品の生産技術の開発は、大きな利益を生み出すビジネスチャンスであった。だから、産業革命は綿工業からおこったんだよ。それでは、なぜイギリスにおいて世界で最初の産業革命が始まったか、産業革命がおこった理由を輸入代替という語句を使ってまとめてみよう」

　主発問「なぜイギリスにおいて世界で最初の産業革命が始まったか」に対する自分の考え（本時のまとめ）をいくつか紹介したい。

　生徒の記述例（ⅰ）「名誉革命による資本の蓄積、植民地を得たため海外市場の発展、人口増加により労働力が豊富になったこと。国内に石炭などの資源が豊富にあったこと、科学技術の発展。その他に綿製品のようにイギリス国内で生産可能な商品については輸入代替を行い、貿易収支を改善することが求められた。そのため、綿製品の生産技術の開発は生産者に大きな利益があたえられた。」

　生徒の記述例（ⅱ）「イギリスにおける産業革命の始まりは、イギリスの経済政策である重商主義がきっかけとなった。イギリスは大航海時代から始めた海外進出、植民地拡大によりアメリカ、インドを植民地として獲得してアメリカにおいては大西洋三角貿易を行っていた。重商主義の一端として国を富ませるために行われていたこれらの貿易は大西洋三角貿易では大きな利益を得ていたが、アジア貿易においては赤字であった。この赤字を改善するためにイギリスは国内で生産可能なものを生産しようとする輸入代替を始めた。この生産技術の開発は、イギリスの生産者にとって大きな利益を生み出すチャンスとなり開発が進んだ結果産業革命が起こった。」

授業の分析－問いを通じて深い学びを実現する－

　今回の授業を通して、①既知の学習内容の活用すること、②資料に基づく比較、③課題を設定した追究を歴史的思考力の育成を手段として取り組ませることがで

Ⅱ　歴史を「教える」　│　世界史の授業実践②

きたように考えている。ワークシートの学習活動の振り返りには「多面的なとら
え方をできた。」「班の意見をまとめることができた。」等の記述が見受けられ、
他者との協働を通して、見方・考え方を働かせて、グループで合意形成しようと
取り組んだことがわかる。一方で、課題を追及するグループワーク③では、「もし、
あなたがイギリス政府の高官であったら、イギリスでの需要の高い茶・絹・陶磁
器・綿布を手に入れながら貿易赤字を解消するためにはどのようにすればいいで
しょうか」のように一言付け加えるだけで、生徒が発問に取り組む必然性は高め
ることができる。また、拡散的思考をさらに促したいのであれば、リーダー以外
にも批判者という役割を作って役割の生徒は批判的に反論しなさいと指示してお
けば、より議論は深まったであろう。その際は、グループワーク①の資料を減ら
して議論の時間を増やすことも必要である。このように指示を工夫するだけで学
びを深めることができる。

　深い学びを実現するためには、問いを中心とした授業展開にすることが重要で
ある。本時では主発問を何度も生徒に問いかけている。歴史学習における「なぜ
(why)」の問いの効果性が高いものであるとともに、一方では、産業革命がイギ
リスで起こったのに対して、フランスではなぜ起こらなかったのか、どのような
点で異なっていたのか、という問いにすると歴史学習として深い理解を必要とす
る。「どのように (how)」に付け加えて、「違い」「程度」等で問いの質を高められる。
例を挙げると「なぜ、第一次世界大戦が起こったか」を「サライェヴォ事件は、
第一次世界大戦の勃発にどの程度影響を与えたと考えられるか」にすると、生徒
が答えを考えるうえで求められる知識や概念の深まりが出る。「なぜ」「どのよう
に」を授業の主発問として効果的に取り入れることで深い学びの実現に近づくの
ではないか。

　また、資料や指示の工夫と、授業を展開する発問も重要である。見方・考え方
を揺さぶるために、まずは生徒がどのようなことを知識や概念として知っている
か。また、問いかけに対してどのように答えるであろうか。どのような思考があ
るからそのように考えるのか、といったことを授業準備の段階で考えることが必
要である。生徒理解に根付いた授業準備をするためには、どの程度の質問に対し
て答えられるか、授業で生徒に考えさせる中で掴んでいくため、やはり日々の問
いかけが重要である。本時では、グループワーク①で資料の読み取りを空欄補充
に留めているのも、1学年の発達段階であることや、時間短縮してスムーズに思

考を促すための方策である。生徒の実態に即した授業の準備を心がけることが重要である。

最後に −「わからない」ことを歓迎する−

　今後「歴史総合」「世界史探究」時代の歴史学習にどのような授業が求められているか。これまでの授業と変わらず、知的好奇心を喚起する魅力ある授業であるとともに、見方・考え方を働かせて、歴史の本質に迫るような授業である。そのためには、生徒にとって「わかりやすい」ということは当然ではあるが、一方で「わからない」からこそ、他者の力を必要とし、異なった見方・考え方を生み出すのではないか。生徒の実態に即したわからないこと、知識と知識のギャップを授業でどのように指導計画に位置づけて学ばせていくかが求められている。だからこそ、必要な知識をきちんと習得させることがおろそかになってはならない。教えるべきことはきちんと教えて、知識や概念を活用あるいは探究させることで「深い学び」につながる。そのためにどのような知識や概念を教えて活用・探究につなげるか、その見取り図である年間や単元の指導計画、また問いの構造を理解して授業を展開することが重要なのである。

　さらには生徒の気質の変化によって授業のあり方も変わってきたのかもしれない。歴史の本質的な理解を促すためには授業自体を学習体験とすることが求められているのではないか。講義型やグループ学習といった授業形態・授業手法の枠を超えて、問いを中心に深い学びを体験し、課題の本質を捉えて自分なりの最適解を導き出せるような学習が必要なのではないか。そのために、心がけていることの一つがグループワークに極力介入しないことである。教師の働きかけによって、介入したグループとそうでないグループで異なる見方・考え方になっては公平・公正な議論ではなくなれば、問いの本質的な効果を弱めることにつながりかねない。安易に介入し、教師の求める見方・考え方や答えに誘導することでは、歴史的思考力は養われないと考えている。また、そうすることで「わからない」を乗り越える知的体力を奪っていくからである。介入を必要とする状況を生まないために、問いを精選し、主発問に対して、授業を展開するための問いや指示、または教材・教具・手法を生徒の実態に即して考えることが重要である。歴史学習を通して獲得した力が生徒個々人の人生で生きるような授業をこれからも模索していきたい。

参考文献

・反転授業に関して、関西大学森朋子教授の講演内容をベースに次の書籍を参考にした。

『反転授業―基本を宿題で学んでから、授業で応用力を身につける』

ジョナサン・バーグマン、アーロン・サムズ著　山内祐平、大浦弘樹監修　上原裕美子訳　オデッセイコミュニケーションズ、2014

『反転授業が変える教育の未来―生徒の主体性を引き出す授業への取り組み』

芝池宗克、中西洋介著　反転授業研究会編集　明石書店、2014

・問いの立て方や授業構造、世界史の教科の特性などは次の書籍を参考にした。

『子どもは 40000 回質問する―あなたの人生を創る「好奇心」の驚くべき力』

イアン・レズリー著　須川綾子訳　光文社、2016

『21 世紀の学習者と教育の 4 つの次元―知識 , スキル , 人間性 , そしてメタ学習』

チャールズ・ファデル、マヤ・ビアリック、バーニー・トリリング著　岸学監訳　関口貴裕、細川太輔編訳、東京学芸大学次世代教育研究推進機構訳　北大路書房、2016

『世界史の教室から』小田中直樹著　山川出版社、2007

『学習科学ハンドブック　第 2 巻　第二版―効果的な学びを促進する実践／共に学ぶ』

R.K. ソーヤー編　大島純、森敏昭、秋田喜代美、白水始監訳、望月俊男、益川弘如編訳　北大路書房、2016

『「学ぶ」ということの意味（子どもと教育）』　佐伯胖著　岩波書店、1995

・産業革命の授業内容に関して、次の書籍を参考にした。

『詳説世界史 B』山川出版社

『新世界史 B』山川出版社

『世界史 B』東京書籍

『詳説世界史研究』木下康彦、吉田寅、木村靖二編　山川出版社、2008

『産業革命（世界史リブレット 116）』長谷川貴彦著　山川出版社、2012

『世界システム論講義―ヨーロッパと近代世界（ちくま学芸文庫）』川北稔著　筑摩書房、2016

『世界の歴史 16　ヨーロッパの栄光（河出文庫）』岩間徹著　河出書房新社、1990

『世界の歴史 22　近代ヨーロッパの情熱と苦悩』谷川稔、北原敦、鈴木健夫、村岡健次著　中公文庫、2009

『大国の興亡―1500 年から 2000 年までの経済の変遷と軍事闘争〈上巻〉〈下巻〉』ポール・ケネディ著　鈴木主税訳　草思社、1988

『世界史史料 6　ヨーロッパ近代社会の形成から帝国主義へ―18・19 世紀』歴史学研究会編　岩波書店、2007

世界史の授業実践③

生徒が「問いを表現する」授業とは？

美那川 雄一

静岡県立御殿場高等学校教諭・教員歴 15 年
担当科目：世界史 A、政治・経済

> **授業概要**
>
> 教科：地理歴史　科目：世界史 A　対象学年：高校 1 年
> 実施クラスの人数：31 名　教科書：帝国書院『明解世界史 A』
> 単元：「欧米の工業化とアジア諸国の動揺」

授業の目的・狙い

　次期学習指導要領の歴史科目では、「生徒が問いを表現する」という学習活動が設定されている。この意図は、生徒が「歴史に関わる事象を単に記憶するのではなく、事象の意味や意義を見いだし、学習のねらいを明確にして、課題を追究する学習の構成を図ること」であろう。そもそも歴史学とは、単なる歴史上の事実の羅列ではなく、自らの課題に対して史料を紐とき論理を構築していくという営みである。しかし、従来の授業で、生徒たちは「問いを表現する」のだろうか？

　本論では勤務校における「生徒が問いを表現する」学習活動の一試みを紹介し、

II 歴史を「教える」　｜　世界史の授業実践③

学習の成果が発展的に持続するためにはどのような授業をデザインしていく必要があるのかについて検討していく。

授業の流れ

1時間目
　①発問：「産業革命「以前」と「以後」でどのように変わったのか？」
　②読解：生徒は、グループ内で「以前」と「以後」を調べる分担をして、役割
　　　　　に応じ教科書から情報を読み取り表に整理する
　③発表：お互いに調べた内容を伝え合い、表を完成させる

2時間目
　①論述：完成した表を基に、「以前」と「以後」の変化を論述する
　②評価・省察：ルーブリックに基づき、グループ内でお互いに評価する
　　　　　　　　また、評価を踏まえて自分の論述に加筆・修正を加える
　③問いを表現：学んだことを踏まえて、疑問点や仮説を論述する

授業実践

1　「主題」や「問い」を中心に構成する学習の展開

　次の文章は、先生と生徒の世界史の学びに関する会話である。

　生徒：なぜ、「ユトレヒト条約（1713年）で、イギリスがスペインからジブラルタルを獲得したこと」を学ぶ必要があるのですか？

　先生：大学入試に出るから。

　生徒：では、なぜこの歴史的事象が、大学入試に出るのですか？

　先生：…。そんな余計なことを考えずに覚えろ！（怒）

　上記の会話文にみられるように、生徒は世界史という科目に「大学受験に必要」という役割の他に、何か意味を見いだそうとしている。世界史を試験のための「暗記科目」にしてしまっているのは、我々教員の側だったのかもしれない。

129

2018 年に公示された学習指導要領解説では、地理歴史における改善・充実の要点の一つに「「主題」や「問い」を中心に構成する学習の展開」が設定されており、「暗記科目」からの脱却を目指す意図が述べられている。そして、この課題を乗り越えるために、授業の中で「生徒が問いを表現する」ことを示している。解説によると「問いを表現するとは、資料から、生徒が情報を読み取ったりまとめたり、複数の資料を比較したり関連付けたりすることにより、興味・関心をもったこと、疑問に思ったこと、追究したいこと等を見いだす学習活動」である。そして、この生徒が表現した問いを踏まえて、授業の核となる主題を設定することとされている。つまり、生徒の「問い」を起点にして授業が構成されることで、生徒が主体的に取り組める授業への転換が求められている。

2　生徒が「問いを表現する」ための授業構成

勤務校は、工業科、商業科、家庭科からなる専門高校であり、卒業生の約 6 割が地元企業に就職し、大学・短大進学者は約 1 割である。1 年生 4 月当初のアンケートでは、約 8 割の生徒が中学社会が不得意で「覚えることが苦手」である。これらを踏まえ、世界史 A の授業では多くの歴史用語を覚えることよりも、生徒が教科書を正確に読み、情報を整理する「読解力」を身に付けることに重点を置いている。というのも、生徒たちは就職後はマニュアルを「読んで」仕事を覚えていくのであり、そして高校が最後の教育機関となる彼らにとって、本や新聞、ネット等を「読んで」自分で学び続けていく力の育成が不可欠になると考えたからである。

「読解力」の育成を重視した授業に加えて、筆者は 2018 年度の 1 年間の授業において、「生徒が問いを表現する」学習活動の導入を試みた。本論では、その一部として「産業革命」の授業を取り上げる。

授業では「産業革命「以前」と「以後」ではどのように変わったのか？」を学習課題とし、50 分 ×2 コマで実施した。産業革命による変化について生徒たちが理解することを目標とし、生徒自身が教科書の文章から変化を読み取り論述すること、さらにその後の学びにつながる「問いを表現する」ことを学習活動とした。

教科書からの情報の読み取りは、グループ（3 ～ 4 人で 1 グループ）の中で「以前」を調べる生徒と「以後」を調べる生徒に役割を分担し、五つの項目 [1]（①生産の仕方や場所②機械・技術③動力④乗り物・交通⑤社会・身分等）について調

Ⅱ　歴史を「教える」　│　世界史の授業実践③

表1　「産業革命」授業の流れ（50分×2コマ）

	学習活動（生徒の学び）	指導上の留意点
導入	◎産業革命「以前」と「以後」でどのように変わったのか？ 思いつくことを書く	
展開Ⅰ	グループワークⅠ ・「以前」を調べる生徒、「以後」を調べる生徒に担当を分ける ・「生産の仕方・場所」「機械」「動力」等の5項目について教科書から読み取り、表に書き入れ、説明できるようにする	グループは3〜4人で構成。生徒の性格、人間関係、学力などを考慮して効果的な学習が生まれるメンバー構成とする。
展開Ⅱ	グループワークⅡ ・「以前」と「以後」について、相互に情報を交換し合い、知識を統合していく	「難しい言葉は、わかりやすく言い換えて伝えよう」等、説明の仕方に工夫を求める。
展開Ⅲ	論述（個人） ・産業革命「以前」と「以後」の変化について論述していく	ルーブリックを提示し、基準・規準を生徒自身が理解する。
展開Ⅳ	グループワークⅢ（相互評価） ・ルーブリックに基づいて、お互いの論述を評価し合う	生徒は評価の根拠をルーブリックやノートにコメントしたり、相手に伝えたりする。
展開Ⅴ	省察（加筆・修正） ・メンバーの論述と自分の論述を比較し、自分の論述を推敲 ・授業開始時の自分の考えと比較し、自分の理解の変容を確認	「〇〇さんの文章の書き方はわかりやすいから、同じように書き加えておこう」等、生徒個々の頭の中で「対話」が行われている場面である。
展開Ⅵ	◎産業革命について疑問に思ったこと、考えた仮説を書こう ☆生徒が「問いを表現する」	

＊教員は、ノートを回収して生徒の論述・省察・問いを評価する

べさせ表に記入させた。その後、「以前」を調べた生徒と「以後」を調べた生徒が調べた内容を相互に伝え合い、情報を表にまとめた。そして、生徒たちはその作成した表を基にしながら、もう一度自分自身で教科書の文章を読み、情報を項目ごとに整理して、産業革命による変化について論述した（授業の流れについては、**表1**参照）。

　生徒は論述や相互評価、そして省察を行うことで、「原因と結果」「変化と継続性」「転換点」「過去の活用」「当時の人々の目で捉える」といった視点[2]から産業革命について考察するようになった。授業では、歴史家が歴史上の真理を追究するような思考の過程を、生徒自身が追体験する「歴史（学）する」授業[3]を目指した。従来であれば、我々教員が教えてしまっている授業の中で最も重要な部分、言わ

131

ば教材の中で「一番おいしい」部分は、生徒自身によって取り組まれる授業を意識した。

このような産業革命による変化についての学習を終えた後に、「産業革命について疑問に思ったことや考えた仮説を書こう」と２つ目の学習課題を提示した。疑問については「なぜ、〜だったのか？」「どのように〜だったのか？」、仮説については「〜だったのは、…だったからではないか？」等の文章のフォーマットを例示し、生徒が問いを表現しやすくした。約15分間の時間を取り、「個」で学習内容と向かい合わせ書き出させた。以下は、産業革命の授業後に生徒が書いた「問い」の一部である。

・なぜ、イギリスで機械の発明や技術改良が進んだのか？
・なぜ、「以前」は家の中で女性が手工業を担ったのに、「以後」は工場で男性も働くようになったのか？
・なぜ、初の実用鉄道は、首都ロンドンではなく、リヴァプール〜マンチェスター間だったのか？
・どのように、機械化は手工業の伝統技術に影響したのか？
・工場で大量生産するようになったことにより、モノを大切にするという考え方が薄れたのでは？
・資本家と労働者の格差はどのようなものだったか？格差の影響は？
・イギリスでは工業が発展する一方で、なぜ、イギリスの植民地では工業が発展せず、貧しいままだったのか？
・産業革命が起こっても、変わらなかったものは何？

「なぜ、イギリスで機械の発明や技術改良が進んだのか？」という問いは工業科の生徒に多く見られた問いであるが、この問いは「なぜ、イギリスで産業革命が起きたのか？」という歴史学で論争となっているテーマに通じる。イギリスの経済史学者 R.C. アレンによれば、18世紀のイギリスは「高賃金低価格エネルギー経済」であり、人件費の高い手工業よりも安い石炭で機械を動かして生産した方がコストが安く済んだため、他国よりも機械の発明や改良に対する需要が高かったと主張している [4]。

また、ある工業科の生徒は「工場で大量生産するようになったことにより、モノを大切にするという考え方が失われたのでは？」と仮説を立てたが、これは産業革命の「進歩」的な側面のみでなく、ものづくりに対する「負の側面」に気づ

いている意見であった。実際、19世紀末のイギリスではウィリアム・モリスが主導してアーツ・アンド・クラフツ運動が展開されており、大量生産を批判するとともに、中世的な手工業を復興させ、生活と芸術を結びつけた製品を生産した。これらの質問は、世界史と自らの専門教育を結びつけた専門高校の高校生ならではの視点であり、非常に興味深い「問い」である。

このように勤務校の生徒たちは、ある歴史的事象についての学習を経験した後には、歴史的事象を自らの興味・関心と結びつけて問いを表現することができるようになった。2018年度の1年間の世界史Aの中では、このような「生徒が問いを表現する」場面を4回設定し、生徒がどのような場面であれば「問い」を創出しやすいのかを考察した。その結果、勤務校の生徒が「問い」を創出するためには、次のような場面を授業の中に設定すればよいことがわかった。

生徒は、
・既有知識と新たに学んだことの間に、関連または相違があることに気付くと、「問い」を創出する
・複数の資料を読み、内容の矛盾に気付くと、「問い」を創出する
・資料から大きな変化や想定外の変化に気付くと、「問い」を創出する
・複数の地域や時代を比較し、その差異に気付くと、「問い」を創出する
・他の学習者と意見や解答が異なることに気付くと、「問い」を創出する

生徒は何も学んでいない状態、何も知らない状態では「問い」を創出することはできない。そのため、「生徒が問いを表現する」ための場面を教師が授業の中で設定する必要がある。特に歴史教育では、前述のように「資料から、情報を読み取ったりまとめたり、複数の資料を比較したり関連付けたりすることにより」生徒が疑問を持つことが重要である。生徒自身が課題意識を持つことが歴史の学びの始まりであり、そのための授業を教員はデザインしていくことが求められている。

筆者は、上記に挙げた生徒の疑問や仮説を基に、今後の学習内容等を考慮して、「資本主義は人々を幸せにしたのか？」を主題として設定した。そして、産業革命に続く内容、つまり「市民革命」や「国民国家」さらには「帝国主義」「世界大戦」にいたる一連の世界史の流れを「資本主義」を軸に授業を構成することができた。

最後に「産業革命」の授業における教育評価について簡単に述べる。この授業

では、五つの評価場面を設けた。一つ目は、グループワーク時の生徒の活動である。ただし、この時の評価は生徒一人ひとりの発言や取り組みというよりも、グループワークが効果的に機能しているかどうかを観察している。二つ目の場面は、論述そのものであるが、これも形成的評価であり、生徒の間違いを訂正しコメントを書き加えている。三つ目は、生徒が省察をどのように実践しているのかを観ている。他者の論述の良いところを見つけ、自分の論述をよりよく書きなおしていく行為は、学力の三要素に合わせた評価の観点「主体的に学習に取り組む態度」にあたると考える。四つ目は、生徒が表現した「問い」であり、自分の学んだことを踏まえ学びが続いていくような深い問いになっているか等を評価している。この学力も「主体的に学習に取り組む態度」と捉えている。そして、五つ目は、総括的評価としての定期テストである。今回の学習に合わせて、大阪大学 2014 年第 1 問の問題[5] を出題し、生徒の知識や理解を評価した。

3 生徒が「問いを表現する」ことの重要性

19 世紀以来の実証主義の歴史観を批判し、通称『アナール』を創刊して「歴史のための闘い」を始めたリュシアン・フェーヴルは次のように述べている。「問題提起こそ、まさにすべての歴史研究の初めであり終わりである…。問題がなければ歴史はない[6]」。

生徒は初めから上手に問いを表現できるわけではない。授業の中で繰り返し問いを表現していくことで「問い」の立て方を身に付けていく。「歴史総合」では、生徒は 3 回にわたり「問いを表現」し、科目の学習の最後に「主題を設定」し探究することになっている。また、「歴史総合」履修後、「世界史探究」を選択した場合には、さらに 3 回「問いを表現」し、最後の探究で「主題を設定」することになる。生徒は、学びのサイクルの中で「社会的事象の歴史的な見方・考え方」を働かせる場面を経験し、質の高い「問い」を表現する主体的な学習者へと成長していく。

最後に、勤務校の生徒アンケート（自己評価）の変容を示す（表2）。12 月中旬の時点で問いを表現する学習活動を 3 回実施していたが、多くの生徒が問いを表現するようになっていることがわかる。また、自由記述を見ると、歴史を現在と結びつけて考えるようになったり、歴史的事象を比較したり、さらには史料の性格について考えるようになった生徒もいた。生徒の持つ「問い」は、歴史の

学びを深める大きな一歩であり、「深い学び」を導くために不可欠な「主体的な学び」の表われである。

表2 「教室文化の診断」アンケート[7]からみる生徒の変容

よりよい学級を創るための学びの態度	自己評価の程度	いない			いる
		0	1	2	3
与えられた課題や問いに答えるだけでなく、新たな課題や問いを表現するようになっている	5月中旬	12	33	11	3
	12月中旬	3	18	28	10

2クラス59名のアンケート調査

(1) 福井憲彦「歴史の見方・考え方―「産業革命」を通して学んでみよう」『続・中学生からの大学講義2 歴史の読みかた』筑摩書房、2018年、132ページ。福井は「産業革命を実現した8つ+αの変化」として、①技術の変化②生産の変化③動力の変化④労働の変化⑤資本の変化⑥消費の変化⑦流通の変化⑧居住の変化+α(食料の確保、政治の安定)を挙げており、授業ではこれを参考にした。

(2) Nikki Mandell らによれば、これら5つの視点は、歴史家が過去について探究する際に用いる思考の分類である。Nikki Mandell & Bobbie Malone, *Thinking Like a Historian : Rethinking History Instruction*, Wisconsin Historical Society Press, 2007.

(3) 石井英真『今求められる学力と学びとは―コンピテンシー・ベースのカリキュラムの光と影』(日本標準ブックレット)、日本標準、2015年、39-40ページ。

(4) R.C.アレン、眞嶋史叙他訳『世界史のなかの産業革命―資源・人的資本・グローバル経済』名古屋大学出版会、2017年。

(5) 大阪大学2014年第1問は、産業革命の大きな変化のみを説明する問題であり、細かい知識を問わないため（「…人名や地名、特定の機械の名前等を書いてはいけません。…大きな変化だけを書くこと」と注意書き付きで出題された）、専門高校の生徒でも産業革命の本質が理解できていれば十分に解答できる良問である。

(6) リュシアン・フェーヴル、長谷川輝夫訳『歴史のための闘い』(平凡社ライブラリー)、平凡社、1995年、45ページ。

(7) 静岡県総合教育センターが実施している授業アンケート。

世界史の授業実践④

史料・ビジュアル教材を活用し思考力・表現力をみがく

山田　繁
福井県立鯖江高等学校教諭・教員歴9年
担当科目：世界史A、B

授業概要

教科：地理歴史　科目：世界史B　対象学年：高校3年
実施クラスの人数：39名　教科書：山川出版社『詳説世界史B改訂版』　単元：「産業革命」

授業の目的・狙い

①文献史料やビジュアル資料を読み取り、「問い」の答えを生徒自身がまとめて記述する力をつける。
②現代の諸課題について、歴史的な事象と関連付けながら考える力をつける。

II　歴史を「教える」　｜　世界史の授業実践④

授業の流れ

導入

本単元の「産業革命」の要点について、手工業から機械工業へ変化したという
1点に絞り、動画や写真などを使いながら15分程度講義を行う。

展開

本単元の「問い」である「産業革命によって人々の生活や社会はどう変化した
のか？」をノートに書き写してもらい、教室の周辺に置いてある文献史料やビジュ
アル資料を各自で見て回りながら、「問い」についてまとめる。

生徒の様子を観察しながら、「この産業革命は、当時のイギリスの人々を幸せ
にしたのだろうか？」という「問い」を追加し、これについても追加で書いたう
えでノートを提出するよう指示を出す。

【文献史料・ビジュアル資料紹介】

文献史料として歴史学研究会編『世界史史料6』の史料、ビジュアル資料として
Wikipediaの記事にある画像などを使用した（詳細は下記参照）。

授業実践

はじめに

稿者は毎年の授業開きの時間に、生徒にアンケートを依頼しており、ここ数年
は歴史科目（社会科目）に対するイメージについて聞いている。その結果から、
間違いなくほとんどの生徒が、「歴史（社会）は暗記」というイメージをもって
いることが伺える。高校受験の問題を見れば、近年の福井県の公立高校入試問題
は変化してきているものの、それでも、「社会科は暗記するものだ」というイメー
ジを持つことは仕方ないことだと思う。稿者は小学生のころから歴史が好きだっ
たこともあり、高校生のころ、あまり苦も無く世界史や日本史の授業を受け、そ
れなりの点数を取ることができた。しかし、今から考えれば、特に歴史が好きで
はない普通の生徒からすれば、「なぜこんなに覚えなきゃいけないのだろう？」「歴
史って面白いの？」といった疑問が生まれても仕方がなかったと思う。高校卒業

137

後、稿者は史学系学科のある大学に進学し、そこで初めて歴史学という学問に触れ、一次史料から歴史を解釈することの難しさと面白さを実感することができた。大学院卒業後、常勤講師として福井県の公立高校の教壇に立つことになった。いざ授業準備を始めると、大学・大学院で学んだ史料から歴史を読み解くことの面白さのことは忘れ、高校生の頃に受けた授業を振り返り、何も考えず当たり前のように穴埋めプリントを作成し、授業で講義をした。福井県の教員採用試験に合格し、初任校でも、同じように講義型の授業をした。採用されて2年目になり、授業を受けている生徒の様子を見た時、このような授業に何となく違和感を覚えるようになり、さらに、他教科の先輩教員と授業について話したことをきっかけとし、授業を変えてみようと考えるようになった。

　前置きが長くなったが、この頃から、講義型の授業を少しでも改め、「問い」を導入した授業を実践するようになった。毎年、試行錯誤しながら、少しずつ改良を加え、「問い」を授業の中に取り入れている。新しく始まる「歴史総合」や「世界史探究」では、これまで以上に「どのように」学ぶかが求められている。だからこそ、「問い」の内容と質が求められていくはずである[1]。本稿では、世界史Bの「産業革命」の単元を題材に、稿者の授業スタイルの一部とそのねらいや「問い」について紹介していく。

授業の紹介

　本稿で紹介する授業は、「産業革命」の単元で行ったものである。鯖江高校では、2年生から文理分けが行われ、文系選択者は世界史Bもしくは日本史Bのどちらかを選択する。単位数は2年次に3単位、3年次に4単位である。稿者が赴任してからは、2年次に近世ヨーロッパ史まで終わる、つまり、3年次に産業革命、アメリカ独立革命、フランス革命といった近代史から始められるように授業を構成している。よって、「産業革命」の単元は、3年次の冒頭で実施される内容となっている。

　さて、前述の通り、稿者は授業に「問い」を導入する機会を設けている。生徒は、この「問い」について、文献史料を読んだりビジュアル資料を見たりしながら、自分で考え、文章でまとめ、ノートに記述し、提出する。稿者は次の授業までに生徒の答えをチェックし、いくつかの答えをピックアップする。そのうちのいくつかをプリントにまとめ、生徒に配布し、書いた生徒に発表してもらう。その後、

稿者の考えの披露やまとめを行い、次の単元へ進む。もちろん全てを講義で終える単元もあるが、「問い」を導入する授業では、基本的にこのようなスタイルを取っている。よって、生徒がじっくりと「問い」に向き合う時間を確保するため、なるべく講義の時間を抑える必要がある。以下、本単元の授業の流れについて記述する。

導入

本単元では、「産業革命とは手工業から機械工業へ変化したことを指す」という1点のみに要点を絞り、動画や写真などを使いながら、15分程度、講義を行った。技術開発を行った人物の説明は行わないなど、細かい事項にはなるべく触れないことで講義の時間を短縮している。

展開

その後、本単元の「問い」である「産業革命によって人々の生活や社会はどう変化したのか？」を板書し、生徒にノートに書き写してもらう。そして、「教室の前後左右に、文献史料やビジュアル資料が置いてあるので、それを各自好きな順番で確認し、「問い」について答えなさい」という指示を出す。その際、「質より量」ということを強調し、間違っているとか正解を書かなければならないとか、そのようなことを気にする必要はないことを確認する。ちなみに、この「質より量」という言葉は、前任校の先輩教員の言葉を拝借したものであるが、まずは量をしっかり書くことが思考につながると生徒に伝え、事あるごとに強調している。

① 1851年ロンドン万博の様子

Wikipedia 記事
「ロンドン万博」より引用

② 資本家と労働者

http://histrace.com/overview_history/industrial_revolution/ より引用

この段階で、生徒は自由に教室を歩き回り、文献史料やビジュアル資料を確認していくこととなる。周囲の友人と相談しながら回る生徒もいれば、一人で回る生徒もいる。なお、授業者は教室中を歩き回り、生徒の様子を観察し、生徒の質問に答えたり、悩んでいる生徒に支援をしている。ここで、教室に配置した文献史料およびビジュアル資料の一部を紹介する。

資料①のようなビジュアル資料および教科書の記述、さらには「手工業より機械工業の方が生産性が高く、経済が発展するはずだ」といった常識的な考えから、多くの生徒は「産業革命はイギリスの経済を大きく発展させた（豊かにした）」といった類の感想を抱く。しかし、資料②から④に触れた時、生徒の中で、産業革命が必ずしもプラスだけをもたらしたのではない、むしろ様々な社会問題（児童労働や長時間労働、貧富の格差拡大など）を引き起こしたことを実感する。

③ラッダイト運動

Wikipedia 記事
「ラッダイト運動」より引用

④工場法制定をめぐる特別委員会での報告（1832 年 6 月 4 日）
歴史学研究会編『世界史文献史料 6』より、工場において、長時間劣悪な環境で労働を強いられている児童の実態を伝える文献史料を印刷して生徒に取ってもらう。

このような資料を一通り読み取り、多くの生徒が記述をまとめ終えた段階で、稿者から「では、もう少し踏み込んで考えてみよう。この産業革命は、当時のイギリスの人々を幸せにしたのだろうか？」という「問い」を追加し、これについても追加で書いたうえでノートを提出するよう指示した。このような「問い」を追加したことで、「経済が発展したことは確かなので、幸せになった」といった産業革命を肯定的に捉える意見がある一方、「幼い児童を長時間働かせるようでは、幸せとはいえない」などの否定的な意見も多く見られた。また、「産業革命で便利なものが増え、生活が豊かになったが、労働者たちは低賃金で長時間働くという最悪な環境でかわいそうだと思った。でもこのような過去があったから、

今の労働環境が整ったから（ママ）、必要なことだったのかもしれない」といった、現代の我々の社会と比較するような意見もあった。後述するが、歴史的な事象を現代の私たち、もしくは私たちの社会と比較することは、新設される「歴史総合」や「世界史探究」といった科目でも要求されていることが新学習指導要領から伺える。そこで稿者は、生徒の進捗状況や「問い」の内容によっては、「あなたと比較して書くこと」「私たちの社会と比較して書くこと」といった指示を出すことにしている。

　今回は、次の授業で生徒の記述を紹介した後、「経済が豊かになる、あるいは技術が発展する＝人々が幸せになる」というわけではないことを改めて伝えた。さらに、昨今のＡＩ技術の進歩を例に出し、「我々はＡＩとどう向き合っていくべきか？」について、記述して提出してもらった。このように、単元によっては、なるべく現代と照らし合わせながら歴史的な事象に触れる機会を意識して取り入れている。

授業のねらい

　ここでは、本授業の目的・ねらいについて詳述する。

　本授業のねらいの一つ目が、文献史料やビジュアル資料を読み取り、生徒自身が「問い」の答えをまとめて記述する力をつける、である。これまでの世界史の授業では、例えば「産業革命」の単元であれば、なぜイギリスで産業革命が可能だったのか、織機・紡績機・蒸気機関などの技術革新やそれを発明した人物などについて教員が説明し、穴埋めプリントなどで押さえる、といった形が一般的であった。また、産業革命がもたらした課題についても、教員が説明するという形が取られていたのではないか。

　しかし、稿者の授業では、文献史料やビジュアル資料をなるべく多く用意し、それを読解する時間を確保し、史料・資料にじっくりと向き合うため、講義の時間はなるべく短くし、文章で答えるような「問い」を提示する形式を取っている。これは、センター試験に代わって実施される新テストを意識したものである。新テストでは、初見の文献史料を読解し、答えを導く問題の導入が予想される。よってこれからは、普段の授業でなるべく多くの文献史料やビジュアル資料に触れる、しかも教科書に載っていないような史料・資料に触れる機会を提供することが求められる。

ねらいの二つ目が、現代の諸課題について、歴史的な事象と関連付けながら考える力をつける、である。これは、新科目である「歴史総合」を意識したものである。新学習指導要領では、「歴史総合」で近現代史を中心に学習し、「近代化と私たち」「国際秩序の変化や大衆化と私たち」「グローバル化と私たち」といった項目を学習することが示されている。ここでは、「私たち」という用語が多用されている。つまり、歴史の学習を通し、現代の私たちの社会や私たち自身の在り方を見つめることを求められているのではないだろうか。このような理由から、歴史的事象と現代との比較を促すような「問い」を設定することを意識している。

　また、本授業とは直接の関係はないが、稿者は3年ほど前から、定期考査の試験での教科書の持ち込みを許可し（昨年度からはノートや授業中に配布したプリントなども許可している）、問題はすべて論述問題としている。上述のように、このような試験のスタイルを導入する前から、「問い」を取り入れた授業を実施していたものの、試験問題は従来通りの一問一答や穴埋めが中心のスタイルを維持していた。しかしそれでは、授業で行っていることと考査で問う問題の間で齟齬が生じてしまっていた。それが、教科書を持ち込み可能にした後は、生徒も「授業での取り組みが、試験でしっかりと評価される」という意識を持ったのか、授業中の取り組みもこれまでより一層真剣に取り組むようになった。記述の量も質も向上した。このような実感もあり、採点が難しいのではないかという周囲の意見もあるものの、教科書等を持ち込み可能とした試験を実施している。

今後の展望

　本稿では、教室の周辺に文献史料やビジュアル資料を配布し、自由に見て回りながら「問い」に答えるという授業を紹介した。しかし、稿者はすべての単元でこのようなスタイルを取っているわけではない。講義で終える単元もあれば、ペアワークやグループディスカッションを行う単元など、様々なスタイルで授業を進めている。毎回決まった形で授業をするような、いわゆる授業の「型」をあえて作っていない。「問い」の導入を始めたころ、どうしても有効な問いが作り出せない単元もあり、教科書の一部を抜き出しておしまい、というような問いを作らざるを得ないことがあった。そのような「問い」は面白いものではないし、生徒も乗り気になれない。絶対に「問い」を設定する、という授業の「型」を意識

するあまり、苦し紛れの「問い」を設定してしまうこともあった。このような経験から、あまり「型」に縛られず、単元の学習内容に合致した授業スタイルで進めていった方が、授業者・生徒双方が楽になり、しかも楽しく授業に臨めると考えている。今後も、あまり授業の形にこだわらず、授業の内容を重視した教材研究を進めていきたい。

　稿者が「問い」を導入した授業を始めてから8年ほど経過した。そのきっかけが、「歴史は暗記」という生徒のイメージを覆したい、という、おそらくほとんどの歴史を教える教員が持っている思いからである。日本史授業実践の大家である加藤公明氏らの実践も参考に [2]、生徒が自ら考えたくなるような、魅力的かつ生徒の力を伸ばすことができる「問い」について、自分なりに追及していきたい。

---

(1) 成田龍一「『学習指導要領』「歴史総合」の歴史像をめぐって」『歴史評論』828号、2019年
(2) 加藤公明『考える日本史授業4』地歴社、2015年

世界史の授業実践⑤

教えあい学びあう授業
―生徒による授業作り―

佐野　浩
東京農業大学第三高等学校教諭・教員歴 13 年
担当科目：世界史

授業概要

教科：地理歴史・公民　科目：世界史 B　対象学年：高校 3 年
実施クラスの人数：17 名　教科書：山川出版社『詳説世界史 B』
単元：「東アジアの激動（アヘン戦争〜中国分割）」

授業の目的・狙い

　「世界史の授業を作ってみよう！」というテーマで、生徒自身に授業を作らせて実践させた。その最大の目的は、教員に教わるのではなく、授業作りのために自ら調べて発表することで、主体的に深く世界史を学ぶことである。あわせてひとつの授業を作るための準備の大切さ、調べて理解したことを伝える表現の難しさを理解することも目的とした。また協働性も意識し、グループワークを基本とした。

II 歴史を「教える」 | 世界史の授業実践⑤

授業の流れ

導入	1 時間目	教員による通常の講義形式の授業（アヘン戦争）。授業の終わりに、この続きの授業は生徒たちにやってもらうことを伝える。グループ決め。
展開 1	2~4 時間目	図書室で授業準備。教材となる書籍を調べる。タブレットがないので、スマホの使用も認めた。
展開 2	5~9 時間目	5 グループが 1 時間ごとに授業を担当。50 分の授業時間のうち、生徒による授業（30 分）質疑応答（10 分）　予備（10 分）
まとめ	10 時間目	最優秀授業の投票。フィードバック冊子の配布。

授業実践

導入　（1 時間目）

　3 年生 1 学期の 5 月に「世界史の授業を作ってみよう！」という授業内イベントとして実施した。本校の生徒はほとんどが 4 年制大学へ進学する。付属の大学（併設大学）に進学する生徒と一般受験をする生徒に分かれるが、クラスにはその両方が混在している。学力的には、上下の差はあるが、全体としてはちょうど全国平均レベルである。

　扱う内容はアヘン戦争から中国分割までとした。これは授業の進度がちょうどこの範囲であったということもあるが、生徒にとっては中国（清）を中心に時系列に沿った授業が作りやすいということ、ヨーロッパや日本など中国以外の地域との関係が重要となることも理由である。

　まずアヘン戦争について通常どおり教員による座学の授業を実施した後、「この続きはみなさんに授業してもらいます！」と伝えた。2 年次には、定期テスト前に生徒自身による復習授業を実施しており、生徒が授業を行うこと自体は初めてではない。ただし今回はまだ習っていない範囲を他の生徒に授業することになるため、ハードルが高くなった。しかもこの分野については、教員による補習的な授業は行わないことをあえて生徒に伝えた。また最後に投票で最優秀授業を決めることも伝えた。

145

教員：「この範囲は先生の授業はないからね。定期テストや模試で点が取れる授業、おもしろい授業をみんなに作ってもらうよ。」

生徒：「え〜！」

　生徒は驚いた顔をしながらも真剣な表情となる。授業はグループごとに担当範囲を決めて実施することとし、各グループに教科書のページで授業範囲を伝えた。授業時間は50分だが、生徒による授業が30分、その後に質疑応答10分、予備で10分とした。3〜4人程度のグループを5つ作り、各グループに比較的世界史を得意とする生徒がひとりは入るよう注意した。

展開1　事前準備（2〜4時間目）

　3日間の授業準備の1日目。場所を教室から図書室に移し、関連書籍を集めたりインターネットで調べたりして、授業で使える情報を集めさせた。本校はタブレットを生徒に配布していないため、授業時間のみスマホの使用を認めた。今回の取り組みは、この3日間の事前準備でいかに生徒が自主的に授業作りに取り組めるか、教員が導いていけるかに成否がかかっている。

教員：「まず今日は、絶対に教えなければいけない内容を確認しよう。教科書や資料集で重要そうな人名や事件をあげていこう。」

　生徒は図書室でグループごとに集まり、授業で重要になりそうな教科書の太字を抜き出しているようだ。授業内容の流れを図で書いているグループもある。教員は各グループの様子を見ながらよい取り組みがあれば、「○○のところはこんなやり方でやってるよ。」と紹介していく。

　さらに「教科書の内容を説明するだけでは理解できないしおもしろくないよね？　人物や事件をもっと詳しく調べて、授業内容を深くしていこう。」と呼びかける。

　生徒は図書室の中で関連書籍を探し始める。ここでは適切な概説書や新書を紹

Ⅱ 歴史を「教える」 | 世界史の授業実践⑤

介する司書的な役割が教員には求められる。またグループの中心となる生徒が調べた内容を、他生徒と共有させることも重要。

教員:「必要な本は借りていきなさい。次の時間までに読んできて、調べた内容は必ず同じグループの人に伝えてね。」

事前準備の2日目。各グループは調べた内容を持ち寄って共有している。教員は各グループをまわりながら、授業作りのポイントをアドバイスしていく。

教員:「教科書の内容を説明するだけでおもしろい授業になる?」

生徒:「たぶん眠くなります。」

教員:「自分たちが受けていて楽しい授業、いい授業ってどんな授業?」

生徒:「教科書に載ってないおもしろい話があると覚えやすいです。」
「何でこの事件が起こったのかが理解できると、つながった!って感じがしますね。」
「先生から一方的に話されるだけじゃなくて、考えさせられるような質問(発問)があったり、こちらから意見を言ったりできると集中できますよ。眠くならないです。」
「文字だけじゃなくて、写真とか映像があると印象に残ります。」

教員:「うんそうだね。じゃあそれやって。」

生徒:「………」

各グループに声をかけながら、授業作りの段階に応じて授業内容を深めていく具体的な声かけをして話し合いを促していく。とにかく授業が単なる内容説明にならないようには繰り返し注意。

教員：「調べた内容を全部授業で使えるわけじゃないよ。使える情報と使えない情報を判断しよう。」
「この出来事は、中国史においてどんな意義があるの？」
「今までの授業、この後の授業とのつながりを意識して！この事件の原因はどこにあるの？これがどう影響していくの？」
「聞いている人がおもしろいと思えるエピソードある？」
「この人物はどんな人だったの？外見や性格は？」
「この頃のヨーロッパや日本はどんな状況？」

　最初に授業を実施することになっているグループは、私が講義形式の通常授業を行ったアヘン戦争からのつながりを意識しているようだ。そこでもっと視野を広げるために声をかけた。

教員：「自分たちの担当する範囲だけを勉強してもいい授業にならないよ。他のグループがやった授業内容も伏線になるし、自分たちの次に授業するグループに伏線を回収してもらってもいいんだよ。」

　すると生徒たちは、産業革命、喫茶習慣の普及、イギリスのインド支配、清の貿易体制など、担当範囲外の内容を調べて説明に加えるようになった。他のグループとも情報交換をしているようだ。また時代や出来事を説明する際の切り口についても意識させた。これも歴史的な視点を持って世界史を学ぶことができるようになるために重要なことである。

教員：「洋務運動って似たようなことをどこかの国もやってない？」

生徒：「日本の明治維新に似ている気がします。」

教員：「それってどう違うの？　結果としてどうなったの？」

　生徒の雰囲気を見るとどのグループも熱中して議論をしているようで、授業作

りにのめりこんでいる様子が伺える。教員としては嬉しく思うと同時に、新しい取り組みであったので少しホッとした。

　事前準備の3日目。どのグループも授業内容は固まってきているので、最終日は伝え方を意識させた。また画像や映像資料を使用するグループについては、授業前日までにデータを提出するように伝えた。
生徒：「授業の日は、調べた内容を紙に書いてきてもいいですか？」
教員：「メモを読み上げるような授業は聞いている人がつまらないから禁止。相手の顔を見ながら自分の言葉で説明するようにしてね。」

展開2　生徒による授業
　いよいよ生徒による授業の開始（30分）。最初のグループでいきなり驚かされたのは、説明担当がふたりで漫才のように掛け合いながら授業を展開していったこと。これは教員の授業ではそもそも実施が不可能なやり方である。それ以外にも生徒が考えた工夫や重要な切り口をいくつか紹介したい。アロー戦争を担当したグループは、天津・北京条約の内容からアメリカ合衆国における中国移民の増加を説明した。太平天国の乱を担当したグループでは、乱のスローガンを現代における企業のキャッチコピーなどと比較して、拡大の背景をわかりやすく例えていた。朝鮮の開国から甲申政変を担当したグループでは、当時の東京とソウル（漢城）の写真を比較して金玉均が日本の支援を受けた理由を説明した。日清戦争を担当したグループは、地図を示してロシアの南下を意識させ、NHKのドラマ『坂の上の雲』のシーンを見せることで当時の国際社会をセリフなどから読み取らせていた。

　授業後の質疑応答（10分）では、特に自分が担当している範囲と関連する内容について盛んに質問が出た。理解しているからこそ深い質問ができるし、聞いている生徒も受け身にならず主体的に授業に臨めていることを痛感した。予備の時間（10分）を利用して、年号など細かい事実関係の訂正は教員が行った。また短時間ではあったがお互いに感想を述べ合い、教員からの講評も行った。

　全グループの授業が終わった後、全員でよかった授業1位～3位までを投票し、最優秀授業を行ったグループを表彰した。また質疑応答や教員の講評をまとめた冊子を作成して配布し、フィードバックを行った。

まとめと展望

　その後の定期テストでは、同学力の他クラスと平均点の差が生まれず、教師の授業と生徒の授業で学力に差はつかなかった。個人的には逆に自分の授業の存在意義について考えさせられる結果であったが、教師が教えなくても生徒の学力はつくということがはっきりした。

　問題点としては、まず進度確保があげられる。座学と比較すると準備も含めて

倍以上の時間をかけている。講義形式の授業は教科書の内容を進めるうえではやはり効率がよいため、アクティブラーニングとのバランスを模索する必要があるだろう。

今回紹介した「世界史の授業を作ってみよう！」という取り組みは、それまで講義形式の授業しか経験していない生徒にいきなりやらせることは難しいだろう。生徒たちは、1年次から定期的にアクティブラーニングや発表形式の授業を積み重ねてきた。例えば「アケメネス朝ペルシアのダレイオス1世の政策」や「秦の始皇帝の統一政策」であれば、これまでは教員が教科書の内容を説明し、理解させて覚えさせることが中心であった。その部分を例えば「インターネットもない時代に、広大な領土を支配するためにはどんな政策が必要か考えてみよう！」とか「バラバラだった国を統一した後に始皇帝は何をしたと思う？」と投げかけて生徒たちに議論させた。すると具体的な歴史用語は出てこなくても、「各地に責任者を置いて統治させた。」、「領土が広いので交通網を整備した。」、「お金とか法律を統一した。」というような教科書的な説明を自分たちであげることができた。この取り組みは、生徒間の基礎知識に差があるクラスであっても充分に実施可能である。またすでに習った内容を、5分程度でまとめさせて生徒たちの前で説明させるという取り組みも定期的に行っていたため、得た知識を自分の言葉で表現するという訓練もできていた。生徒たちは主体的に考えたり表現したりするきっかけを与え続ければ、最初は戸惑ったとしてもすぐに慣れていく。教員としては、「アクティブラーニングはどうなるかわからない」、「はたして授業として成立するか不安に感じる」という部分があるが、まずは教員が勇気を持って取り組む必要がある。

生徒たちの感想は「大変だけど楽しかった」という声が圧倒的に多く、特に自分が担当した範囲は記憶に残り、その後の受験勉強でも得意分野となったようだ。二学期になってから「ここだけは自分が授業したいのでやらせてください」と言ってくる生徒もいた。また実際に授業を作ることで、ただ語句を暗記するだけでなく縦横のつながりや背景を意識できるようになった。定期テストや講習では、論述問題に対する解答の質が明らかに向上した。時間の関係もありその後の分野については講義形式の授業が中心となったが、座学に戻した後も授業中の積極的な発言が増え、学ぶ姿勢が大きく向上した。一番重要な「主体的に学ぶ姿勢」を作ることができたことが、この取り組みの最大の効果であったと考えている。

世界史の授業実践⑥

ICTを活用した
アクティブラーニング型
授業

大神 弘巳

福岡県立小倉南高等学校主幹教諭・教員歴27年
担当科目：世界史B

> **授業概要**
>
> 教科：地理歴史　科目：世界史B　対象学年：高校3年
> 実施クラスの人数：40名　教科書：山川出版社『詳説世界史B
> 改訂版』　単元：「地域紛争の激化と深刻化する貧困」

授業の目的・狙い

① 世界・社会の状況や課題を理解するための、知識を身に付ける。

② 知識・情報を俯瞰的に様々な角度から公正に考察できる。

③ 価値観や文化の違いを乗り超えて共生できる、国際感覚を養う。

④ 自ら課題を発見し、解決が困難な課題に対しても積極的に挑戦する。

⑤ 自らの考えを発信でき、他者と課題を共有できる。

⑥ 多様な人々と連携・協働することで、より深く学び、共に高めあう。

⑦ 自分の考えを見つめ直し改善することで、自己の成長に繋げる。

Ⅱ　歴史を「教える」 ｜ 世界史の授業実践⑥

授業の流れ

【導入】（5分）

・本単元を全体に提示（パワーポイント）

・グループワークのグランドルールを確認

「積極的に参加する」

「お互いの考えを尊重する」

「みんなで協力して結論を導く」

一人ひとりがファシリテーターであることを自覚する

・題名を隠した資料提示

全体に題名は何か問いかける。（拡散的発問）

個人　→　ペア協議　→　考えを深化させるヒントを提示　→

解答の選択肢を提示して挙手にて解答

【展開】（40分）

・テーマ①　飢餓の原因

設問を設定、ヒントの提示、建設的な発問、重ねる。

形態は最初は個人で作業、次にグループによる作業をおこない、その後グループが答えと理由を発表する。

・テーマ②　貧困がもたらす問題

テーマ②についても同様の作業を繰り返すことで「貧困」から「格差・人口爆発・内線・地域紛争」など今日的課題を本質的に考える。（収束的発問）

【まとめ】（5分）

・リフレクション（本授業の振り返り）

リフレクションシートに本日の単元の「気づき」をひとつ記入。

グループワークについてA・B・Cの3段階で自己評価する。

今後に向けた自己の改善点をひとつ記入。

授業実践

【はじめに（アクティブラーニング型授業を取り入れた経緯）】

教員になって最初の5年余りは、板書と講義が中心の授業形式であった。生

153

徒が興味関心を持ち深く理解できるように、研修への参加、書籍を買い込んでの研究、新聞や書籍やテレビから録画したビデオを編集して教材化に励んでいた。生徒による授業評価の満足度も高く、正直なところ自分の授業に対する自己評価も高かった。

　しかし授業進度の遅れが毎年のように続き、教科書の終盤に近づくにつれて遅れが積み重なりどんどん時間が足りなくなるという状態が続いた。授業進度を上げると教科書を終わることが目標となり、定期考査では点数が取れるが興味関心の養成などが不十分になり満足できる結果ではなかった。何より世界史の授業から生徒の知的好奇心を喚起できず、生徒が自分から世界史の学習に向かう姿勢が薄れてしまっているという不安があった。この状態を改善のためにすべてを教えるのではなく、生徒自身が考え・学び・教え合う（当時はアクティブラーニングという言葉はなかったが）アクティブラーニング型授業を取り入れた。

　ちょうどこの時期（平成12年）に、本校のキャリア教育プロジェクトである「サザンクロス（南十字）プラン」が始まった。当時から本校生徒は一人ひとりがすばらしい可能性を秘めているにもかかわらず学校生活に対する主体的な意識を確立できず、「磨かれないまま」卒業していく生徒が少なからずいることが本校の課題とされていた。そこで課題を先送りせずに3年間で生徒が何を学び、何を身につけるべきなのかという模索から「サザンクロス（南十字）プラン」が始まった。これは教務部・生徒部・進路部をはじめとする各分掌や各種委員会、各教科、そして各学年との綿密な連携のもと、3年間を通した体系的な進路実現プランを実施し、生徒が意欲的で自主性にあふれた高校生活をおくることで、実社会という大海原を逞しく航っていく力を身につけることを目標としていた。つまり本校のアクティブラーニングの取り組みは、この「サザンクロス（南十字）プラン」から開始されたのである。

　アクティブラーニングを本校が学校の取り組みとして掲げたのは平成26年である。この年から現在に到るまで、校外研修への参加や福岡県立教育センターや先進校から講師を招いた校内研修の開催、校内・校外に向けた公開授業の実施など積極的にアクティブラーニングに取り組んでいる。また講義室へのプロジェクター設置などICT環境の整備も進めている。

Ⅱ　歴史を「教える」　│　世界史の授業実践⑥

【ICT の活用について】

　本授業では生徒の基礎知識の定着と対話的で深い学びを目指している。そこで本授業では、アクティブラーニングとともに ICT の活用にも積極的に取り組んでいる。地理・歴史教科の B 科目では教科書 400 ページ以上の内容を標準 4 単位程度で終えねばならない。その時間内で必要な基礎知識を伝え、その上で生徒が自ら考え理解を深めるに主体的に活動する時間を確保しなければならない。その実行のためには計画的に効率的な授業をおこなうことが必要である。

　ICT 活用と授業プリントを使用した授業の目的の 1 つ目は、授業のスピード化による時間の節約である。プリントとプレゼンテーションソフトのスライドを活用することで板書などに費やされる時間が節約することができ、その時間を生徒の活動に当てることができる。

　2 つ目は生徒の目線を上げることである。ICT とプリントの活用により、ノートや資料集に目を落とす時間も減少する。生徒が常に顔を上げた状態となり、教員も生徒に背を向けることが少なくなる。これにより生徒はより集中して講義を聞くことができ、生徒と生徒、教員と生徒で対話的で深い学ぶことが期待できる。

　3 つ目に生徒の五感に訴え掛ける授業である。文字・言葉と共に実際に歴史に関わる音声を聞き映像を見ることで教員は詳しい説明は不要となり、生徒は具合的なイメージを持つことができ、より深い理解を促すことが期待できる。

【単元の目標】

　本単元では先進国と途上国の格差、飢餓や貧困、内戦や紛争について多面的・多角的に見ることができる広い視野を養い、そこから現代世界の課題についてより深く考察することである。

　生徒が自分自身で授業を通して発見した課題を考察することから我が国を取り巻く国際環境（世界の歴史）との関連で理解を深め、国際社会に主体的に生き平和で民主的な国家・社会を形成する日本国民として必要な自覚と資質を養うことを目標とする。[1]

155

【本授業のデザインシート】[(2)]

【教科・科目】地理・歴史科　世界史 B　　【分野・単元】地域紛争の激化と深刻化する貧困
【テーマ・作品】第三世界の分化　　　　　【設定時数】6 時間中の 1 時間目
【本時全体の目標】現代世界の諸課題を資料から見いだし、現代社会の特質を理解する。

学習内容	自校の生徒の特性を踏まえた各学習内容における主な目標（身に付けさせたい力・姿勢）	左記の力・姿勢の「学力の 3 要素」への分類	左記の力・姿勢を育むための指導内容
現代世界の各種資料を提示し、飢餓・貧困などの南北の格差問題を考察する。	●資料を読み取る力と既存の知識から多面的に考察する能力	●知識・技能・思考力	●何も手がかり（ヒント）を提示せずに、資料（題名を隠した飢餓マップ）を提示し、その題名（データ）を問う。まず生徒それぞれ個人で思考し、可能性があるものを出来るだけ多くの候補があげられるように促す。
	●班で協力して問題を解決する能力	●協働性・多様性	●5〜6 人の班を編成。お互いの考えをもとにして班全員で協力して作業する。全員が協議に参加できるようにグループワークのルールを示す。
	●データを読み取る力と既存の知識から多面的・多角的に考察する能力	●知識・技能・思考力	●協議の焦点化を促すため新たな手がかり（ヒント）を提示する。2 つの事項（地図とヒント）から、さらに具体的な解答を協議する。
	●協議内容を適切に考察し有用な意見・情報をまとめ導いた結論を適切に表現・説明する能力。	●表現力	●班で協議した内容を班ごとに発表し、クラスで共有する。
飢餓の特徴を考察し、その原因を探る。その原因の一つである貧困がもたらす諸問題から南北問題について考察する。	●地域による特徴から有用な情報を選択して読み取る力。	●技能・判断力	●生徒それぞれが資料（飢餓マップ）を考察し、地域の特徴を分析する。
	●資料を読み取る力と既存の知識から多面的・多角的に考察する能力	●知識・技能・思考力	●協議の手がかりとして新たな資料（題名を隠した貧困率マップ）を提示する。2 つの資料からさらに協議する。
	●現代世界の状況を講義や資料をもとに理解を深化させる力と多面的・多角的に考察する能力	●知識・技能・思考力	●貧困問題から現代世界の諸課題を発見し、その新にインプットした事実をもとに生徒がそれぞれ、またはグループで考察する。
南南問題をとおして発展途上国の問題から現代世界の課題を学ぶ。	●現代の世界の諸問題を知ることで課題意識を高め、それを意欲的に探求しようとする力。	●主体性・多様性	●現代の世界の人口爆発・内戦・紛争などの諸問題を知ることから、今日的課題を発見する。
	●今時に学んだ内容から自ら根拠を探して、班で協力して問題解決を成し遂げる力。	●主体性・協働性・多様性	●5〜6 人の班を編成。お互いの考えをもとにして班全員で協力して作業する。全員が協議に参加できるように役割分担を示す。
	●班で協議した内容を他の班員に説明し、理解させる力。	●表現力	●それぞれ 1〜6 人の班を編成。お互いの考えをもとにして班全員で協力して作業する。全員が協議に参加できるように役割分担を示す。
内紛が続くアフガニスタンの現状について考察する。	●現代の世界の諸問題を知ることで課題意識を高め、それを意欲的に探求しようとする力。	●主体性・知識	●具体的な現代の世界の諸問題について多面的・多角的に考察する。
今回の単元についての振り返り（リフレクション）シートを作成する。	●客観的に自己や集団を分析できる能力	●判断力・表現力・協働性	●振り返りシートの項目に沿って、グループで協議する。

Ⅱ　歴史を「教える」　│　世界史の授業実践⑥

教師による発問・働き掛けの内容	教師が特に観察・配慮すべき点
地図の仕様が負の要素であることを気付かせる。関連す る使用を提示することで、課題の根深さ・複雑さをイメー ジさせる。	解答が複数となるオープンな発問のため、個人で考える 時間を十分に確保する。
グループワークのルールを示すことで協議のスムーズな 進行を促す。関連するいくつかの選択肢を提示し、答え るだけでなく選択理由を求めることで理解を深化させ、班 員全員によって合意に自ら至ることが出来るように働き掛 ける。	生徒の特性を把握し、全員が公平に安心して協議できる 場(フラットゾーン・コンフォートゾーン)を設定することで、 お互いを尊重し、それぞれ個人の思考を大切にする態度 を育成する。
2つの資料を明示することから、課題をより明確にできる ように働き掛ける。	独善的な協議支配や集団圧力による同調行動に陥らない ように、注意深く机間巡視することで、班協議のスムーズ な進行のサポートをおこなう。
発表が解答だけで終わらず円滑におこなわれるように、 選択理由を問うなど臨機応変に助力する。	発表者が内容・声量・早さなど、わかりやすく発表して いるかを観察する。
クローズド問題でテンポ良く解答するために空欄問題を 事前に準備する。	資料を根拠に構成に判断する態度を養わせる。
2つの資料が類似していることから、問題の根深さや複 雑さなどに気づくように働き掛ける。	世界史を点ではなく面で理解できるように、異なる要因を 総合的に見る目を養う。
具体例を示し貧困は根源的な問題であることを導き、複 数の解答を求めることで思考を深化させる。	解答が複数となるオープンな発問のため、個人で考える 時間に配慮する。
出来るだけタイムリーな生徒もじっかんできるような今日 的問題を題材とすることで、協議を活発化するように働 き掛ける。	偏った立場からの取り扱いは避け、生徒自身が客観的、 公正な目で取り扱えるように支援する。 全員が話し合いに参加できているか、他人の意見や態度 を尊重できているか、建設的な協議が出来ているか観察、 配慮する。
NPO などの例を示し、これらの課題が全人類的課題で あることを気付かせる。	
班ごとに協議が活発化出来るように、声かけなどの働き 掛けをおこなう。	
紛争被害者など弱者に対して注目させる。	
振り返りシートの意義・目的を説明することで形式的に協 議が終わることを防止し、協議の深化を促す。	公正で客観的な立場で分析できているか観察する。

157

【本時の留意点】

　本授業を通して意識することは、いかに課題意識を高めるかである。自分とは関係のない遠い国や過去の話であると生徒が思った瞬間に、学習は単なる作業になってしまう。生徒一人ひとりが主体的に授業に参加するためには、これは自分たちにも関係する解決しなければならない問題であると生徒自身が課題意識を持つことが大切である。そのためには、知的好奇心を喚起する授業をおこなうことが重要である。なぜならば知的好奇心を持つことが「知りたい」・「理解したい」という欲求を駆り立て、さらにそこから「なぜ」・「どうして」という課題意識を喚起し、「解決したい」・「解決のために何ができのるか」という主体的な意識へと導くのである。授業は単なる知識のインプットと確認だけにならないように、生徒の気付きを促す適切な教材と発問を心掛けることが大切である。教員は原因から答えまですべてを教えるのではなく、生徒が考える題材を教え、そこから生徒自身の気付きに導き、より多面的・多角的に事象を見る視点を養うように支援せねばならい。資料は生徒が自己の問題であると感じることができるように、現代の日本や我々の生活と関係があり、できるだけ新しい題材を選択するように心掛けている。

　ペア・グループワークでは、対話的で深い学びをおこなうためには、生徒が自分の考えを安心して述べて話し合いができる環境を教員が設定せねばならない。また考えや立場が偏らないように、生徒自身客観的で公正な目で協議できるように導く教員の支援が大切である。そして生徒が自ら考え思考を深化させるためには、教員がヒントを与えすぎてはならない。ヒントは協議が進む中で話し合いを拡散から集約に向かわせるための、最低限の言葉掛けにとどめることが肝心である。

Ⅱ 歴史を「教える」　｜　世界史の授業実践⑥

【導入】（5分）
・本単元「地域紛争の激化と深刻化する貧困」をスクリーンでクラス全体に提示する。
・グランドルールを確認することで「安心・安全の場」を形成する。

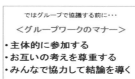

・題名を隠した資料を提示し、題名は何か全体に発問する。
　最初は個人で、次にペアで協議。その後、考えを深化させるヒントを提示し、解答後さらに思考を深化し飢餓の原因を探る。

↓生徒の解答例

【展開】（25分）
①飢餓の原因を2つの異なる資料から比較して
　考察する。（個人作業 or ペアワーク）
↓生徒の解答例

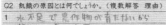

159

②現代の世界が持つ課題について思考を深化する資料を提示する。(5)(6)(7)

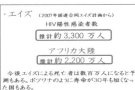

③「格差・人口爆発・内線・地域紛争」など今日的課題を考える。

④グループワーク（10分）→発表（5分）（各グループ1分程度で発表）
　課題をひとつに決定し、原因と解決策を協議する。
　↓生徒のまとめ例

【まとめ】(5分)

・リフレクション(本授業の振り返り)

↓生徒の振り返りシート解答例

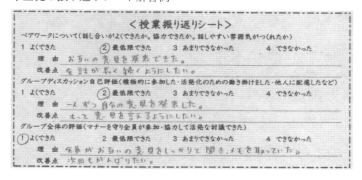

参考文献・出典

(1) 文部科学省『高等学校学習指導要領解説　地理歴史編　平成22年6月』教育出版、2010年
(2) 『VIEW21』高校版2015年度12月号(Vol.5)、ベネッセ総合教育研究所、2015年
(3) FAO「FAOのハンガーマップ　世界の栄養不足人口2003-2005」国際農林業協会、2009年 < http://www.jaicaf.or.jp/fao/world/01_A2.pdf>
(4) 「貧困層の人口割合(貧困率)ランキングマップ」世界ランキング統計センター
(5) 統計局ホームページ2010年データ
(6) WHO, *The World Health Report 2006 - working together for health,* 2006. < https://www.who.int/whr/2006/en/>
(7) UNAIDS, *AIDS epidemic update, 2007,* 2007.(国連合同エイズ計画、財団法人エイズ予防財団訳「HIV/AIDS最新情報(2007年現在)」2007年)< http://api-net.jfap.or.jp/status/pdf/2007/2007_all.pdf >
(8) 帝国書院最新世界史図説タペストリー
(9) 帝国書院最新世界史図説タペストリー

日本史の授業実践①

問いの構造図による
授業づくり
―壬申の乱と都城―

吉田 英文

富山県立高等学校元教諭・教員歴9年
担当科目：日本史、世界史、現代社会

授業
概要

教科：地理歴史　科目：日本史B　対象学年：高校2年

教科書：実教出版『日本史B』

単元：「古代における中央集権化のあゆみ」

授業の目的・狙い

　本稿は「問いの構造図」による授業づくりの具体を、前近代の日本史学習を
事例に示すものである。「問いの構造図」の授業とは、本質的な問い (Essential
Question、以下ＥＱと略記)、中心発問（Main Question、以下ＭＱと略記）、補
助発問（Sub Question、以下ＳＱと略記）の三層からなる問いをもとに構成さ
れた授業のことである。詳しくは、参考文献をご参照願いたい。内容としては、
古代における中央集権化の画期がなぜ天武・持統天皇の時期にあったのか、たく
さんの問いをもとに生徒とやりとりしながら探究するものである。

Ⅱ　歴史を「教える」　｜　日本史の授業実践①

授業の流れ

　生徒たちは中学校までの歴史学習で「天皇を中心とした中央集権化」を繰り返し学んできている。小学校では聖徳太子に力点が置かれ、中学校では大化の改新に力点が置かれる傾向がある。そして、高等学校では天武・持統天皇の時期にも力点が置かれる。生徒の立場に立ったとき、このような学習では「どの時期も同じような話が続く」「いったいどの時期に画期性があったのかわかりにくい」という反応を生むことになる。

　本授業では、生徒の疑問を起点にしつつ（導入、ＳＱ１）、「豪族と貴族の違い」「宮と都の違い」といった用語の変化に着目し中央集権化を官僚制の視点で把握する（ＳＱ２〜４）。そして権力集中が容認される背景に外交・軍事的危機があることを探り（ＳＱ５〜６）、総合的な時代像を描けるようにする。

　本授業のように「外圧→内乱→中央集権」といった大枠で時代をつかむことは、現代を含む他の時期や他地域への応用的な視点を生み、個別具体の暗記にとどまらない思考力を育むものになるだろう。

授業実践

問いの構造による展開
ＥＱ：中央集権とは何か。官僚とは何か。都市への集住とは何か。
（ＥＱは生徒に提示する必要はない。本質的な問いとして意識しておく。）

> ＭＱ：なぜ聖徳太子や大化の改新の時期ではなく、天武・持統の時期に古代の転換点があったのか。（ＭＱは板書するなどした方が良い。）

　　導入 Ｑ　：「日本」という国号はいつからか。
　　導入ＳＱ：飛鳥時代以前に「日本」は何と呼ばれていたか。

　　　　Ａ　：以前は「倭（やまと）」と呼んでいた。

　　　　Ｑ　：いつから「日本」なのか、教科書等で確認してみよう。

　　　　Ａ　：天武天皇、持統天皇のころから「日本」の呼称が使用された。
　　　　　　　国号の変化は大きい。この時期が古代の転換点と言えるのか。

SQ1 ほかにも天武・持統の時期に変化したことがある。教科書や図説などから変化を読み取ろう。
（生徒による作業）

> 生徒A：富本銭がつくられ、日本で貨幣が造られるようになった。
> 生徒B：飛鳥浄御原令（681年編纂開始）で、法が整備された。
> 生徒C：税をとるために庚寅年籍（690年）という戸籍が造られた。
> 生徒D：国史編纂が開始された。伊勢神宮祭祀の変化（式年遷宮）。
> 生徒E：八色の姓で皇親政治が推進された。
> 生徒F：〇〇宮だったのが、〇〇京に変化している。→SQ2へ
> 生徒G：「豪族」から「貴族（官人）」に変化している。→SQ3へ

※A～Gのなかで、生徒がうまく説明できないものを取り上げる。A～Eは新出事項で「何か新しいものが取り入れられた」と違和感はない。FとGは、教師の方から「宮と都、何が違うの？」「豪族と貴族の違いは？」とあいまいな理解に終わらせないよう、より深く問うようにする。以下、SQ2とSQ3の順序は問わない。生徒の回答にあわせて自然な流れの方を選択させる。

SQ2 古代の「宮（みや）」と「京（みやこ）」の違いは何か。

Q2-1：古代の宮都を時系列に並べてみよう（教科書・図説で確認）
A　：飛鳥板蓋宮→難波宮→飛鳥板蓋宮→飛鳥川原宮→後飛鳥岡本宮→近江大津宮→飛鳥浄御原宮→藤原京→平城京→恭仁京→難波宮（京）→紫香楽宮→平城京→長岡京…

Q2-2：「宮」から「京」へ変化したのは、どこか。
　　A　：飛鳥浄御原宮→藤原京（＝天武・持統天皇の時期）。

Q2-3：図説の写真をもとに「宮」と「京」の違いを見つけよう。
　　A　：藤原京の真ん中に藤原「宮」がある。「京」＞「宮」。

II　歴史を「教える」　｜　日本史の授業実践①

Ｑ２－４：「宮」とは何か。誰が住んでいるのか。

　　Ａ　：天皇、大王。

Ｑ２－５：「宮」以外の場所＝「都」には、だれが住んでいるのか。

　　Ａ　：貴族、商人、農民など。

（補足説明）宮：み（御）＋や（屋・家）⇒天皇の居住空間
　　　　　　都：みや（宮）＋こ（処＝場所）⇒「宮」と官人・百姓の居住空間

ＳＱ３　貴族（官人）と豪族の違いは何か。

Ｑ３－１：豪族とは何か。

　　Ａ　：天皇の家来、部下。

Ｑ３－２：豪族は、どこから収入を得ているか。

　　Ａ　：自身の持つ「人民」（部曲＝かきべ）と「土地」（田荘＝たどころ）。

Ｑ３－３：貴族（官人）は自分の「土地」や「人民」を持っているか。

　　Ａ　：もっていない。

Ｑ３－４：では、どこから収入を得ているか。

　　Ａ　：天皇・朝廷からの給料。

Ｑ３－５：給料をくれる朝廷に逆らえるか。

　　Ａ　：天皇や朝廷は給料をくれるので、逆らえない。
　　　　　天皇＝朝廷強い力を持っている。

Ｑ３－６：このように豪族の私的な土地・人民を廃止して貴族化させた政策を何
　　　　　というか。

　　Ａ　：公地公民、班田収授など。

Ｑ３－７：公地公民制を行おうとしたのは、天武天皇の時代より前に無かったか。

　　Ａ　：大化の改新の時期に公地公民制を行おうとしていた。

165

Ｑ３－８：なぜ大化の改新の時期にできなかったのか。

　　Ａ　：天皇や中央の権力が弱かったから。

Ｑ３－９：本当に？聖徳太子のころにも「天皇中心の中央集権化」を目指して改
　　　　　革していたのにおかしいな。

（参照）冠位十二階、憲法十七条、遣隋使の派遣など。

ＳＱ４　何のため都に集住させた？（豪族の私有地・私有民を国のものにした目的は？）

Ｑ４－１：豪族の土地から何を得たかった？

　　Ａ　：税。農作物など。

Ｑ４－２：それ以外には？（当時の税負担の表などを参照。）

　　Ａ　：兵役（徴兵）、衛士、防人など

Ｑ４－３：なぜ兵役が必要だったのか？

　　Ａ　：外国からの脅威

Ｑ４－４：この時期の対外的危機は何だろうか。

　　Ａ　：わからない。

ＳＱ５　天武・持統天皇期に軍事力（＝中央集権）が必要とされたのはなぜか。

Ｑ５－１：軍事力を必要とする要因は何だろうか。
　　　　　（国内以外の要因はないか。）

　　Ａ　：国際関係の変化、外交の変化、戦争

Ｑ５－２：天武天皇の時代に先立って起きた対外戦争は何か。

　　Ａ　：白村江の戦い（663年）　唐・新羅ｖｓ百済・日本

Q5-3：その時、兵をどのように動員したのか。

> 史料1　万葉集
> 「熟にき田津たつに船乗りせむと月待てば潮もかなひぬ今は漕ぎ出でな」
> ※熟田津は愛媛県松山市付近の港。

　　　A　：斉明天皇（中大兄）は、難波宮から九州へ向かう途中、直接各地に兵の動員を呼びかけた。
　　　　　→律令制による兵の動員（個別人身把握）や文書行政は未整備。

Q5-4：白村江の敗戦後、日本はどのような状況だったか。

　　　A　：唐・新羅からの報復に備えるための臨戦態勢。
　　　　　斉明の死去による中大兄皇子の称制。内陸の大津への遷宮。
　　　　　水城、朝鮮式山城、防人など防衛体制の構築。
　　　　　庚午年籍（兵士の動員のため。戸籍は軍事的要因で作成。）

Q5-5：壬申の乱の前後の国際状況は、どう変化したか。

　　　A　：唐と組んで高句麗も滅ぼした新羅は、つぎに朝鮮半島から唐の追い出しを図る。そのような中、唐から協力を求める使者が来る。
　　　　　→朝鮮半島をめぐる動乱が引き続いていた。

Q5-6：天武天皇の詔から読み取れることは何か。

> 史料2　『日本書紀』天武十三年閏四月丙戌（五日）条
> "詔曰「凡政要者軍事也。是以、文武官諸人務習用兵、及乗馬。」"
> 　→「政（まつりごと）の要は軍事なり」
> ※史料は、歴史学研究会編『日本史史料[1]古代』（岩波書店 2005）100頁より。

　　　　　　　　　　→対外危機に対応できるように軍事機構を整備しようとしている。

　　　A　：政治における肝要なことは軍事である。全ての官人は兵器の使用や馬の訓練をするように。

SQ6　なぜ天武・持統天皇の時代に、権力を集中させることができたのか。（なぜ豪族を貴族＝官人・官僚にできたのか。反対する大豪族がいなかったのか。）

Q6-1：天武天皇が権力を持つきっかけになった戦いは何か。

　　A　：壬申の乱（672年）

Q6-2：壬申の乱の構図を、教科書や図説をもとに図にしよう。

　　A　：大友皇子＋有力豪族 vs 大海人皇子＋地方の中小豪族

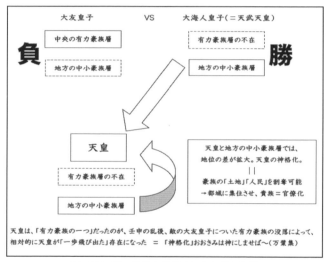

図　壬申の乱　模式図（板書案）（図は著者作成）

Q6-3：どちらが勝利した？

　　A　：大海人皇子（天武天皇）

Q6-4：なぜ地方の中小豪族＝力の弱い集団が、中央豪族＝力を持っている集団に勝利できたのか。

　　A　：大海人側は不破関（関ヶ原）を封鎖して東国の兵を動員することに成功。大友側は、西国の兵の動員に失敗。（西国の兵は、唐などの外敵に備えており持ち場を離れられないため、動員できず。）

Ⅱ 歴史を「教える」 ｜ 日本史の授業実践①

Q6－5：その時期に読まれた和歌は何を示しているか。

史料3
大伴御行「大君は神にしいませば赤駒の腹這ふ田居を都と成しつ」
作者未詳「大君は神にしいませば水鳥のすだく水沼を都と成しつ」

A　：おおきみ＝天皇は神というように扱っている。

Q6－6：壬申の乱のあと、天皇と豪族との力関係はどのように変化したのか。

A　：ヨコ並びもしくはナナメ程度の関係から、タテの上下関係になった。

まとめ
　以上のことから、豪族による地方分権的支配から貴族＝官僚による中央集権支配へ変化することが理解できる。また、なぜこの時期に中央集権化が進展したのか、国内の内乱のみならず、対外危機と関連することで「外圧→内乱→中央集権」という流れで把握することができる。

ＭＱ：なぜ天武・持統朝に古代の転換点があったのか。

ＥＱ：中央集権とは何か（権力の集中が人々に容認されるのはどのような状況か）。
　　Ａ　壬申の乱によって、天皇に匹敵する古来の中央有力豪族が没落し、天武天皇と豪族との権力の差が大幅に広がり、天皇の神格化が行われた。それにより、大化の改新後、理念として掲げられていた公地公民の政策が実行に移され、旧豪族を本拠地から離脱させ、集住させるために藤原京が築かれ「宮」から「京」へと変化した。これにより、豪族は貴族＝官僚化し、地方分権の国家から天皇を中心とした中央集権国家が誕生した。また、この時期に中央集権化が進んだことの背景には、壬申の乱という内乱だけではなく、東アジアの複雑な国際状況と、白村江での敗戦による対外危機がある。

169

生徒の反応

　以上の授業実践は、あくまでモデルであり、各学校のおかれた文脈に応じてアレンジをしていただけたらと思う。実際の授業となると、計画通りに進まないのが常である。生徒の反応に合わせながら問いの順番を入れ替えたり、ヒントを出したりすることで、生徒の反応を活かした授業展開になる。本授業について生徒からは「わかりやすい」という感想があったが、おおむね以下の３つのパターンがあったと感じている。

　一つ目のパターンは、「ストーリー性」である。歴史上の語句や用語が関連付けられ、一つのストーリーに沿って頭の中に入ってきた、ということである。飛鳥清御原令や庚寅年籍、藤原京、壬申の乱、富本銭…といった個別的知識であったり、皇親政治や公地公民などの概念的知識であったりがたくさん出てくる授業である。しかし、最終的に「外圧→内乱→中央集権」というストーリー上にそれぞれの知識が関連付けられることによって「理解しやすかった」とのことである。

　二つ目のパターンは、「図」で示したことである。板書案として示した「壬申の乱」「天皇の神格化」の図や、中央集権化の図（本稿では割愛）は、抽象的な概念を視覚的にイメージしやすくしたようである。

　三つ目のパターンは、「たとえ話」である。「豪族と貴族の違い」の話を、「のら猫」と「飼い猫」に例えて説明したことなどがそれに該当する。余談だが、この比喩は自営業を営む父親の「お前は、飼い猫だからなぁ」というつぶやきをもとにしている。「のら猫」は自由さの反面、安定した生活がなく、場合によっては何日も食べ物にありつけないこともある（会社でいえば倒産することもある）。一方で、「飼い猫」は暖かい主人の家で飼われ、安定した生活が保障されている反面、自由さに欠け、「ご主人様」の顔色をうかがう必要がある。そうでないと追い出されてしまう。「のら猫（自営業）」を豪族、「飼い猫（公務員）」を貴族、とすることで「官僚化」という概念が理解しやすかったようである。

　私は教員歴が長くないが現場感覚として、①ストーリー、②モデル、③メタファーが効果的な授業につながると感じている。若い実践者には、ぜひ試してもらえたらと思う。

歴史総合への展望

　「歴史は繰り返す」という言葉がある。ある程度の法則化は有効であると同時に、安易な歴史の法則化は慎むべきという考えもあり、その葛藤のなかで授業をつくってきた。本授業は「外圧→内乱→中央集権」と、ある程度の法則化を行っているが、それが必ずおきると伝えたいわけではない。ひとつの事例（ケース）として提示することで、他の事例への応用可能性を生徒自身が吟味する力を身につけさせたいという意図である。言い換えると、「ケーススタディとしての歴史学習」である。

　たとえば、鎌倉末期やペリー来航の時期も「外圧→内乱→中央集権」といった捉え方が可能であるが、その解釈は妥当なのか、生徒自身が応用していく。そういった吟味は現代にも及び「現代も同じようなことがおきうるのか」「政治家は中央集権のために外圧を利用するかもしれない」といった思考に波及し、市民性の育成にもつながると期待する。

　また「ケーススタディとしての歴史学習」は新科目「歴史総合」にとっても示唆的である。言うまでもなく「歴史総合」はただ単に日本史・世界史を合わせた科目ではない。日本史の事例、世界史の事例を横断的に扱い、日本史・世界史の枠を超えた学習が求められる。今回の授業で扱った「都への集住」は古代の日本だけでなく、ルイ14世のベルサイユ宮殿と同じ構造であり、時代と地域を越えた事例に転移が可能である。

　高等学校の歴史学習は、知的な高度さを求められる。探究学習といったときに、「アクティブラーニング」の名のもとに、安易に生徒任せにしすぎることは授業内容の質保障の観点から好ましくない。知的な質を保ちつつ、生徒の探究を促すために「問いの構造図」による授業づくりは効果的と考える。もちろん、この当否は読者に委ねたい。

参考文献

・拙稿「問いの構造図による授業づくり（1）」『実践社会科教育課程研究』第1号、2017年。
　授業内容等の参考文献もこちらを参照。
　https://shakaikakyouikukatei.hatenablog.com/entry/2019/03/03/215929
　（2019年6月10日確認）

日本史の授業実践②

複数の史資料を活用して クリティカルシンキングを 実践する授業

加藤　潤

西武学園文理中学・高等学校教諭・教員歴 25 年
担当科目：日本史

授業
概要

教科：地理歴史・公民　科目：日本史 B　対象学年：高校 2 年
実施クラスの人数：20 名　教科書：山川出版社『詳説日本史 B』
単元：「蒙古襲来」

授業の目的・狙い

　当該授業では「蒙古襲来」を扱う。この歴史事象に対して、単純な知識習得にとどまらず、クリティカルな思考を持って、複数の史資料を通して考察・検証し、得られた根拠をもとに自身の解を表現できることを目的としている。このように学習者には一つひとつの事象に対して、一次情報のみで判断することなく、複数の視点を持って物事を捉え、考察していく姿勢を習得するものとする。

授業の流れ

導入（10分）
- 前時終了時に生徒一人ひとりが記した「仮説」の紹介。
- KP法で「本時の目標」を示して教室共有。

展開（35分）
- 『蒙古襲来絵巻（文永の役）』からの"why & how"の問いづくり。
  →ペアで共有、その後生徒との双方向授業。
- データ資料（蒙古軍の兵力量と兵力構成）を用いて双方向授業。
- 『蒙古襲来絵巻（弘安の役）』からの"why & how"の問いづくり。
  →双方向授業。最後に「仮説」がどう変わったか実証。

まとめ（5分）
- KP法を用いて本時のストーリーを振り返る。
- テキストで知識まとめ（板書）。

授業実践

導入

 先　生：本日は蒙古襲来をテーマに授業を進めます。それではまず、「本時の目標」を共有しましょう（写真①）。

写真①

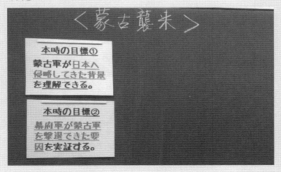

173

先　生：前回、授業の終わりに「なぜ、鎌倉幕府は圧倒的な軍事力を持つ蒙古軍を撃退することができたのか？」をスマホで回答してもらいました。集約してみると、次のような結果が出ました。

神風が吹いた　17名	幕府軍の戦略が良かった　6名
蒙古軍が海上戦に不慣れだった　5名	運が良かったなど　3名

（重複している回答もあり）

生徒A：圧倒的に神風が多い…

生徒B：だって中学生の時にそう習ったよ。

先　生：では、本日はこの結果を元に検証をしていきましょう。ワークシートを配布します（写真②）。

展開

写真②

文永の役（1274）の一場面　〜『蒙古襲来絵巻』（竹崎季長）より

この図から思いつく"why & how"を考えてみよう！

先　生：この絵は『蒙古襲来絵巻』の一場面です。この絵を見て、ここから思いつく"why & how"の問いを3分以内で作ってください。

II 歴史を「教える」 | 日本史の授業実践②

【出てきた主な問い】
　なぜ幕府軍は一人で戦っているのか？
　なぜモンゴル軍は馬にのって戦っていないのか？
　どうしてモンゴル軍は（幕府軍と比べて）軽装備なのか？
　なぜモンゴル軍は肌の色が違う者がいるのか？　　　など

　先　生：それぞれ作った問いを2分以内でペアで共有してください。

　生徒C：ほとんど問いがかぶってる（笑）

　先　生：なぜ幕府軍は一人で戦っているんだろうね？

　生徒D：目立ちたいから（笑）

　先　生：それに近いかも。当時は武士が恩賞を得るためには、一番手でないとダメだからね。集団で挑んでも評価されにくいからね。

　生徒E：なるほど。

　先　生：私が一番気に入った問いは「なぜモンゴル軍は肌の色が違う者がいるのか？」だね。この問いにどう答える？

　生徒D：描いた人の趣味？（笑）

　生徒F：日本に来る最中に日に焼けたとか？

　先　生：では、今からデータシート（写真③）を配布します。

写真③

①蒙古軍の軍事力と兵力構成

	文永の役（1274）	弘安の役（1281）	
		東路軍	江南軍
船　数	900隻 1〜6月の6ヶ月間で 高麗が造船	900隻 高麗で造船 3000隻分の 材料用意	3500隻 南宋で造船
兵　力	2万5000人 高麗人　　　　　1万2700人 女真族（満州）・漢　人 蒙古人　　　　　　　30人余	4万人 高麗人 南宋人・契丹人・女真族・漢人 トルコ人・安南人 蒙古人　　　140〜150人余	10万人 2万5000人
元軍の 損害	死者　1万3500人戦死 沈没　　200隻余	死者　10万7000人 沈没　　3500隻	

　先　生：このデータは、蒙古軍の軍事力と兵力構成を表しているものです。このデータを見てわかることはありますか？

生徒A：兵力の部分をみると、高麗や中国人が多い。

先　生：その通りですね。割合でみると、文永の役では蒙古人一人あたり430名の蒙古人以外の人びとで構成されていますね。さらに、弘安の役に至っては、高麗・中国に加えてトルコ・ベトナム方面からも兵を集めていることがわかります。

生徒C：ほとんど助っ人外国人に頼ってるじゃん。

先　生：そうだね。助っ人を集めれば数は多くなるけど、デメリットを考えれば、彼らは蒙古人と違って好きこのんで戦争をしたくないからね。
となると、数少ない蒙古人は彼らを統制することができないよね。
だとすると、戦争を完遂するとなるとどうだろう？

生徒A：乱れちゃって勝てるものも勝てなくなるわ。

先　生：では、先ほど配布したワークシートの裏面を見てください（写真④）

写真④

先　生：先ほどと同じ『蒙古襲来絵巻』の別の一場面です。さっきやったように3分以内で問いを作ってみましょう。

【出てきた主な問い】
　　なぜ海での戦いなのか？
　　どうして幕府軍を見て戦っていない者がいるのか？
　　なぜ戦争なのに太鼓を叩いているのか？
　　どうして戦争中なのに鼻をつまんでいる者がいるのか？　　など

II 歴史を「教える」 | 日本史の授業実践②

生徒B：なぜ海での戦いにシーンが変わったんですか？

生徒A：蒙古軍が上陸できなかったのかも。

生徒F：上陸寸前で幕府軍は海上戦に持っていったのかも。

先　生：そうですね。先ほどAさんが発言したように上陸できない状況があったんだね。

生徒G：あっ！　中学の時に習った。確か防塁が築かれていたんじゃなかったっけ。

先　生：そうだね。文永の役の後、上陸させて苦戦を強いられたから防塁を築いて上陸を阻止させたと言われているね。

生徒C：ところで、なんで鼻をつまんでいる者がいるの？

生徒D：花粉症じゃん（笑）

先　生：そうだよね。鼻をつまむ時ってどういう時？

生徒A：臭いとき（笑）

先　生：だよね。ということは何かしら臭いものがあるということだよね。

生徒C：モンゴル軍が戦争中に漏らしたとか？（笑）

先　生：その可能性もあるね（笑）でも、これは幕府軍が放った「あるもの」が武器になったと言われているんだよ。

生徒D：それって何？

先　生：それは肥やしを煮詰めたものと言われているよ。臭いものに熱を入れると余計に臭くなるじゃん。それを蒙古軍にぶちまけたんだろうね。

生徒A：これで蒙古軍は戦意喪失したわけね。

先　生：では、ここで考えて欲しい。もしも神風が吹いていたらどうだろう？

生徒A：日本にとっても迷惑。日本にも相当な損害が出たんじゃ？

先　生：そうだよね。確かに気象データ上だと、弘安の役の時は台風並みの低気圧がこの近海にはあったと言われているね。でも、決して神風のみで幕府軍が勝ったわけではないということがわかったと思います。さあ、そこで授業開始前に示したアンケートを再度注目しましょう。それではあてはまるものに手を挙げてください。

177

神風が吹いた　1名	幕府軍の戦略が良かった　17名
蒙古軍が海上戦に不慣れだった　1名	運が良かったなど　1名

先　生：授業をまとめます。黒板に注目してください（写真⑤）。

写真⑤

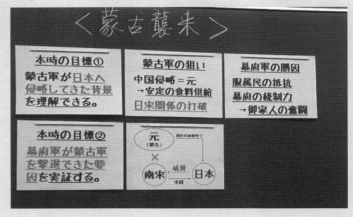

まとめ

先　生：そもそもなぜ蒙古軍は日本へ攻めてきたのか。蒙古軍の真の狙いは中国への侵略。中国を征圧すれば安定した食料供給ができるからね。
しかし、中国は日本と日宋貿易をしているから、日本との関係を断ち切りたいと考えたわけだね。そこで、中国侵略と同時に日本へも攻めてきたんだ。

先　生：さらに、幕府軍の勝因は本日の授業で見てきた通り、服属民の抵抗で蒙古軍が統制とれなかったこと、逆に統制とれた幕府軍は御家人たちが奮闘したため、勝利につながったわけですね。では、テキスト（自校作成）の知識まとめで終了しましょう（板書して終了）。

分析・今後の展望

　今まで獲得してきた知識や常識は、一次資料だけで判断されて語られてきたものが多い。歴史も科学である。仮説を複数の資料やデータを通して検証してこそ得た知識は定着するものと考える。このテーマを考査で測って見た結果、やはり正答率は高かった。受け身主体の授業テーマと比べても生徒の反応は良かった。また、今回さまざまな資料・データは、諸文献を読み漁って自分が集めてきたものであったが、テーマによっては他教科との横断型授業でそれぞれの専門分野のデータを示していくことができ、より深い学習へと導けるのではないかと考える。今後は、他教科と教科横断・融合授業を行い、「仮説→データ活用→実証→結果をもとに自らの言葉で表現（論述）」のサイクルを展開していきたい。

ＫＰ法について

　ＫＰ法のＫＰとは「紙芝居プレゼンテーション」の頭文字をとったもので、川嶋直氏を中心に実践されているプレゼン方法。キーワードやイラストなどを手書き（もしくは印字）して、何枚かのA4用紙（1セット10〜15枚で一つのテーマを構成）を黒板やホワイトボードなどにマグネットを使って貼りながら2〜5分程度でプレゼンを行う。パワーポイントによるプレゼンと異なり、画面が変わることなく常に掲示されていることから、聴衆にとってプレゼン内容が印象に残るのが長所。

参考文献

・服部英雄『蒙古襲来と神風―中世の対外戦争の真実』中公新書、2017 年
・松本一夫『日本史へのいざない―考えながら学ぼう』岩田書院、2006 年
〈ＫＰ法に関する著書〉
・川嶋直著『ＫＰ法　シンプルに伝える紙芝居プレゼンテーション』みくに出版、2013 年
・川嶋直、皆川雅樹編著『アクティブラーニングに導くＫＰ法実践　教室で活用できる紙芝居プレゼンテーション法』みくに出版、2016 年

日本史の授業実践③

「学びに向かう力」を育む等身大の歴史を体感

佐藤 悠人

茨城県立笠間高等学校教諭・教員歴9年
担当科目：日本史B

授業概要

教科：地理歴史　科目：日本史B　対象学年：高校3年
実施クラスの人数：3クラス計104名　教科書：清水書院
『高等学校日本史B最新版』　単元：「近世から近代社会へ」

授業の目的・狙い

【学びに向かう力】

　次期学習指導要領で提示された「思考力・判断力・表現力等」を生徒が発揮するために、「学びに向かう力」は欠かせない。だが「学びに向かう力」を育むことは、言葉で表現する以上に難しい。思考力を問う発問に生き生きと取り組み、表現力を伸ばす試みにより試行錯誤して取りかかるために、生徒の心と頭がアクティブになるような「楽しい」「驚くような」「興味を惹く」授業を目指したい。そして知的に「楽しい」授業によって、生徒たちを「深い学び」へといざないたい。

Ⅱ　歴史を「教える」　｜　日本史の授業実践③

授業の流れ

教　材：スマートフォンもしくは大型 TV、班別ミニホワイトボード、
　　　　資料（日米和親条約交渉時の饗応接待のイラスト、日米双方の立場から
　　　　の条約締結交渉の様子を表した説明文）

導　入：「ペリー来航」に関する既存の知識の確認
　　　　→ホワイトボードへ班別に記入（5分）、発表（5分）

展開①：動画視聴（エグスプローション「ペリー来航」）（5分）
　　　　問い「日米和親条約の交渉はどのように進められたのか？」
　　　　資料読解（日米和親条約交渉時の饗応接待のイラスト）（5分）
　　　　資料読解（日米双方の立場からの条約締結交渉の様子）（10分）

展開②：問い「日本とアメリカはそれぞれ条約に何を望んだ？」
　　　　資料読解（教科書・資料集等を用い、世界史的視野からの時代背景の把
　　　　握）（10分）

まとめ：授業全体に関わる「問い」を 40 字程度でまとめる（10分）

○生徒観

　勤務校は普通科 3 クラスに加え、美術科、メディア芸術科という全国的にも珍
しい学科を抱える、地域の伝統校である。授業を実施した普通科で大学受験をす
る生徒は少なく、「受験で出るからこれを覚えろ！」という言葉が教員から発せ
られることは、まず無い。だからこそ、教員側にはより一層「この 1 時間をいか
に楽しい（知的にも、感覚的にも）時間にするか」が求められる。

　ところで、歴史教育、ひいては普通科における教育内容は、リベラルアーツに
由来するアカデミズムの切り売りもしくは簡易版であるといえよう。ならば、大
学で高等教育を学ぶ予定も希望も無い生徒にとって、高校での教育内容に価値を
見出すことを求めるのは難しい。

　生徒を歴史教育という学びに向かわせることの難しさとして、一つには、歴史
用語や概念を理解し把握する事が、生徒の発達段階にそぐわないことが挙げられ
る。要は、中学校の授業内容を息も絶え絶えでしがみついてきた生徒には、イメー
ジがわかず難し過ぎるのである。そして文字通り、高校で「息の根を止められる」。

　もう一つには、歴史上の出来事が生徒にとって「別世界での出来事」と捉えら

181

れている事がある。「火星人がいるかもしれない」ことと「源頼朝が守護と地頭を設置した」こととを、教員が想像する以上にそう遠くない距離感で把握している生徒も恐らくいる。スマホ画面の中に広がるバーチャルな世界での出来事の方が、身近に感じているのかもしれないと思う時もある。そこから、「自分と同じような人間が同じように過去を生き、経験を積み重ね歴史を紡いできた」事を想像することはさらに難しい。

生徒が興味を抱き、学びに向かう力を持つためにはどうすれば良いか。

私は、「メディア」と「等身大の歴史」をキーワードにした。

高校生のスマートフォン所持率が９割を超えた今や、生徒にとって、メディアに接しない生活は考えられず、様々なメディアから発せられる情報は生活の一部もしくは中心として身体化している。ならば、これを学びに向かわせる手段として、授業の中で活かしたい。

いっぽう内容としては、歴史的事件のワンシーンを様々な角度から丹念に把握させたい。喜怒哀楽を持った当時の等身大の人々の状況を立体的に描き出すことで、彼らの考えや判断を、生徒たちにとって遠い世界から身近なものへと引き寄せたい。そのうえで生徒の思考を深めたい。

そして「楽しい」「驚くような」「興味を惹く」１時間としたい。

授業実践

○授業実践

本実践では「ペリー来航と日米和親条約」を題材とした。

ペリー来航に関しては、砲艦外交による片務性のみが強調され、無能な幕府が不平等条約を結ばされた、というステレオタイプなイメージが強い[1]。だが外交交渉の過程にスポットを当てることで、日本史上のターニングポイントとなった当時の状況を、多面的・多角的な視点からより立体的に把握させたい。

「前回授業の最後に出てきたペリー来航について、グループで協力して簡単にまとめよう」（５分）

前回授業の最後に、ペリー来航前後について簡単な説明を行い、生徒は教科書本文を音読し終えている状態で、本時の授業を行った。そのため、本時は授業開始後すぐ席順の4人グループになった。

　多くの班は、前回音読済みの教科書本文をもとに、一生懸命まとめようとしていた（写真「3班」など）。ミニホワイトボードに記入する間、生徒たちの口からは、「黒船」「日米和親条約」「天狗」などと言った言葉が次々に出てきていた。

　写真「1班」で「ペリーに強引に開港するようにせまられた」と書かれているように、ほとんどの班で「幕府を脅して強引に開国させた」（以下、本文中ではこのような考え方を便宜的に「砲艦外交」と表

記する）という意見が書かれていた。本校で使用している清水書院の教科書も、本文は概ね砲艦外交的ニュアンスの記述となっており、欄外に幕府側の外交努力について書かれている。

 T：「じゃあ、みんなが抱いているペリー来航のイメージって、こんな感じかな？」

展開①：YouTube でエグズプロージョン（ダンサー、振付師）の「踊る授業」シリーズ「ペリー来航」を見せる。（約3分）

　「本能寺の変」という歴史ネタの振り付けで有名なグループの作品であり、生徒の一部はこの動画も見たことがあった。大型 TV でクラス全体に見せても良いし、4人班に分かれて班員のスマートフォンで見させても良い（スマホの使用に関しては、学校によって生徒指導上の規定があるだろうが、盛り上がるのは間違いなく4人班で1台のスマホを見た場合である）。動画視聴中も、生徒は動画に対して口々にコメントを言い合っていた。

183

T:「動画を見て、違和感があったところはあった？」

　生徒はほとんど無反応である。おそらく生徒たちは、動画の下地となっている砲艦外交的ニュアンスでの捉え方に違和感が無いし、そもそもお笑いの創作ネタに過ぎないとも捉えている様子である。

T:「いやいや、本当のことも歌われて（？）いるんだよ！」

「イラストから分かることを書き出してみよう」（2分）

　班ごとに、ペリーが来航した際の日本側・アメリカ側双方の饗応接待のイラストを見て、絵の余白部分に書き込ませる(2)。

S:「楽しそう」「パーティーみたい」「アメリカ側の接待の方が派手」「呑んでいるのは日本酒？」「魚を食べている」「刺身？（＝エグズプロージョンのネタにも出てきたよね）」…等々。

T:「ということは、動画は全部創作というわけでもなさそうだぞ。」

クラス全体がハッとしたような顔で静かになる。

T:「じゃあ、この動画を踏まえてもう少し当時の状況を検証してみようか」

「日米和親条約の交渉は、どのように進められたのだろう」（10分）

II　歴史を「教える」　｜　日本史の授業実践③

　交渉時の日米双方の対応についての資料を読解させる[3]。さらに、以下の問いかけを重ねてした。生徒たちは教科書や資料集も含めて考えをつなぎ合わせ、グループのメンバーと口々に意見を交わし合っていた。

「日本とアメリカはそれぞれ条約に何を望んだ？」(10分)

S：「なんか思ってたよりペリーって丁寧に交渉してるよね」
「譲らなくて良くない？日本を脅しちゃえば良くない？」
「パーティーで仲良くなったんじゃない？『この条約がまとまるならキスさえしても良かった』って言ってるし。」
「『とりあえず何でもいいから条約結んじゃえ』的な？」
「あ〜何ヶ月もかけて日本来て、疲れちゃったんだ。」
「『何でもいいから』っていうより、『何が何でも』だったんじゃない？イギリスに先越されるくらいなら。中国はイギリスに先越されたし。」
「ってか、この林大学頭って人結構「神ってる」よね。「カミ」だし。」
「ウケる〜。ってか英語しゃべってんでしょ？（交渉場所を）浦賀にさせたり、「なるはや」（なるべく早く）じゃなくしたのすごくない？」
「確かに〜。だいたい何でこんなに国際法知ってたんだろうね。」
「この人、結構板挟みだよね？幕府には今までと（＝薪水給与令と）同じようにしろって言われて、朝廷とかには追い出せって言われて、でも目の前にはペリーがいるんでしょ？」
「ハンパねぇよね。んで大事な要求は断って、下田と箱館みたいな江戸から遠いところだけ開港したんでしょ。マジすげぇよね。」

授業の最後に、以下のような問いを出した。

Q.「開港してくれ！」というペリーの要求に対し、日本側はどのように対応したか。解答用紙の書き出しに続けて、以下の語句を必ず用い、40字程度で述べよ。※使用した語句には必ずアンダーラインを引くこと。（語句：ペリー、下田・箱館、日米和親条約）

　まず個人で質問に対する答えの下書きを書き（3分程度）、その後4人グルー

プで記入内容とその理由を説明し合う（2分程度）。その上で、文章を推敲し合い、よりよい清書を書く（5分程度）。なおグループ全員が同じ記述内容になろうと、バラバラな記述内容になろうと、どちらでもかまわない。また、班長がグループ全員分の清書したプリントを提出して授業が終わりとなるため、グループによっては時間が足りず、休み時間までかけて熟考したり、意見を戦わせたりしている様子がしばしば見受けられた。

○記述内容の分析

　同様の授業を実施した3クラスのうち、欠席・公欠を除き104人の生徒の記述内容を分析した。授業実施前は、冒頭で述べたように「砲艦外交」の結果であるという動画に対して疑問を抱く生徒はいなかった。

①砲艦外交的ニュアンスでの記述…19名（18.3%）

②対等外交的ニュアンスでの記述…28名（26.9%）

③史実のみの記述…57名（54.8%）

④その他・誤答…0名（0%）

　という結果となった。すなわち、「①」＋「②」＝全体の約半数の生徒が、史実以外の価値観を加えた記述をした。

　記述には現れていないが、グループ内で推敲し合っている際も、双方の立場から意見が交わされ、最終的にグループ全員がどちらかの立場に寄る記述、全員がバラバラの内容となるグループ、さらには両者を折衷したのか、価値判断を加えない史実のみの記述に落ち着くなど、高度で活発な意見を交わし、生徒たちが葛藤しながら記述内容を絞り出した様子がうかがえた。

　なお、主観ではあるが、日本史の得意な生徒は「②」に、苦手な生徒は「①」に当てはまる傾向があった。日本史の苦手な生徒は教科書本文の砲艦外交的表現をそのまま記述内容に反映させる傾向が強く見受けられた。ただし、「様々な資料の読解を通じて多面的に解釈し、当時の状況を立体的に描き出す」ことを目標としていたため、多様な解答パターンが出たことに安堵している。もし全員が対等外交的ニュアンスで記述したならば、元の木阿弥となってしまうからである。

II　歴史を「教える」　｜　日本史の授業実践③

○歴史総合・日本史探究・世界史探究への展望など

　今回の授業実践は1時間枠だったが、様々な視点での発展可能性が高い。例えば、以下のようなことが考えられよう。

・林大学頭とペリーの主張とを比較しディスカッションすることで、葛藤問題として深められる
・明治政府が、旧幕府の行動を無能とレッテル張りした＝為政者によるメディアリテラシーの問題として深められる

　歴史教育は今まで、歴史学の研究成果の総括部分を教え込むことに注力されてきた。それに対する批判として、複数の史資料を批判的に比較検討する歴史学の手法を追体験させたり、そこから読み取れる歴史像を叙述させたりするなどの授業実践もなされてきた。ただし、歴史教育で行われることがアカデミックな世界の簡易版にとどまるとき、多くの生徒にとってはそれを教員からの押し付けと感じ、指示された作業をこなすだけの時間にとどまるだろう。一方で、アカデミックな世界で最も批判されるべきは、「正しい」とされたことを盲信することである。「その時、何があったのか」を謙虚に追究していく点で、歴史学も歴史教育も目指すべき方向は変わらない。

　永遠のテーマではあるが、ペリーが何をしたか知らないような生徒が、自ら知的好奇心を持って課題に取り組み、教員からの問いかけに積極的に反応するような空間をプロデュースしたいし、学びに向かうための創意工夫をこらしたい。思考力や表現力といった難しい話の前に、生徒たちが「楽しい」と思える時間を提供したいし、共有したい。そのために、何より教員である私自身が、最高に楽しい時間を教室で過ごしたい。その中で生じる生徒との対話から、歴史が「総合」されて、ソクラテスよろしく新たな「知」が生み出されるかもしれない。

---

(1) この見方を改める研究として、加藤祐三『幕末外交と開国』(筑摩書房、2004) や井上勝生『幕末・維新　シリーズ日本近現代史①』(岩波新書、2006) などが挙げられる。
(2) 埼玉県高等学校社会科教育研究会歴史部会編著『日本史授業で使いたい教材資料』(清水書院、2012)
(3) 資料は『ペリー提督日本遠征記　上・下』(万来舎、2009) 等をもとに作成した。

日本史の授業実践④

丁寧なインプットと 独創的なアウトプットによる 主体的な学びへ

助川 剛栄
岩手県立大迫高等学校副校長・教員歴 31 年

授業概要

教科：地理歴史　科目：日本史 B　対象学年：高校 3 年
実施クラスの人数：38 名　教科書：山川出版社『詳説日本史 B』
単元：「第二次世界大戦　日中戦争」

授業の目的・狙い

　日中戦争に関して、原因・内容・結果・意義などについて、教科書と資料集を精読しながら、他者への発表も視野に入れて構造化する。

　精読することで読解力を養うことと、主体的に構造化することで理解を深める。また、他者への発表を視野に入れることで、地図や絵などを用い、年表を作成するなど独創的な表現方法の工夫もなされる。さらに、他者の発表を聞くことで、自分のまとめた内容との比較や、自分とは違う視点を知ることでより深い理解につなげる。

II　歴史を「教える」　｜　日本史の授業実践④

授業の流れ

	授 業 に お け る 活 動
導　入 【5分】	本時の学習内容について確認し、まとめプレゼンの範囲となる教科書範囲を確認する。
展　開 【40分】	白紙のA4版用紙を配付した後、教科書範囲の音読をする。 各自再度黙読しながら範囲を構造化しまとめる。 〜音読とまとめの様子について机間巡視をしながら支援〜 1人3分の持ち時間を使い隣同士でプレゼンをしあう。 プレゼンした結果不明な点等について教室全体で共有する。
まとめ 【15分】	教員から本時のテーマについてまとめる。 教員からの説明を聞きながら生徒は作成資料を加筆訂正。 歴史的な思考力を刺激する発問をして授業終了。

授業実践と分析

実践1．教科書精読によるA4用紙プレゼン　「　　」はすべて教員の発言

＜導入【5分】＞　本時の活動についての説明

「今日の授業は日中戦争について学んでいきます。」
「前の授業で満州事変や国内のテロ事件について学習してきました。その中で日中戦争がおきます。今日はその日中戦争がなぜおきたのか、日中戦争とはどのような戦争だったのか、いつものA4版白紙プレゼンでまとめてもらいます。」

＊その後、本時の教科書と副教材の範囲を確認する。

＜展開【40分】＞　生徒のまとめと発表の活動

　生徒個々の活動【30分】
　＊精読とまとめ

「まず、教科書を音読しましょう。音読が終わったら、再度黙読しながら、資料集も確認し、プレゼン用紙を完成させてください。時間は30分でまとめてみましょう。それでは音読スタート。」

＊起立して読み、読み終わったら着席して作業を始める。教員は机間巡視をしながら、音読しているか、用語の読み間違いがないかを確認する。（1人で

音読、2人組で句点交代で音読など、その授業での生徒の様子を見ながら指示する。）

作業の様子を見ながら、10分から15分くらい経過したところで、

「隣の人と途中経過を見せあってみましょう。1分ぐらいで意見交換をしてください。」と声をかけ、教員は1分から2分を計時して活動させる。

＊お互いに見せ合い意見交換をすることで、独創的なアイディアを思いつき表現に活かすことを期待しての活動。

＊その後、開始30分経過したところで作業を終了。

隣の生徒同士での活動【10分】（発表3分、質問2分）×2

＊隣同士で生徒が発表。教員は机間巡視しながら活動の見とり。

「お互いに3分で自分のまとめた内容を発表してください。」
「窓側の人から説明しましょう。それではスタート。」
3分計時後「ハイ、止め。」
「説明された生徒は質問してみましょう。」様子を見て次の活動へ。
「それでは、説明する側が交代です。廊下側の人が説明しましょう。3分スタート。」
「それではスタート。」3分計時後「ハイ、止め。」
「説明された生徒は質問してみましょう。」様子を見ながら終了指示。

<まとめ【15分】>　教員と生徒によるまとめの活動

「質問されて答えづらかった質問はありますか。」

＊内容を教員が聞き、教員が補足する。

＊その後、教員が全体の流れを説明、生徒は説明を聞きながら自分のまとめた資料について加筆修正しながら話を聞く。

＊時間に余裕があれば、まとめプリントを仕上げる時間をとる。

＊その後、時間を見ながら、最後の5分程度のところで発問。

「今日まとめた日中戦争について、どうすればおきなかったのだろう。どうすれば止めることができたのか考えてみましょう。」

＊何人かに聞くなどして、思考の糸口に導く。

「それでは、今の問について次の授業まで考えながら生活してみてください。次の授業で日中戦争についてまとめてみましょう。発表のためにまとめた用

紙は回収し、内容を確認したあと、次の時間までに返却します。」
＊次の授業で回収した用紙の内容の誤りや、補足内容を提示しながら、教員の作成したプリントを用いながら日中戦争について学ぶ。教員の作成するプリントは、構造的な内容に、地図や史料、図版等を示し、空所補充や短文作成、図版への書き込みなど活動しながら学ぶ内容のプリントを作成し授業で配付する。授業で配付するプリントはすべてＡ４版で統一し、２つ穴をあけて配付し、生徒は各自ファイルに綴っていく。

次のプリントは、この授業で生徒がまとめた一例。最初は時間内になかなか仕上げることができない生徒がいるが、慣れてくると時間内に次のようなまとめができるようになってくる。最初から完成度を求めずに、取り組む姿勢を求めていくことで、生徒は意欲を向上させるようだ。

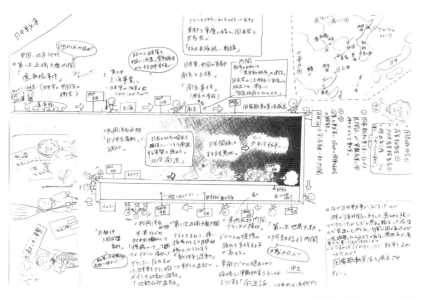

（授業で生徒がまとめた例）

実践2．教科書比較によるA4用紙プレゼン

単元によって主題学習的に教科書比較も実施。

使用教材　本時の範囲の<u>教科書の文章を印刷したプリント4種類</u>

　　　　　4種類の内容は「自校で採用している日本史Bの教科書」

　　　　　　　　　　　　「他社の日本史Bの教科書」

　　　　　　　　　　　　「世界史の教科書」

　　　　　　　　　　　　「日本史Aの教科書」

　　　　　　　　　　　　「中学校の教科書」などから4つを選択する。

授業進行　1　【5分】4人一組のグループをつくり、出典を示さない4種類のプリントを配付し4人で分ける。その中で教員が本時のテーマについて話をする。

　　　　　2　【20分】各自自分のプリントに書かれた教科書の文章を読みながらA4版白紙の用紙にまとめる。

　　　　　3　各自交代で自分のまとめたプリントを用いて説明する。

　　　　　　【15分（3分程度×4人）】

　　　　　4　【10分】それぞれの説明を聞いて自分のまとめたプリントに加筆修正しながらまとめプリントを仕上げる。

　　　　　5　【10分】本時のテーマについて教員がまとめる。その際に各プリントの出典をあきらかにして、表現の違いなどについても触れる。

　　今回は、白紙プレゼン授業を紹介したが、単元によってはグループ学習の形式で次のような形式も実施している。

（1）**論文学習**　　論述形式の出題を生徒個々に作成し、グループで意見交換をしてまとめていく授業。

（2）**史料図版読み取り**　史料文や図版などを題材に、読み取りをグループで行いまとめる授業。

（3）**グループプレゼン**　テーマとなる時期について、政治・経済・外交などのテーマごとにグループに割り振り、グループごとに担当テーマについて発表する。プレゼンにより総合的に時代を把握する授業。例えば、幕末や明治などの単元は活動しやすい。

Ⅱ　歴史を「教える」　｜　日本史の授業実践④

生徒の反応

授業において心がけていることとして、

（1）興味関心を高め、主体的に学べるように、発問を繰り返し、" なぜ " を大切に授業を進めること。

（2）興味関心を高め、歴史に対する好奇心を高めるために、日中戦争はどうすれば止められたのか、というような答えのない問も意識的に発問すること。

（3）アウトプットした成果物については、活動にいかされるような支援とアドバイスを与えるが、否定しないことで独創性を育むこと。

（4）活動については、取り組む姿勢を最大限に評価することに徹して、多様な項目について段階的に評価すること。

などがあるが、その中で年度初めの授業では、生徒はどうまとめていいのか戸惑いを見せるが、回を重ねるごとに独創的なまとめをしはじめる。最初は、教科書の文章を要約するように文章を書き連ねたり、年表をつくって終わっていた生徒も、地図や絵を用いたり、生徒によっては裏表両方にまとめたり、または用紙を折り、本のような立体にしてまとめてみるなど工夫を凝らし始める。

　また、この授業では生徒が一様に「頭が疲れる」という感想を持ち、自分で考え活動している様子がうかがえる。慣れてくると学習内容が定着しやすいという生徒からの評価になる。ただし、まとめて終わりではなく、生徒が主体的にまとめたあとに、教員が学習内容をさらに構造化し掘り下げて深い学びに導くことは必要不可欠である。

　一単元を 2 時間単位で取り扱う状況になるが、授業の進度としては従来の講義型授業と同じ進度である。むしろ、生徒が主体的に理解してから教員が講義のなかでまとめるので、生徒が教科書を精読し副教材の内容も把握しているために生徒の理解は早い。また、生徒が教科書を隅々まで精読しているために、講義型でありがちな、必要事項を教員が教え落とすということもない。教科書内容について完全に生徒が目を通す作業を経ることで教員の説明が把握されやすいという状況は、その後の授業において実感として得られる。

193

歴史総合・日本史探究への展望

　授業改善に向けて、実際の授業の中で感じる課題への対応として次の5つを心がけている。

(1) 文章を読む力と理解する力が低下している生徒への対応

　　教科書や問題の設問を丁寧に読まず、正確に理解し回答することができていない。小論文指導等でも要約が苦手な生徒が増えている。授業の中で教科書を音読することで、文字を確実に読み進める作業を徹底するとともに、歴史用語を確実に読むことができるようにする。

(2) 歴史科目は覚えることで乗り切ってきた生徒への対応

　　経験の中で、歴史科目は歴史用語を覚えればなんとかなるという生徒は確実に一定程度存在している。授業の中で、問いによる思考への導きを心がけ、歴史事象について、「次はどうなるか。」「なぜこうなったのか。」「現在にどう影響しているか。」「自分だったらどうするか。」など、発問の連続により思考に導く工夫をしている。

(3) テスト対策のためだけに勉強してきた、理解が深まらない、定着しない生徒に対する対応

　　経験の中で、テストの前に覚えて終わり、生徒からの聞き取りの中では、授業において歴史用語に線を引くように指示されて、テストでは線を引いた箇所が空欄で問われるという学習方法が定着してしまっている生徒がいる。このような生徒はテストに出るか出ないかが関心の中心であり思考する姿勢がない。このような生徒には、教員が説明する前に、生徒が教科書を精読し構造化する授業形式が効果的であると実感している。

(4) 高校教員が小学校、中学校における社会科教育の変化を理解していないことでの生徒把握不足であることへの対応

　　学習指導要領等は年度進行で実施され、新しい学びを経験している生徒が入学している。私たちは入学してくる生徒を理解しているのかという疑問が県内の日本史教員の集まりの中で話題になった。先進的な授業を経験してきた生徒は旧態依然の高校の授業に対して意欲を欠いてしまう場合がある。高校に入学した生徒から、中学校時に使用した教科書やワークブックを借りて授業の様子を把握するなどして、高校での授業展開にいかすことが必要では

ないだろうか。

(5) 教員が生徒の状況を理解していないことへの対応

　　授業内容がわからないから授業がつまらない。生徒はこれくらい知っているだろうという教員の思い込みや、中学校までにこれくらいは知っているはずという教員の思い込み。教員の思い込みで、授業内容に丁寧さが欠けているのではないか。生徒のわからないという内容を解決することが生徒の達成感になり、教員に対する信頼につながる。

　初見資料を含めて、読解力や思考力を求められているなか、今までのように教員が構造化した内容を教員が解説し、定着をはかる。という学びから、資料を示し、生徒が思考し、アウトプットし、教員がそこから深めていく。という学びに変えていくことが今後の学びの方向性ではないか。

　教材研究も、よりよい構造化を求め教員自身が教科理解力を深めるというだけでなく、教科書や副教材のなかの資料や、入試問題で扱われている資料にとどまらずに地域の歴史的資料も含めた初見資料を蓄積し、教材として有効活用出来るような工夫を積み重ね授業に活かす姿勢が求められているのではないかと思う。

　また、授業だけではなく、考査問題においても思考と表現を生徒に求める試みとして、次のような地図問題の出題を試みている。

問　次の地名を明確に示し地図を書きなさい。
　　「朝鮮半島」「山東半島」「遼東半島」「奉天」「ハルビン」

　生徒は空白の解答欄に、フリーハンドで地図を書き地名を書き入れる。出題においては、ハルビンと奉天に説明を加えて出題することも可能である。採点では地形の特徴などを採点基準として採点すると心配するほどの煩雑さはない。

　前任校の花巻北高校の職員会議において、校長からあるスポーツ選手の言葉として次の言葉が紹介された。『指導者は選手の力を最も伸ばしてやるのが主眼なんです。「何でこんなこともできないんだ」と思ったらだめじゃないですか。「何でこんなことも俺はちゃんと教えられないのか」と責任を自分に向けないと。』この言葉は授業での教員の立ち位置を示しているような気がする。

教科書精読を通じた問いづくり

日本史の授業実践⑤

寺崎 仁樹

愛光中学・高等学校教諭・教員歴 15 年
担当科目：日本史 A

授業概要

教科：地理歴史　科目：日本史 A　対象学年：高校 1 年
実施クラスの人数：14 名　教科書：山川出版社『改訂版　日本史 A』
単元：「第二次世界大戦と日本／重化学工業化と統制経済」

授業の目的・狙い

　この授業においては、以下の諸点を狙いとする。
・教科書に記載されている知識を習得する
・教科書を精読して、問いをつくることができるようになる
・作成した問いについて書籍・情報機器を用いて自分なりの回答を作成できるようになる
・自分なりの回答をプレゼンテーションできるようになる

授業の流れ

　授業は 50 分授業 3 コマを 1 セットで 1 単元進むように組まれている。また事

前・事後の課題がある。使用教材は教科書とこれに対応した市販のサブノート(『日本史Aノート改訂版』)。1コマ目は単元全体についての簡単な講義を行う。その際に細かい知識の解説は避け、大きなテーマを設定する。これを受けて課題としてテーマに対するまとめを言語化すること、サブノートの穴埋めを行うこと、教科書記述から問いを作成することを設定し、余った時間と家庭学習とで完成させるようにしている。2コマ目はグループでサブノートの答え合わせ(解答は与えない)を相互に行い、さらに作成した問いを検討する。その後、グループで選定された問いをクラスで共有し、その中でクラスの問いを選定する。選定された問いに対して回答を行う人物を選ぶ。3コマ目はKP法により、問いに対する回答をプレゼンテーションし、その後、教員からコメントを行う。これを受けて、回答者はさらにレポートを作成し、プリントおよびpdfとしてクラスで共有する。

授業形式が生まれた背景

　教員になってから長らくの間は、私もいわば普通に講義型の授業を、自作のプリントとともに行っていた。全体の流れは意識しつつも、項目や事件の詳細な説明をするものだ。これはこれで確かに意味のあるものではあるだろうが、いくつか疑問に思うことがあった。生徒は授業を聞かなくとも、プリントを読めば大体の内容を把握できるのではないか。生徒は歴史名辞や人名を覚えてくるが、それだけならば特に長々とした説明は必要がないのではないか。また悩みもあった。生徒は用語を覚えることには熱心だが、論理関係などにはあまり関心がない。生徒は聞くだけでは、論理関係を理解したつもりになるだけで、時間がたつときれいに忘れてしまう。そもそも論理関係というのは、覚えるような種類のものであろうか。

　以上のような疑問・悩みから、また教育改革で主体的に学ぶというキーワードが躍ったことから、用語レベルのことは個々人が教科書を読むことで解決し、講義型の授業はやめよう、授業では教員がテーマ設定を行って史料等を用意し、そこから論理関係を導く作業をグループワークで展開しようと考えた。これはこれでうまくいくことが多かった。たしかに用語レベルの習得は自学で充分であった。いわゆるアクティブラーニング型の授業で、生徒もよく動き、与えられたテーマに対して適切な解を導くことがほとんどであった。しかし、ここでもいくつかの

問題と疑問が生じた。生徒は用語を覚えるのは問題ないが、教科書に書かれている論理関係を必ずしも適切に理解していない。生徒は教員が与えたテーマについて活発に動いている（まさにアクティブである）が、教員がテーマを与えている限りにおいて、これは主体的な学びといえるのか。

上記の問題・疑問のうち、前者は国立情報学研究所の新井紀子氏が繰り返し述べられている点で、そもそも中高生は教科書が読めていないではないか、その中高生にアクティブラーニングなど無意味であるとの指摘である。また後者も主体性とは何か、オーセンティックな学びとは何かを考えるうえで、避けては通れない課題のように思う。

以上のような問題意識の変遷を経て、教科書を読めるようにならなければならない、自ら興味を持った、したがって主体的に選んだ問いを解決していく営みでなければならない、という課題を解決する方法として、以下に紹介するような授業方法を開発した。ただしこれは開発途上であり、これ自体がまだまだ問題を抱えた方法であるという自覚を持っているということは、申し添えておきたい。

授業実践

【1時間目】　当該単元の1時間目の講義では「高橋財政の手法と日本の重化学工業化との関係を理解する」と「経済統制の目的と、これを主導した革新官僚の地位上昇について理解する」という2つの目標を立てて行った。30分程度の講義を行い、残り時間をリフレクションとして理解した内容をアウトプットする時間とした。その後、各自の課題として当該単元のサブノートの穴埋めを、教科書を読みながら行うことと、当該単元の読解から問いをつくることを課した。

【2時間目】　2時間目の授業ではサブノートの答え合わせを5分程度で行い、その後、各自の立てた問いを4〜5人のグループで共有した。共有後、各グループでは通常、次のような会話がなされる。「この問いは、教科書のこの部分をよく読めば説明がなされている。」「この問いは、教科書のこの部分の読み違いである。」また授業では iPad が活用され、「この問いは、ネット上で検索するとこのような回答がすぐに見つかる。」などの発言も聞かれる。その上で、解決されない問いに対しても、「この問いは広すぎるので、この部分をこのように変更すべきである。」「この問いのこの表現はこう改めるべきだ。」「この問いは検証不能な

II 歴史を「教える」｜日本史の授業実践⑤

問いだと考えられる。」などの意見を通じてブラッシュアップされ、グループの問いを作成していく。グループの問いはクラス全体で共有され（このクラスでは3つの問い）、そこでさらに教員も介入してブラッシュアップし、最終的に最も取り組みたい問いをクラスで一つ選定してクラスの問いとする。選ばれなかった問いに対しては、回答の見通しを示し、各自が関心に応じて取り組んでいるようだ（ただし、教員がそこに対して具体的な評価等は行っていない）。

このクラスのこの単元での問いは「企画院と経済界は、それぞれ何を主張して、どのような対立が起こったのか」（写真）が選定された。これは使用教科書156ページの脚注に「（企画院は）内閣直属の機関として設置されたが、経済界の強い反発もあって」との記述から生まれた問いである。ここに

は事実として企画院と経済界の対立状況が記述されてはいるが、その原因については説明されていない。そこに生徒が疑問を持ってくれたということになる。

【3時間目】　こうして選定されたクラスの問いに、自分なりの回答を作成する担当者を決める。基本は作問者が担当者となるが、発表の回数等を調整するために、希望者等を充てることもある。これを2名指名し、期日までに回答を作成して、**3時間目**の授業でKP法を用いてプレゼンテーションを行う。KP法にはさまざまルールはあるが、とりあえず本人たちの思うように任せてすすめている。その上で発表は録画し、YouTubeに限定公開して、クラスで共有している。発表に対して教員は、発表の技術的なアドバイスを行い、問いに対する回答としての良し悪しを指摘したり、さらに調べるべき視点等を提供したりする。これを受けて発表者は改めてレポートを作成し、期日までに提出する。提出されたレポートは、紙媒体で配布もするが、pdfにして共有フォルダに格納し、どこからでもアクセスできるようにしている。また提出された回答案に対しても、表現や論理、新たな視点等をコメントしたものもプリントでの配布および、pdfの共有を行っている。

なおこうして作成され、回答された問いは、定期考査において選択問題として出題する。生徒は、他者の作成した回答案と、教員の提供するコメントから、各自が自分なりの言葉で回答を用意することが、試験勉強として要求される。

分析

　ここでは、各時間での実践をなぜ行うのか、また実践でどのような効果が生まれて、どのような問題があるかについて分析する。

(1)　1時間目

　1時間目の講義は、各単元のアウトラインを把握することを最大の目的としている。生徒は、単純に教科書を読むように言われると、部分には目を配ることはできても、大きな流れとして把握することは苦手である。まずは前提条件のない状態で各時代をマクロに捉える視座を提供している。なお講義部分で設定された目的も、定期考査の問題として出題することにしており、時代の流れを文字として個々人にアウトプットしてもらうようにしている。

　これらの取り組みにより、以前に担当した学年に比べて、平均的には時代を捉えるような知識の習得は図られるようになったと感じている。私自身がインストラクショナル・デザインの手法を学んで、提示の仕方が改善されたこともあるが、同じような問いかけを行った場合の成果は、（厳密な比較はできないが）この実践の以前と以後とでは大きく違い、大幅に改善されたと言える。他方で、この時間だけは教員が一方的に話す時間が比較的長いため、集中力に欠ける生徒がどうしても出てくる。今後は、この時間にもアクティブラーニング的な仕掛けを組み込んで、生徒の活動が促されるよう改善したいと考えている。ただし、そこに時間をかけすぎると、全体の進度が確保できないという面もあり、そのバランスには留意していく必要がある。

(2)　2時間目

　2時間目であるが、まず答え合わせは個々人の自宅での課題への取り組みを促すために、解答などは配布していない。次に問いづくりであるが、これは前述のように教科書の読解力を高めること、自ら関心が持てる課題をまさに主体的に創造していくことを目的としている。教員が提示する問いはたしかに多様な面で意義付けはしやすい。その一方で生徒個々人にとっては、必ずしもすんなりと意義付けできるものというわけではない。例えばこの単元で言えば、1時間目の講義で立てた目標は、そのまま問いに転換できる。その場合、高橋財政と重化学工業化の関連に関する問いは（それと意識して作った問いではあるが）、現行学習指導要領の日本史Ａ「2　内容」(2)イ（イ）に意義付けられるし、革新官僚に関

する問いに関しては、高度経済成長期の経済政策の在り方や、現在の日本経済の在り方など、現代的な意義付けも可能である。学習指導要領に沿った部分に関しては、ナショナルカリキュラムという性格から、生徒個々人の意義付けを必ずしも必要としないかもしれないが（それゆえに、あえて講義部分ではそのような内容を取り扱っている）、そこを超える部分に関しては、自ら意義付けできないものに関して、学ぶ動機付けというのはなかなか厳しいものがあるのではないだろうか。そういう意味で問いづくりは、主体的に学ぶ態度を養う上で高い効果があるものと期待しているし、実際、この授業での取り組みでは、毎単元、興味深い問いがつくられている。

　他方で、問いづくりに至る過程が深まらないグループが生じることがままあるのも事実である。クラスによっては多人数の構成で、教員が十分に介入できないクラスもある。特にそのような場合、生徒によってはまさに適当に問いづくりを済ませてしまうことは現実に存在する。これは教員側の意図とは裏腹に、問いづくりそのものが教員からやらされているものであり、そこには主体性が存在しないという事態である。主体性を促す（この言葉自体、何かおかしな言葉ではあるが）何らかの工夫を加えていく必要は感じている。

　なお単純な用語レベルの知識の習得は、この程度の取り組みで可能なのかという疑問があるかもしれない。私の実感としては可能であるという結論だ。定期考査では用語レベルの習得を確認する部分を用意しているが、以前と比べて明らかな変化はない。また講義があったほうが良いという生徒には、YouTube などで教科書に応じた授業を公開している動画（私がやっているわけではない）を複数紹介して、個々人で見るように指示している。

(3)　3時間目

　3時間目とそこに至る過程は、情報収集とそれを利用した論理的な思考力・判断力を養い、さらに表現する力をつけることを目的としている。図書の利用を推奨しているが、かなりの部分でインターネット上の情報を利用していると思われる。この場合、情報は玉石混交であり、これをどう取捨選択するかはメディア・リテラシーに関わる問題であるが、この点について十分な指導はできていない。しかし、

発表後の教員からのコメントに応じてレポートを作成するまでに、より信頼度の高い情報源に当たる努力の跡は見受けられるし、さらに試験で出題された問いに対する回答は、個々人がそれなりにソースに当たる努力が認められる。

生徒の反応

　授業の目的・ねらいとの関連で、数名の生徒の意見を聞いた。まず知識習得という点では、全く問題ないということであった。このような取り組みをしていると、学校の内外を問わず、教科書の説明がなければ知識習得はできないはずだという教員からの指摘を受ける。しかし、生徒の反応としては全く逆であった。また従来型の授業ではむしろ教科書を軽視してプリントばかり見ていたが、このような実践を通じて教科書をよく読むようになり、また疑問点を持つことができるようになったという意見が多かった。ただし、全く読まなくてもやり過ごすことができるという意見もあり、生徒の自主性を尊重しつつも、教員の適切な介入が必要ではないかとの指摘もあった。

　発表に際しては、雑多なネットの情報から適切な情報を取捨選択するメディア・リテラシーが向上したとの意見があった。また、問いに対して正面から答えるために、調べた事実の中から必要な情報を選ぶことを意識したという意見もあった。プレゼンに際しては、事前に友達同士で練習したり、KPの用紙をラインで送信して友人に見てもらったりするなどの努力をしている生徒もいた。これは話してみて初めて知ったことであるが、このような取り組みを自主的に行っていたことには驚かされた。

　今回、生徒と話をしていて一番うれしかった意見は、このような取り組みを通じて、他教科を含めて学習全体に前向きに取り組むことができるようになったと感じているというものであった。学びへ向かう主体性の育成とは、具体的に何をしたら育つのかについて、漠たるイメージしかなかった私には、今後の活動の一つのヒントを与えられた思いであった。

今後の展望

　以上の実践例は、日本史の授業としてはかなり自由度の高い授業だと思ってい

る。特に問いづくり段階で提示されるグループの問いは非常に多様で、生徒の興味の幅の広さに驚くとともに、毎回、インプロ的にコメントをしなければならないので、実は私自身が学ぶ動機付けをもらえているという側面も強い。こういう機会がなければ、関心を示さなかっただろうことに気づかせてくれたり、何気なく読んだり、理解したつもりになったりしていた項目に注目させられたりと、私自身が毎日刺激的な思いをしている。また問いによっては、もはや日本史の領域を超えて、世界史の内容だったり、人文地理学、政治学、経済学、社会学、心理学、はては工学的な内容を含むものも見られたり、生徒はそれに応じた発表の準備を行っている。まさに教科横断的であるし、文理融合的である。

　新学習指導要領を見る限り「日本史探究」は、以前から取り組んでいる（実際、今年度も中学3年生の授業で行っている）教員が課題や必要な史資料を提示して、結論に至るまでに多様な見解を促しつつも、一定程度決まった論理をトレースさせる授業が想定されているのかなと理解している。その意味では、今回紹介した取り組みは、あまり「日本史探究」には繋がっていかないのかもしれない。

　むしろ私が想定しているのは、「総合的な探究の時間」であり、人文知的なものに関心のある生徒に、いかに問いをつくって探究するかという視点での取り組みに繋がっていけばと考えている。現在、課外活動で歴史レポートの作成を生徒と行っているが、これは、その視点からの実験的な活動である。この内容の報告に関しては、別稿を期したいと考えている。

参考文献

・新井紀子『AI vs. 教科書が読めない子どもたち』東洋経済新報社、2018 年
・川嶋直『KP 法—シンプルに伝える紙芝居プレゼンテーション』みくに出版、2013 年
・キャロル・犬飼・ディクソン、森岡明美、井上志音、田原誠、山口えりか『「知の理論」をひもとく—Unpacking TOK』伊藤印刷（株）出版部、2017 年
・鈴木克明監修、市川尚・根本淳子編著『インストラクショナルデザインの道具箱101』北大路書房、2016 年
・ダン・ロスステイン、ルース・サンタナ『たった一つを変えるだけ—クラスも教師も自立する「質問づくり」』新評論、2015 年

日本史の授業実践⑥

生徒が「教える」
５分間
プレゼンテーション

山崎 大輔

巣鴨中学校・高等学校教諭・教員歴 16 年
担当科目：日本史

授業概要	教科：社会科・地歴公民　科目：日本史Ａ・Ｂ 対象学年：中学１年〜高校２年　実施クラスの人数：40 名前後 教科書：中学：清水書院『中学　歴史　日本の歴史と世界』、 高校：山川出版社『改訂版　詳説　日本史Ｂ』　単元：設定なし

授業の目的・狙い

　生徒の視点から日本の文化や、歴史上の人物についてプレゼンテーションを行うことで、プレゼンテーション能力の育成はもちろんのこと、教科書や教員による授業では得難い種類の歴史に対する興味関心を高める。また、調べ学習を通して、インターネットや書籍を用いた情報収集能力を習得してもらいたい。

Ⅱ　歴史を「教える」　│　日本史の授業実践⑥

授業の流れ

授業開始時の5分間を使った、生徒によるプレゼンテーション

授業実践

1．「もったいない」は禁句

　はじめに断っておかなければならないが、本実践は明確な指導案や授業計画などが恥ずかしながら存在しない(あるいは必要としない)。綿密な授業案を作成し、授業計画に基づいて数時間まとまった時間を取って、あるいは通年で計画的に行われる授業実践については、私ごときが諸先輩方を越えるものを考案できるはずもない。私は常々、限られた授業時数の中で、また多忙な教員の業務時間の範囲内で、過度な負担にならず、生徒・教員同士が成功・不成功、成果の有り無しについても重圧を感じることない、それでいて両者にとって有意義な実践を目指している。このようなコンセプトで設計した授業実践は、「浅薄」といった酷評をいただくのではないかと危惧もしたが、結果的に同僚や生徒からそれなりの好評をいただくことができ、実践として紹介することで新任教員の一助にでもなればと考えるに至った。経験年数の浅い先生方でも簡単に導入可能であり、極端な言い方をすれば、授業中に公然と教材研究（要は歴史の授業ネタ集め）ができてしまう。

　対象学年も問わない。もちろん対象学年、発達段階によって、配慮しなければならない面はある。本稿ではその留意点を指摘しつつ、生徒はもちろん先生方が自由に実践できる指針となれば幸いである。私の中でも「ここでもっとこういう作業を入れた方が」「こういう時間を設けた方が」「このような問いかけをした方が」と試行錯誤したり、同様のアドバイスをいただくこともあった。しかし「このままではもったいない」という発想から様々な要素を加えた結果、本来の目的を逸脱することにしかならず、生徒と私の負担が増え長続きしない取り組みになって破綻した。私の中で「もったいない」という考えを捨て、とにかくスリムに実践していくこと。この根本を崩さないように留意して、その範囲内において考えてきた実践であることをご理解いただきたい。

205

Ⅱ．1回5分で発表

　端的に説明すると、授業の初め（もしくは終わり）に、5分間で生徒が歴史に関するプレゼン・発表を行う。これによって知識の共有をはかるとともに、授業や普段の生活では生徒個々が興味を持つことはなかったはずのテーマに、友人の発表を通じて接する機会を設け、探究心に幾ばくかの刺激を与えることが期待できる。40人クラスで5分間ずつ発表していくと、合計で200分。授業時間数にして50分授業4回分を年間で使うことになる。教員側としては50分で作成してきた授業展開を45分で行えるように組み直す必要が生じる。定期試験や学期、あるいは年間計画のみで授業を考えている私のような雑な人間は、定期試験前に授業時間を他教科からいただくということはあったが、影響をあまり感じることはなかった。各校の事情にもよるが、特に潤沢な授業時間数を誇る英数国の授業を1時間ずつ試験前にもらい受けると、事実上社会（地歴）科は1回分のロスで済んでしまう。

Ⅲ．ガイダンスとモデル発表
ⅰ）ガイダンス

　4月最初の授業は教材や授業の進め方などに関するガイダンスを行うケースも多いかと思う。私の場合はその際に5月の連休明けから生徒による発表を行うことを告知する。出席番号順でも何でも構わないが、特に生徒個人が自分の発表がいつ回ってくるのかを自覚できていることが必要である。事前に次の発表が誰なのかを教員が指摘しわすれても、生徒が自覚してさえいれば準備ができるからである。また、学校行事や定期試験などにより時間割が不規則になることも多く、教員がすべてのクラスの状況を把握していくことは困難であり、その労力も必要ないと考える。

　発表順を決定し、5分以内で行うことを伝えたら、教員から5分のモデル発表を行う。モデルは学年によって変えるが、毎年同じ学年では同じモデルで行っても全く問題はない。各学年の発表テーマの設定は以下のようにしている。

①中1〜中3…対象：歴史上の人物、事件など歴史にかかわるものなら何でもよい。
　　　　　　　主旨：それらをわかりやすく説明しよう。

②中3〜高2…対象：歴史上の人物、事件などにかかわる諸説
　※これまで学んだ単元、これから学ぶ単元からなどの限定を設けても良い。
　　　　　　　主旨：諸説の紹介と根拠を示し、自分の見解を発表する
（本校では中3・高1に授業の設定なし）

ⅱ）モデル発表
　5分という限られた時間の中で要点を絞って発表を行うため、教員によるモデル発表では、KP法を用いるのも良策であろう。私の場合は、パワーポイントで作成してプリントアウトしたものを用い、裏面に説明の要点をはりつけて、紙芝居そのもののような形式で発表を行った。本校の場合、情報室が放課後いつでも使えるようになっているので、結果的に同様の手法を用いる生徒が多くなる。入学したての中学1年生が、これを機にパワーポイントの操作を覚えることも期待している。

①中学1年〜中学3年生：モデル発表テーマ
　・縄文時代の食生活
　・日本神話とマンガ・ゲーム
　・改元の歴史と手続き

　低学年ではモデル発表のテーマは易しいものを選んでいる。ただし、プレゼンテーションに必要な要素はなるべく多く含めるようにつとめた。個人的に意識したのは以下であり、事前にこれを意識して行うことを伝えた。

　a. 顔をあげて話す。（原稿を読まない）
　b. パワーポイント（紙芝居）に文字情報を多く載せない。
　c. 声の強弱をつける・間をとる。
　d. 既存の知識を確認しつつ、新たな知見を加える。
　e. 発問するなど、双方向のやり取りを加える。

②中学 3 年〜高校 2 年生：モデル発表テーマ
- 邪馬台国論争と東北説
- 源実朝暗殺と北条義時陰謀説
- 慶政の『比良山古人霊託』とモラル
- 貝原益軒の『養生訓』と現代の健康ブームの比較検証

　高学年ではあまり馴染みのない題材をわかりやすく、興味・関心を喚起できるように努めている。高校生にもなると、モデル発表を聞くことで、自分だけが興味を持った題材で多少マニュアックなものでも、上手く他者に魅力を伝える工夫が見られる。邪馬台国論争や元号の必要性などを、たまたま発表順が連続する生徒がそれぞれの立場で主張したこともあり、大変興味深く、工夫の見られる発表となっていた。

　また、高学年では意欲を削がない程度に時代・テーマをしぼることもある。高学年であれば限定されたテーマの中で自由に発表するスキルも身についている、あるいは身につけてほしい。

IV．生徒による発表方法

　教室に映像を投射できる環境が常備されているのであれば、それを用いてパワーポイントによる発表や、資料を写真で写す、書画カメラを使用するなどの方法も良い。本校のように各教室には完備していない場合は、機器の設置、教室の移動に手間と時間がかかるため適切とは言えない。板書を用いた発表を行う生徒も多く、授業が始まる前の休み時間に、必要な板書を済ませて、時間短縮を図っていた。実際に生徒が行った発表形式は以下の通りである。

①パワーポイントをプリントアウトした KP 法
②手書き KP 法
③板書
④上記の組み合わせ
⑤レジュメ配布とそれに沿ったトーク
⑥トークのみ

　低学年・高学年ともに、①〜④が 7 割以上を占める。④のカテゴリーで多かったのが、必要な画像のみを提示して、トーク・板書で補うという形式であった。

③の板書形式、⑤のレジュメ使用については、休み時間に板書・配布を済ませておくように指示をしている。教員が用意するものは、5分を計測するタイマーと棒状のマグネットを5本程度。

　発表後のレポート・感想・評価シート等も用いない。生徒によるフィードバックは大変有益でそれなしで発表を行う意味などないとの意見ももっともであるが、正直見る側の姿勢、適切なアドバイスができるようになるまで導くことを考えると、それなりの時間が必要になってしまい、本末転倒になりかねない。大がかりなプレゼンテーション、グループワークであればその効果も期待できるが、そもそもこの授業では生徒を評価することを考えておらず、級友の発表を見て直接本人が自分の発表に対する改善点を肌で感じれば十分である。必須ではないが、簡単な自己評価シートを発表後生徒に渡し、後日提出してもらうこともあった。その際の自己評価基準は、先に述べたプレゼンの必要要素を5段階でセルフチェックし、改善点を自分で考えるきっかけにする意図があった。また、5分にまとめたため伝えきれなかった内容、もっと調べたくなったことがあれば自由に記入する欄をもうけた。

　発表者は毎回1名なので、授業後に発表者と話す時間を設け、教員からアドバイスをすることもできる。その回の発表者に教員から質問すると、5分の発表のためのバックグラウンドにかなり多くを調べ、嬉しそうに話してくれる生徒も多い。故に、自己評価シートに自由記入欄を加えたのである。

　余談になるが、英語で発表をしたいという生徒がいたので、狙いとは異なったが試しに許可してみたところ、知識の共有という点ではやはり不十分になってし

まった。特に低学年では、帰国子女の生徒であっても話し手、聞き手ともにボキャブラリーが足りず、内容や意見を深掘りできずに終わってしまった。また英語に変換できない歴史用語が必然的に多くなり、聞いている生徒も日本語のフレーズにばかり気を取られてしまっており、お勧めできない。

Ｖ．実際に行われた生徒による発表テーマ（一部）

① 人物をテーマにしたもの

平将門の怨霊	清少納言とわかめ事件	ザビエルの日本に対する影響力
織田信長の宗教観	服部半蔵という人物	水戸光圀の実像
最強の力士雷電	伊能忠敬の測量法	海外における東郷平八郎の評価

② 特定地域（当該生徒の地元ネタ）をテーマにしたもの

三鷹 VS 吉祥寺	八王子城の怪談	所沢の歴史
小田原城の歴史	池袋と沼袋	新宿・渋谷・池袋の比較

③ 様々なテーマにもとづいたもの

唐代の女性	桃太郎の原作と変遷	日本刀の技術
平安時代の清潔	邪馬台国近畿説・九州説	科挙のしくみと難易度
キリスト教とクリスマス	節分の歴史と変遷	美人像の変遷
蹴鞠の歴史とルール	九相図と仏教	日本とギリシャの神話比較
日本における金魚の歴史	迷信が生まれる背景	寿司の歴史
衣替えの歴史	本能寺の変における諸説	正月のなわらしと縁起物
近現代以降の天皇家	大日本帝国憲法の民主制	苗字とその由来
焼鳥の歴史	死刑制度の歴史	第二次世界大戦の戦闘機
古代文字ホツマツクエとは	池袋の地下に関する都市伝説	首相官邸の歴史

Ⅵ．その他の実践

　本実践に少しボリュームを加えた、少人数制または単位数が多い学校であれば可能な授業実践がある。

　準備に30分〜1時間、発表には10分を要する実践例で、生徒が準備するものは、レジュメA4サイズ1枚。それをクラスの人数分教員が印刷する。また、評価シートを実施する場合、教員が印刷し、配布・記入・回収でプラス5分。

　教員は事前にレジュメを提出させ、印刷・配布、事後の評価シート集計・フィードバックを行う。統一テーマ「歴史を変えたあの人物」にもとづいて、各時代の歴史上の人物の事績を年表形式でおっていくとともに、その人物の偉業をもとに、現代への影響を考察するというものである。

　詳しくは『社会科教育』（明治図書・2016年5月号）を参照していただきたい。

II 歴史を「教える」 ｜ 日本史の授業実践⑥

「歴史総合」「日本史探究」「世界史探究」にむけて

　ここまで長々と述べてきたが「5分で発表。以上。」という実践である。初め
に触れたように「浅薄」との評価がなされても、反論するつもりもない。これま
で大掛かりなロールプレイによる探究的な学習諸実践を行ってきたが、いずれも
準備・本番に力を尽くし、フィードバックもままならず、一度きりで終わってし
まうものも多かった。不徳の致すところであるが、私のような教員でも持続的に
取り組むことができ、また各校の単位数、クラス編成、生徒数、設備、学力、意
欲にあわせて無理なく導入できる実践はないかと模索しこのような実践となった
のである。

　「総合」「探究」の創設にあたって、様々な不安が指摘されているが、私などが
考え及ぶのは「目の前の生徒をいかに育むことができるか」だけであり、この改
革を教員がポジティブに捉えずして生徒の成長を促すことはできないと考えてい
る。しかし、少なからずカリキュラム変更にともなう大小の混乱は想定される。
以前、各授業の指導案でいうところの「導入」の部分約3〜5分、所謂イント
ロ部分を生徒が行うという実践を取り入れ、これも「手軽さ」の観点でいえば同
等の評価を得ることができた。しかし、新学習指導要領や大学入試改革など様々
な変革にまず教員が対応し、授業計画が定まってからでなければ此度の実践導入
は難しいと言わざるを得ない。とはいえ「目の前の生徒」に対し諸々の改革が落
ち着くのを待つわけにはいかない、というのが教育現場である。

　このような混乱の中でこそ、今回紹介したような「手軽な」実践は日本史・世
界史問わずに導入を可能とする。「総合」「探究」の中で若き諸先生方が過度の負
担なく、これを自由に取り入れてもらえれば幸甚の極みである。

参考文献

・「ともに学ぶ人間の歴史」学び舎、2018 年
・「新編　新しい社会　歴史」東京書籍、2018 年
・「新編　新しい日本の歴史」育鵬社、2018 年
・「中学歴史　平成 30 年度文部科学省検定不合格教科書」令和書籍、2019 年

Agency$^{(1)}$の礎を育む
国際バカロレアを活用した
中学歴史

松澤　剛
市立札幌開成中等教育学校　教諭

歴史教育とは何かを問いつづけて

　「歴史の教えたずねつつ　今日をいかに生くべきか　明日をいかに生くべきか」谷川俊太郎が作詞した勤務校の校歌の一節である。

　歴史教育の目的は、過去から連なる時間のなかで「今、ここ」に生きる「わたし」のアイデンティティを確固としたものとし、それを礎としてよりよく生きる（well-being）自分と社会の未来に想いを巡らすことができるようになること、そしてその助けとなる「歴史的な見方・考え方」や「歴史的思考スキル」すなわち、「歴史というナワバリ」を超えつつもそれを意識した専門的な知としての「能動的に歴史を学ぶ力$^{(2)}$」を身に付けることであると考える。

　「能動的に歴史を学ぶ力」とは2016年に日本学術会議史学委員会の高校歴史教育に関する分科会が出した「『歴史総合』に期待するもの」で示された提言で、(1) 現実の問題について考える際に歴史を参照する姿勢。(2) 歴史を語る際に不可欠な、抽象的な概念や様々な歴史解釈についての知識。(3) 過去と現在の相違とともに過去から現在に至る変化を認識する力と過去を多角的に理解する力からなる過去を理解する力と歴史を記述する力。(4) 仮説と論証、自分の考えの表現、異なる意見との討論などの一般的性格の技能と歴史科目固有の技能、すなわち①文字資料、②図像資料、③工芸品や道具などのモノ、④過去の記憶をとどめる場などについて、それぞれの持つ性

格を踏まえ、博物館や史跡などを訪れる機会も生かしつつ、意味するところを分析する力、のことである。そしてそれらは、経済発展と社会的課題の解決を両立させる人間中心社会とされる「Society 5.0」における Change maker（社会変革の担い手）としての Agency（主体者意識）、「社会と関わりながら、自分で考え、主体的に動き、責任をもって社会を変えていく力」の土台として欠かすことのできない力であると考える。

　1980 年前後に自分が受けた「教え込まれる教育」に疑問を感じて以来私は「教育とは何か」と問い続けてきた。その後「教育で社会を変えてやる!!」という志を抱いて高校教員となり、1990 年代に出会った途上国住民の Agency を尊重するために生み出された開発教育の手法に刺激され、グループの成員相互が学び合いながら課題を解決していくアクティビティを授業に取り入れたり、基本的な知識の構造だけを焦点を絞って解説し細部については「足場かけ」を行って「学びの責任」を生徒に段階的に委ねていく「教えない授業」、そして生徒の中に潜むしなやかな感性や豊かな創造性を引き出し表現させる活動を通して逆に教師が生徒から「教えられる授業」を個人的な営みとして続けてきた。そして現在、それらの授業を勤務校の恵まれた環境の下で同僚と協働しながら行うことができている。

国際バカロレアを活用したカリキュラム・マネジメント

　勤務校は、6 年間の連続した学びを生かして、札幌で学んだという自覚や誇りを持ちながら、将来の札幌や日本を支え国際社会で活躍する、知・徳・体のバランスのとれた「自立した札幌人」を育成することを目的に、「わたし　アナタ　min－na　そのすがたがうれしい」という学校教育目標のもと、「自ら課題を発見し、生涯にわたって学び続ける力」や「自己を肯定し、多様な価値観を認め合う心の余裕」を持つ人間を、育てたい「生徒のすがた」として大切にしている。そして「6 年間の学びの連続性を生かして、課題探究的な学習に向き合う環境」や「幅広い異年齢集団による学び合いを生かして、様々な文化と出合い交流できる環境」、「6 年間にわたる見守りを生かして、徐々に範囲を広げながら安心して挑戦できる環境」を整えることを教職員や保護者などの「大人のすがた」として規定し、それらを実現するために国際バカ

ロレア (IB；International Baccalaureate) の教育プログラムを活用している。

　IB は「多様な文化の理解と尊重の精神を通じて、より良い、より平和な世界を築くことに貢献する、探究心、知識、思いやりに富んだ若者の育成を目的」とし、「歴史」は、個々人と様々な社会を尊重しつつそれらの関係性について批判的思考と知識の応用を実践しながら意味を見出すことをめざす「個人と社会　individuals and societies」という学習領域に含まれ、そのディプロマ・プログラム（DP）では「歴史的背景を踏まえて自分自身と現在の世界や人間の本質への理解を深めことを重視するとともに、多様な視点と比較を通した歴史学的な研究のスキルを身に付けることを生徒に推奨」している。そして、「欧米のハイスクールで普通に訓練されている」ような「(1) いろいろな立場や考えが存在するもとでの他者理解や自己表現・対話を目標とした場合に必須となるコンテクストやパラダイムの読み取り、メタ認知、それらにもとづき、『トンデモ史学』や極端な主張に引っかからないリテラシー、(2) 現代の諸課題や世界を考えるのに、一次史料だけでできない場合（史料がない、あっても読めないなど、高校はもちろん、大学の専門研究においても普通に起こりうる）に、二次史料や翻訳を排除するのではなく、その限界をわきまえながら適切に利用する方法」などを学んでいる[3]。

　それは私の歴史教育に対する考え方と重なる歴史に根ざしたホーリスティックな教育であるとともに、中等教育における「歴史教育」と高等教育における「歴史学」を接続する「Kto16（幼稚園から大学卒業まで）」の構造をなしており、歴史事項を「勉めて強いる」のではなく、中学校1年生から「学んで問う」ことや「問いを究めて、新しい知識をつくる」アカデミック世界の一員として研究者の思考プロセスを追体験させその作法やスキルを磨くことを課すカリキュラムとなっている。そして、このような IB の考え方を教職員だけではなく、生徒・保護者も含めた「min − na」で共有することによって「学習指導要領」に準じながらも後に紹介するような「私たち」の教育実践を可能なものとしているのである。

グローカル社会に開かれた教育課程

　現在私は主に中学校3年の社会の授業を担当しているが、勤務校の中学1

年生の歴史の授業は、ゴーギャンの絵画「われらどこから来たのか　われら何者か　われらどこへいくのか」を読み解きながら、中学受験の志望理由を書いたり、自分のなかの一番古い記憶や名前の由来をグループメンバーと共有したり、自分が生まれたときのことやその日に起こったことを知るための方法について意見を交換したりしながら始まっていく。そして、人口に膾炙する「暗記する歴史教育観」や「正答主義」を少しずつ払拭し、「能動的に歴史を学ぶ力」が実生活で活かされる場面や専門家が歴史を探究する過程を追体験しながら歴史の本質をともに深め合う「実践する歴史」の実現に向けて、「答えのない世界」で失敗を許容し安心してリスクをとることができる環境を整えていくこととなる。

　また「日本」の歴史を中心に学習指導要領に沿った学習を行いながらも、「近代前半」の単元では、「『わたし』が生きる北海道は近代国家『システム』の賜である。」という探究テーマについて、風刺画などの多様な史資料をもとに、帝国主義やロシアの脅威というglobalな視点から自分たちの祖先である開拓移民やアイヌ民族といったlocalな北海道の歴史を考えながら仮説を検証していくことを行っている。

　そして中学３年の「近代後半」では「平和のために『わたし』ができること」という探究テーマについて、教科書や「映像の世紀」のDVD視聴を通して学んだ歴史の知識を踏まえたうえで、平和を自分事として考えるためのメディアリテラシーにかかわる資料をエビデンスとして活用するレポートを課しながら、公民的分野の日本国憲法の学習への橋渡しを行っている。

　その他、「現代史」は、質の高い学びを保証するため、「特別の教科『道徳』」や公民的分野の経済との学際的、教科等横断的な単元とし、「『min－na うれしい（幸福）』社会を持続させるためには『変化』に適応する『システム』が欠かせない。」という探究テーマを設定、ジニ係数や生活保護受給世帯の変遷のデータを読み解きながら実社会を分析し、ベーシック・インカム制度実施について考察するパフォーマンス課題を課している。そして、そこから逆向きに「経世済民」の「システム」がどのように「変化」に適応してきたかということについて、様々な経済データをもとに、資本主義の成立期から2010年代までの歴史をふりかえったり、「日経STOCKリーグ」を教材に現代社会において生じるさまざまな課題を解決し、人々の幸福を可能にする

オーセンティックな「システム」としての ESG 投資についての探究学習を行っている。

　また中学 3 年間の総まとめとなる最後の単元では「よりよい世界のために『わたし』ができること」という探究テーマのもと、SDGs（持続可能な開発目標）をヒントに生徒自らが「研究課題　research　question」を設定し「自ら課題を発見する力」を試すこととなる。生徒はこれまでに学んだ地理、歴史や公民の知識を結合させ、アイデアの拡散と収束を繰り返しながら「研究課題」に磨きをかけ、実現可能なアクション・プランをデザインしていく。そしてそれは、次年度以降に履修する IB コア・プログラムのサービス・ラーニングである「SA;Service as Action」や「CAS;Creativity, Activity,Service」においてこれまで身に付けたスキルをフル活用しながら実行に移されることとなるのである。

　この取り組みは最も「生徒の Agency」が試されるものであるとともに、ノーベル平和賞受賞者のマララさんをロールモデルとして、アプリを活用して websight を製作したり、SNS をメディアに情報を発信したりする digital native の生徒のすがたから、ICT の活用によって Act Locally を Act Globally に発展し得る時代であることを教師が「教えられる授業」でもある。また生徒は、アクションを起こすためには世界の諸課題についての経緯や背景、そして解決策の先行研究などによって、現在から過去にさかのぼって「歴史に学ぶ」ことが、未来を考える「賢者」の態度として欠かせないということを「メタ認知」していくのである。

Agency をはぐくむ「教科する歴史 Doing History」へ

　このような授業実践を通して私は「能動的に歴史を学ぶ力」は未来のあるべき社会を創っていくために欠かすことのできない Agency の礎となる力であることを改めて確信することができた。また教師は、生徒にオーナーシップを持たせながらも、一人ひとりの生徒の「最近接発達領域 (ZPD;Zone of Proximal Development)」を見極め、ほど良い距離をカスタマイズしながら、個別最適な学び方を発見し「自己調整型学習者」として成長していく過程に「寄り添う支援」をしていく。高校への接続だけではなく、「生涯にわたって

II　歴史を「教える」 | コラム

学び続ける力」を持続的に育むためにはそのような双方向で互恵的かつ徒弟的な「共同の Agency」が必要であることを実感したのであった。

　私の歴史教育についての考え方やそれに基づいた実践は、高校受験のない中等教育学校において自我の確立期である多感な中学 1 年生から学校全体で課題探究的な学習に取り組んでいることや、高額な IB プログラムにかかわる費用を負担する設置者の支援があるからできる汎用性の低いものかもしれない。しかし新しい高等学校学習指導要領における「歴史総合」や「探究」諸科目は、社会変革のための Agency をはぐくむ未来志向の歴史教育を後押ししてくれるであろう。世界の潮流からの遅れを取り戻そうと大学入学共通テストから「逆向き」に教育改革が進んでいる現在、グローバル標準の歴史教育を実現する絶好の機会が訪れている。私のこのコラムがイタリアの社会学者パレートのいうところの「ランチェ（rentier）」[4]、型にはまった着実にものごとをやる 80% の保守的な人間に対して戦いを挑む 20% の「スペキュトゥール（speculateur）」に、また、新しい組み合わせによって子どもたちの自立的な学びを支える「DOING HISTORY」[5] のカリキュラム・デザインに夢中になる「教師の Agency」に火をつけることができれば幸いである。

---

(1) OECD Learning Framework 2030（2030 年に向けた学習枠組み）（文部科学省教育課程課『中等教育資料』67（5）学事出版、2018 年）
(2) 日本学術会議 史学委機会 高校歴史教育に関する分科会「提言『歴史総合』に期待されるもの」2016 年（http://www.scj.go.jp/ja/info/kohyo/pdf/kohyo-23-t228-2.pdf）
(3) 桃木至朗「歴史の『思考法』の定式化―歴史教育の滅亡を救うために」歴史科学協議会『歴史評論』828、2019 年
(4) Pareto,V.1916 The Mind and Society Ams Pr lnc; Reprint1983
　　（ジェームス・W. ヤング『アイデアのつくり方』CCC メディアハウス、1988 年）
(5) Levstik,L.2015 Doing History; Investigating with Children in Elementary and Middle School 5thedision New York,USA.Routledge
　　（吉田新一郎 2011「『ギヴァー』を全国の読者に届ける会 ブログ 2011 年 10 月 11 日〜 24 日」http://thegiverisreborn.blogspot.com/2011/10/?m=0 最終アクセス 2019 年 7 月 21 日）

主体的・対話的で
深い学びにつなげる
歴史総合の授業設計

中川 耕治
広島城北中・高等学校　教頭

はじめに

　新科目「歴史総合」は、どのような科目としてカリキュラムの中に位置付けられるのか、そしてその授業をどのようにデザインするのか。

　学習指導要領解説では、①近現代の歴史を、世界とその中における日本を広く相互的な視野から捉える、②現代的な諸課題の形成に関わる近現代の歴史を考察する、③歴史の大きな変化について、資料を活用しながら「推移・展開」や「比較・関連付け」を考察する「問い」を立て、現代社会の基本的構造がどのような歴史的な変化の中で形成されてきたのかを考察する科目としている。

　中項目や小項目から単元内容を見ても近現代史を網羅するものではない。また、歴史に関する事象を単に記憶するのでなく、事象の意味や意義を見いだし、課題を追究する学習の構成を図るよう求めている。

歴史総合の授業設計に向けて

　「歴史総合」では、学習の大きなまとまりを大項目としている。大項目B～Dの中項目（1）では、資料から生徒が「問い」を表現して学習内容への見通しを持つ学習、中項目（2）と（3）では、主題を設定して、それを踏まえた課題（問い）をもとに歴史の大きな変化に着目して理解を深める学習、

中項目（4）では、現代的な諸課題の形成や現代的な諸課題を考察、構想する学習をそれぞれ示している。

大項目	中項目
B 近代化と私たち	（1） 近代化への問い （2） 結び付く世界と日本の開国 （3） 国民国家と明治維新 （4） 近代化と現代的な諸課題
C 国際秩序の変化や大衆化と私たち	（1） 国際秩序の変化や大衆化への問い （2） 総力戦と社会運動 （3） 経済危機と第二次世界大戦 （4） 国際秩序の変化や大衆化と現代的な諸課題
D グローバル化と私たち	（1） グローバル化への問い （2） 冷戦と世界経済 （3） 世界秩序の変容と日本 （4） 現代的な諸課題の形成と展望

　また、中項目（2）（3）の学習においては、「知識及び技能」と「思考力、判断力、表現力等」に関わる事項が内容のまとまりごとに小項目を形成し、その小項目の中で主題を設定し、主題を踏まえた問いを示すことで学習を展開するよう構成されている。

　中項目（2）（3）の学習を通じて育成される「知識及び技能」は、世界とその中の日本の相互作用や、それぞれの独自性、互いの共通性などから、世界とその中における日本の過去と現在を考察することにある。また、「思考力、判断力」は、①社会的事象の歴史的な見方・考え方を働かせて、事象の意味や意義、特色、事象相互の関連を多面的・多角的に考察する力、②課題を把握して複数の立場や意見を踏まえ、その解決を視野に入れて構想できる力、と捉えることが示されている。「表現力」は、課題解決を視野に入れて自分の意見や考えをまとめ、課題解決の在り方を問うことのできる力と捉えている。

　「歴史総合」では「近代化」「国際秩序の変化や大衆化」「グローバル化」という抽象的な概念で近現代史を捉え、大項目・中項目・小項目それぞれにおいて「問い」を立てることで生徒の思考を深めていこうとしている。「問

いを立て」「資料を活用しながら歴史の学び方を習得」する授業づくりについて、大項目Ｂ「近代化と私たち」(2) 結び付く世界と日本の開国を例にとってみる。

　大項目Ｂの中項目 (1)「近代化への問い」では、交通と貿易、産業と人口、権利意識と政治参加や国民の義務、学校教育、労働と家族、移民など、生徒にとって身近な生活や社会の変化を表す資料を取り上げて、情報を読み取ったりまとめたりして資料を活用する技能を身に付けるとともに、歴史の大きな変化に伴う生活や社会の変容について、資料から興味・関心をもったこと、疑問に思ったこと、追究したいことなどを生徒自身が「問い」として表現する学習活動を重視している。

　中項目 (2) 結び付く世界と日本の開国、(3) 国民国家と明治維新の各小項目においては、生徒の課題意識を深めたり、新たな課題を見出したりすることができるように「推移・展開を考察する問い」「比較・関連付けて考察する問い」が例示されている。指導する側としては、例示された「問い」に限定されることなく、生徒の多様な問いを引き出す工夫が必要だろう。

　中項目 (4) については、大項目Ｃ「国際秩序の変化や大衆化と私たち」を例にとってみる。

　ここでは、自由・制限、平等・格差、開発・保全、統合・分化、対立・協調という観点から大項目の学習を振り返って主題を設定し、諸資料を活用して、現代的な諸課題がそれぞれの時期の歴史的状況に規定されつつ、現在にまで引き継がれてきたことに気付くとともに、ＳＤＧｓなどと関連させてより良い社会の実現に向けて生徒が展望できるような「問い」を設定することができるだろう。

歴史的事象を自分事に

　生徒自身が「問い」を立てることは、生徒の学習意欲を引き出すとともに、歴史事象を自分ごとに引き寄せることも可能となる。また、個別の事象の理解のみにとどまることなく、多面的な捉え方もできるようになるだろう。授業担当者にとっては取り組みを進めてきたアクティブラーニングの視点に立った授業改善の成果をさらに生かすこともできよう。

II　歴史を「教える」　｜　コラム

B 近代化と私たち（2）結び付く世界と日本の開国
ア　（ねらい）18 世紀のアジアの経済と社会を理解する

18 世紀のアジアや日本における生産と流通	
（扱う）❶中国では、手工業とその技術が発展し、輸送網や金融システムの発達が見られ、都市を中心に活発な商取引が行われていたこと❷日本でも幕藩体制下の安定した社会を背景として、年貢米や特産品などを河川舟運や海運によって大坂へ回漕するなど全国的な流通が展開し、各種の商品生産が行われたこと	
（気付く）18 世紀の日本を含むアジアについては、欧米諸国と異なる独自の経済・社会発展を遂げていたこと	
（推移・展開を考察する問い）18 世紀頃の中国や日本では、それぞれどのような商品がどのように生産され、流通していたのだろうか	（比較・関連付けて考察する問い）あなたは、18 世紀頃の中国と日本の商品生産や流通を比較したとき、その共通点と相違点のうち、何が重要だと考えるか、それはなぜか
18 世紀のアジアや日本における生産と流通	
（理解する）当時の資料を活用して諸産業の発展の背景や影響を読み取り、流通の発展がもたらした意義やそれらがそれぞれの地域の生活や文化にもたらした影響などを考察して、アジアにおける経済発展の特徴を理解する	（表現する）中国と日本との比較を通じて、経済発展やそれに伴う社会の変容について多面的・多角的に考察し、表現する
アジア各地域間やアジア諸国と欧米諸国の貿易	
（扱う）18 世紀の東アジアにおける清の海禁、日本のいわゆる鎖国など、国家による管理貿易が行われており、その枠組みの中で、日本や中国、東南アジア各地で銅や海産物、森林産品、砂糖や書物、絹製品や陶磁器などが取引されていたこと	（内容の取扱い）「アジアの文物が欧米諸国に与えた影響」❶日本の美術などのアジアの文物が欧米諸国に与えた影響に気付くようにすること❷欧米諸国がアジア諸国に進出し、軍事力を背景に勢力拡張を目指した競争が展開され、アジアの経済と社会の仕組みが変容したことにも触れること❸アジア貿易における琉球の役割、北方との交易をしていたアイヌについて触れること❹琉球やアイヌの文化についても触れること
（気付く）❶日本を含むアジア各地が相互に経済的に結び付いていたこと❷北西ヨーロッパ諸国では中国の磁器やインドの綿織物への需要が高まり、アジアとの貿易は輸入が増加する一方で、輸出は伸張しなかったこと	

　生徒自身が立てた「問い」をもとに、例えばシンキングツールを用いて資料から読み取った情報を整理し、事象同士の比較や因果関係を明確にするなど論点を整理することも可能になる。

　複数の資料の読解を通じて生徒自身が立てた「問い」をグループワークの中で共有するとともに、優先順位をつけて考察を進めることで時代の変化や抽象的な概念が具体化され、より深い理解に進んでいくことも期待できる。

　年間の授業を計画するとき、それぞれ 2 単位で展開してきた「世界史 A」「日

221

C 国際秩序の変化や大衆化と私たち
（4）現代的な諸課題の形成に関わる国際秩序の変化や大衆化の歴史を理解する

	今日に続く課題として取り上げる	考察し表現する	現代の課題との関連
自由・制限	「第一次世界大戦後に民主主義的風潮が広がりを見せる中、なぜ日本では、男子に普通選挙が認められる一方で、治安維持法が制定されたのだろうか」などの問いを設定し、近代における参政権の制限について	イギリス及びフランスにおいて労働者層に選挙権が付与された経緯や背景、そして日本における普通選挙法の成立までの経緯や背景及び当時の為政者が考えた有権者の在り方などを扱い、国際秩序の変化と大衆化との関係について	今日の日本において18歳以上の男女に選挙権が与えられていることの意義に目を向けさせる
平等・格差	「近代オリンピックの開催当初、男子選手に比べて女子選手が極めて少なかったのはなぜだろうか」などの問いを設定し、近代における社会進出に見る男女間の格差について	女性がスポーツを行うことへの当時の一般的な考え方や、苦難を乗り越えて活躍した日本人女子選手の軌跡などを扱い、スポーツの分野における女性の進出と大衆化との関係について	今日において女性が社会に進出する上での障壁に目を向けさせる
開発・保全	「なぜ、20世紀初頭に日本をはじめとする世界各地で、自然公園（国立公園）の設置が促進されたのだろうか」などの問いを設定し、工業化の進展にともない、自然景観の保護及びその利用促進の動きが進んだことを	自然公園（国立公園）の誕生とその拡大の背景として、工業化の進展による急速な都市化や労働時間の短縮による余暇の発生があったこと、景観地の開発とともに無秩序な開発に対する保護の必要性が求められていたことなどを扱い、当時、新たに生まれた自然に対する考え方を踏まえて自然の開発や保護の在り方を	今日における文化遺産や自然遺産に対する保護と観光産業との関係について目を向けさせる
統合・分化	「移民を受け入れてきたアメリカでアジア系の移民が排斥されたのはなぜだろうか」などの問いを設定し、近代の欧米諸国における国民の枠組みの形成と移民との関係について	欧米諸国のアジア系民族に対する見解及びアジア系民族が欧米諸国で果たした役割とそれらの歴史的な変遷、日本がパリ講和会議で人種差別撤廃案を提起した背景と提案に対する諸国の反応などを扱い、国民統合の在り方と国際秩序の変化及び大衆化との関係について	今日における移民や難民の受け入れの問題に目を向けさせる
対立・協調	「第一次世界大戦後に民族自決の原則が示されたにも関わらず、アジア諸国の独立が達成できなかったのはなぜか」などの問いを設定し、近代の国際協調の在り方とその課題について	第一次世界大戦後に話し合われた国際協調の内容と諸国の対応、アジア諸国の民族運動の高まりの背景とその展開、欧米諸国や日本のアジア諸国への対応などを扱い、第一次世界大戦後の国際協調体制の形成と国際秩序の変化との関係について	今日における地球規模の問題に対する国際社会の合意形成の在り方に目を向けさせる

本史Ａ」を前提にした授業計画では、時間枠だけを考えても「歴史総合」（２単位）は収まり切れない。担当する教員にとっては、これまで作ってきたプリントやノート、試験問題まで使えなくなるこの機会に講義中心の授業からの転換を図るとともに、「主体的・対話的で深い学び」を実現する授業づくりが必要になろう。一方、「歴史総合」をその後に続く「世界史探究」「日本史探究」にいかに繋げていくかということも考えなくてはならない。限られた時間の中で授業計画をどう組み立てていくのかは、それぞれの学校の置かれた状況の中で検討されるだろう。

クラゲチャート

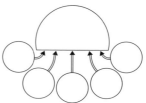

ベン図

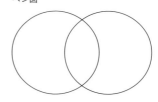

参考文献

- 『社会科教育』56（1） 明治図書、2019年1月
  原田智仁「「歴史総合」をどう構想するか：ねらいと授業化のポイント 歴史を未来に活用する課題追究型主題学習を」
  韮塚雄一「高等学校歴史の授業はこう変わる 学習課題の考察で、「教える」授業から「コーディネートする」授業へ」
  勝山元照「歴史総合 主題学習 トータルプラン 歴史を深く考察・構想・表現するために」
  中尾敏朗「「歴史総合」取り組む際の課題と注意ポイント 内容の統合という意識を棄て、中学校の歴史学習を注視する」
  荒井雅子「近代化と私たち 史資料を重層的に活用しよう」
- 『歴史と地理』717 山川出版社、2018年9月
  横井成行「教室レポート「歴史総合」の授業実践の試み」
- 『歴史評論』828 歴史科学協議会、2019年4月
  成田龍一「学習指導要領「歴史総合」の歴史像をめぐって」
  勝山元照「「歴史総合」事始め：実践的諸課題をどうとらえるか」
- Think the Earth『未来を変える目標ＳＤＧｓアイディアブック』紀伊國屋書店、2018年
- 『SDGs 世界の未来を変えるための17の目標 2030年までのゴール』（みくに出版）
- ダン・ロススタイン、ルース・サンタナ『たった一つを変えるだけ クラスも教師も自立する「質問づくり」』新評論、2015年

地域と関連させる
世界史探究の授業

中村 怜詞
島根大学教職大学院教育学研究科　准教授

こんな授業がしてみたい

　「生徒が知的好奇心を持ってワクワクしながら学び、学ぶ意味・意義など
を実感しながら主体的に取り組む授業がしたい。」そう考える教師は多いだ
ろう。「そんなに勉強したら体を壊すからやめた方が良い」と、周囲が制止
するのを振り切ってでも学びに没頭したくなるような授業、学べば学ぶほど
学ぶことが面白くなり、学ぶ意欲が高まっていく授業。それでいて、学習者
が自分の成長を実感出来、世の中を見る視点が鋭く豊かになり、自分なりの
考えを持って社会に正対できるようになる授業。どうすればそんな授業が出
来るだろうか。

学習指導要領から読み取れること

　世界史探究は、歴史総合の流れを引き継いで学ぶ科目として設定されてい
る。表１に整理したように、大項目Ａ〜Ｅの５つのテーマで全体が構成さ
れており、それぞれのテーマごとに目的と、どのような学びを経て目的に到
達するかが詳細に書かれている。目的や方法を貫いているポイントは２つ
あり、１つは生徒の主体性を大切にした学びであること、もう１つは探究的
な学びであることだ。世界史で学ぶことは時間的にも空間的にも生徒たちか
ら遠い。そのため、学ぶ意義について生徒たちが見失うことが多々ある。生
徒たちから「古代史を学ぶことに何の意味があるのか」と問われた経験があ
る教師も多いのではないだろうか。今回の学習指導要領では、歴史と身近な

Ⅱ　歴史を「教える」　｜　コラム

事象を結び付けたり、現代との関連を考えさせたり、生徒自ら問を作る機会を創ることで、生徒の興味関心を引き出し、学ぶ意義を感じやすくする配慮が厚く見られる。更に、これまでの講義中心の学びではなく、設定された課題（問）に取り組む中で、知識を活かして考えたり、友人と意見を出し合う中で知識を再構成したり、設定された課題に取り組む過程で資料などの情報を整理・分析して自分なりの答えを導き表現するなど、対話的で深い学びを伴う学習活動になるようもとめられている。

表1

大項目	目的	方法
A　世界史へのまなざし	・中学社会や歴史総合との接続 ・世界史を学ぶ意味・意義の理解 ・歴史への興味・関心の喚起	・地球環境と人類の歴史との関わりや身の回りの事象と歴史との関わりを考察
B　諸地域の歴史的特質の形成	歴史的に形成された諸地域の多様性の理解	①生徒が問を表現 ②生徒の問を活かして主題を設定した探究的な学び
C　諸地域の交流・再編	諸地域の複合的なつながりの理解	
D　諸地域の結合・変容	諸地域の構造的な連関性の理解	
E　地球世界の課題	・地球世界の課題の理解 ・人々が協調し共存できる持続可能な社会の展望	・生徒が主題を設定して探究

ワクワクする授業、知的好奇心をくすぐる授業

　生徒の知的好奇心を刺激し、ワクワクする授業を実現するには2つのポイントがある。①生徒の既存の知識と新しい情報の間に空白を作ること。②「なぜだろう」と思わず考えてしまうような問を設定すること。

　まず①について。生徒は高校入学までに日常生活や学校生活を通して知識や経験を所有している。通常生徒が何か考えている時は、蓄積してきた知識や経験をベースにしている。既存の知識の延長上にありながら、直接接続されているわけではない課題を設定するのである。例えば、このような問はどうだろうか。「大航海時代に大量の銀がヨーロッパに流れ込んだ結果、領主が没落した。何故か」。大航海時代などは中学校でも学んでいるし、コロンブスという人名なども多くの生徒がどこかで触れたことがあるはずだ。この問では、ヨーロッパに銀が流れ込んでから領主が没落するまでの過程が空白となっている。このように、問で空白を意図的に作ることで、生徒の中に、「空

225

白を埋めたい」という欲求を生じさせることが目的である。この問を考えるためには2つの情報が必要になる。1つは銀が大量に流入した結果、ヨーロッパで物価が高騰し、貨幣の価値が下落したこと。もう1つは領主の地代が固定されていることである。どちらもグラフや文章の資料などを用意して、資料を見ながら考える授業にしても良いと思うが、「銀が大量に流入したら物価はどうなる？貨幣の価値はどうなる？なぜそのような現象が起きる？」と、クラス全体で課題を共有して議論させるのも良いだろう。社会現象が起きる原理を考えることは、現代を見る視点にもそのまま繋がるからだ。課題は簡単すぎても難しすぎても生徒の学びを深めることにはならない。教科書や資料集にそのまま答えが載っていて、考える余地のない問では、「分かったつもり」を誘発するだけで却って知的好奇心を減退させる恐れもある。反対に難しすぎて、与えられた資料や持っている前提知識だけでは答えにたどり着くことも、創り出すことも困難なものでは、教師の自己満足で終わってしまう。多様な考えを頭の中でめぐらせ、複数の可能性を吟味しながら、もっとも確からしい結論をだすために試行錯誤する余地があることが大切である。優秀な生徒であれば3分で答えを作り出せるようなものでも全く問題はない。生徒が試行錯誤する余地があることが大切なのである。

　次に②について。生徒が考えたくなる問づくりとしては、逆説を含む問が有効である。「本来〇〇になるはずなのに、実際には△△となっている。なぜか」というようなものだ。例えば、「朝貢貿易は、中華帝国が朝貢に訪れた使節団に対して、多くの返礼品を渡す形式であったために、その数が増えるほど国家財政は圧迫される。それなのに、洪武帝や永楽帝は朝貢貿易を促進するための政策を行ったのは何故か」という問である。常識的に考えて、経済的に損失を生むような交易を促進するのは何故なのか？と、目の前にある矛盾を解消したくなり、好奇心が刺激される。

生徒が学ぶ意味・意義を理解して主体的に取り組む授業

　学習指導要領には主体的な学びが次のように記されている。

> 学ぶことに興味や関心を持ち、<u>自己のキャリア形成の方向性と関連付け</u>
> <u>ながら</u>、見通しを持って粘り強く取り組み、自らの学習活動を振り返っ
> て次につなげる「主体的な学び」が実現されているか

　この文中でポイントになることはいくつかあるが、ここでは下線を引いた
個所に注目したい。学びが生徒の生き方、在り方と結びついていることの大
切さが説かれている。社会人として将来自立するために必要な資質・能力を
培う授業となっていること、どのように社会に関わっていくのかを考えられ
るような授業になっていることである。そうして、世界史の学びが自分と接
続していることを生徒が自覚することが生徒の主体性を引き出すことにな
る。
　では、どうすれば生徒は世界史の学びと自分を接続することが出来るだろ
うか。これには2つのポイントがある。1つ目は、「見方・考え方」を習得し、
獲得した見方・考え方を用いて現代社会を見ること。2つ目は「自分ならど
うするか」を考えることである。

〈見方・考え方で歴史と現代を繋ぐ〉
　見方・考え方は各教科によって特性がある。歴史教育の場合は、時系列に
そって因果関係を整理したり、複数の時代や地域を比較して社会や文化を比
較・分析することなどである。課題に取り組む過程で、見方・考え方を働か
せることが出来るよう、問づくりをすることが授業者の役割である。そして、
この見方・考え方こそ歴史と現代を結び付けるものになる。見方・考え方を
投影して分析する対象としては身近な地域問題なども有効である。生徒の身
の回りで起きている現象に対して、思考をめぐらせるための視点を獲得して
いくこと、その視点を用いて身の回りで起きている社会現象などを探究して
いくことは、学びが自分にとって有意で価値あるものと認識させてくれる。
例えば、表2のような授業なども出来るだろう。

表2　授業案（2時間連続（100分）で設計）
■単元：B 諸地域世界の歴史的特質の形成
■授業テーマ　地域の農業の未来〜 TPP で農業はどうなる？〜
■本時の目標　①地域の農業の未来について、根拠を持って語ることが出来る
　　　　　　　②歴史上の出来事、現代の出来事を比較・考察することで普遍性を見出す
■手順　①歴史上の出来事と現代の出来事の比較・考察
　　　　②地域の農家さんにインタビュー
　　　　③獲得した視点、集めた情報を総合的に判断して自分なりの結論を出す

時程	生徒の活動	教師の支援	見方・考え方
導入 5分	・本時の目的を確認 ・学びの見通しを持つ	教師の支援	
展開① 40分	ポエニ戦争後のローマの農業と現代のオランダの農業を比較・考察	比較・考察するための資料を準備	古代ローマ：中小農民没落→ラティフンディアで大規模農業→農産物の輸出という因果関係と EU でのオランダの農業輸出国化の推移の共通点と相違点を見出す
展開② 20分	地域の農家さんにインタビュー	インタビューの目的を明示。（農家さんの現在置かれている状況や取り組み明らかにするなど、地域の農業の未来を考えることが出来るように情報を集める）	目的を達成するために、どのような情報を集める必要があるのか、情報を聞き出すためにどのような質問をすれば良いのか、判断して表現する
展開③ 20分	①②で獲得した視点や集めた情報を統合して地域の農業の未来を考える	考えを深めることが出来ていない人（チーム）のファシリテート	獲得した視点と情報をもとに、根拠を明確にした合理的な判断を行い、表現する
まとめ 15分	自分の考えを根拠を明確にして発表する	フィードバック	他者（他チーム）との比較、批判的に評価

　この授業では、最後に TPP によって地域の農業が今後どうなっていくのか考えて表現する設計にしている。当然、地域の農業の未来がどうなるかなど、定まった正解などない。従来の歴史教育の中ではこのようなオープンエンドになるような授業設計はあまりされてこなかったが、「世界史探究」の授業ではこのような学びこそ価値があると考えられる。もっとも、授業者としては唯一解のない課題を扱うことに難しさも感じるだろうが、敢えて正解の基準を設けるなら、「説得力があるか否か」で判断すればよいだろう。その場合、教師1人の主観で判断するよりも、周囲の生徒も含めて相互評価したり、発表に対して全体からの評価をもらう仕組みにすることで、客観性も作ることが出来る。

〈「自分なら」で考える〉

　従来、歴史教育の中で「たられば」を語ることはあまり価値付けられていなかった。入試への対策もあり、正確な知識を体系的に分かりやすく伝えることに重きが置かれていたためだ。しかし、世界史探究に限らず、新学習指導要領にあるような主体的な学びを実現するためには、この問は非常に重要である。「自分だったらどうするか」を考えることで、３つの効果が期待できるからである。１つ目は、目の前の学びに対して当事者意識が生まれることだ。その時その状況に身を置いていたらどうするのかを考えることで、自分から縁遠い、関係ない話ではなく、生きていく中で遭遇する可能性がある状況に変わる。２つ目は、歴史的思考力の育成である。自分だったらどうするのかを判断するためには、まず状況理解が必要である。複数の情報を読み解き、どのような因果関係でそうなったのか、どのような流れでそうなったのかなどを整理することになる。その上で、複数の関係者が交錯する中での最適解を導き出そうとすると、多角的な視点から状況を考える必要が出る。３つ目は、自分軸の形成である。自分軸のある人間とは、情報を鵜呑みにして流されたり、他者の言うことに追随するだけの人間になるのではなく、自分なりの基準を持って判断し、行動する人間である。情報を批判的に検証し、比較・分析することを通して判断を下したり、唯一解のない課題に対して自分なりの考えを創造したり表現する過程で自分軸は形成されていく。

おわりに

　色々と書き連ねたが、最も重要なのは教師自身が学びを楽しんだり、授業を楽しんでいることであろう。ワクワクや熱気は伝染する。明日はどんな問を設定して生徒が主体的に学べるきっかけを作ろうか、こんな問なら生徒は頭を抱えながらも本気で取り組むことが出来るのではないだろうかと、授業づくりを楽しみながらすることが生徒にとっての魅力的な授業を生み出す一番の方法だ。

ICE モデルによる
日本史探究の授業

三浦 隆志
岡山県立林野高等学校　前校長

「日本史探究」の登場

　平成30年3月30日、高等学校学習指導要領が告示された。日本史探究は、地理歴史科の一つの科目として登場した新しい科目である。新しい学習指導要領では、現行の枠組みや教育内容を維持したうえで、学校教育全体及び各教科目等の指導を通してどのような資質・能力を育成するかを「知識・技能の習得」「思考力，判断力，表現力等の育成」「学びに向かう力，人間性の涵養」の3つの柱に整理された。また、各学校が教育課程に基づいて組織的かつ計画的に教育活動の質の向上を図っていく（カリキュラム・マネジメント）ことも記された。そして、各学校では、生徒が各教科・科目等の「見方・考え方」を働かせ、知識を相互に関連付けてより深く理解したり、情報を精査して考えを形成したり、問題を見いだして解決策を考えたり、思いや考えを基に創造したりすることに向かう過程を重視した学習（主体的・対話的で深い学び）を充実することが謳われた。また、この主体的・対話的で深い学びの充実のために、単元などの授業のまとまりの中で、習得・活用・探究のバランスを工夫することが重要であるとされた。

　同年7月には高等学校学習指導要領解説が出され、日本史探究のあり方が示された。それによると<u>「日本史探究」は標準単位数3の新しい科目</u>で、必履修科目である<u>2単位の「歴史総合」を踏まえ</u>、<u>「従前の「日本史A」、「日本史B」</u>のねらいを発展的に継承しつつ、我が国の歴史の展開について総合的な理解を深め、<u>各時代の展開に関わる概念等を活用して多面的・多角的に考察し</u>、<u>歴史に見られる課題を把握し</u>、地域や日本、世界の歴史の関わりを

踏まえ、現代の日本の諸課題と展望を探究する力を養うこと」をねらいとした。さらに「我が国の歴史について、資料を活用し多面的・多角的に考察する力を身に付け、現代の日本の諸課題を見いだして、その解決に向けて生涯にわたって考察、構想することができる資質・能力を育成する科目」として構成したとある。（下線は三浦）

　以上のように、日本史探究では、「主体的・対話的で深い学びの充実」「大きな授業のまとまりのなかで、習得・活用・探究のバランスを工夫」「歴史総合を踏まえる」「現行の日本史Ａと日本史Ｂのねらいを発展的に継承」「各時代の展開に関わる概念等を活用して多面的・多角的に考察」、「歴史に見られる課題を把握」などをキーフレーズとした授業実践が求められている。そう考えると、これまでの日本史の学習のように多くの歴史用語等を覚えて、知識の再現を促すような授業では科目の目標を達成できないことは明らかである。現在、高等学校の日本史の授業においても、アクティブラーニングを意識した実践が多く散見される。私は、「日本史探究」の授業で、生徒の深い学びを誘い、「現代の日本の諸課題と展望を探究する力を養う」には、教師による「問い」や「問いかけ」を重視する教育実践が大きな力になると考えている。しかし、生徒の深い学びを誘う「問い」を生み出す側の教師の力量には、的確な「問い」によって生徒の思考を深められるものから、単なる質問の域を出ていないものまで幅広い。これは、「問い」について我々が意識してこなかっただけでなく、これまで教師の仕事が個業で行われてきたことも、なかなか協働性を発揮して「問い」を練り上げる経験をしてこなかったことも要因の一つになっている。また、現行学習指導要領では言語活動が重視されるようになったが、指導と評価の一体化をふまえた「問い」や「問いかけ」まで実践が深化しなかったように思われる。そのような状況を改善し、誰もが取り組みやすい一つの教授方法として、私は、平成26年度から広島県教育委員会が導入して、学びの変革を推進する中心として位置づけられてきた「ＩＣＥモデル」が有効ではないかと考えている。

学習者に起点をおいた ICE モデル

　「ＩＣＥモデル」とは、『「主体的学び」につなげる評価と学習方法－カナ

ダで実践されるＩＣＥモデル』で日本に紹介された学習・評価方法である。
Ｉは Ideas、Ｃは Connections、Ｅは Extensions の頭文字で、学びのフェー
ズを示している。具体的に説明すると、Ideas のフェーズでは、基本的な知
識・技能、定義や概念の理解、技能の習得の学習が行われ、量や速さ、正確
さが求められる。日本史の学習でいえば、歴史的な用語や概念を習得するこ
とである。ここでは、教科書にある用語をひたすら覚えるのではなく、「成
り立ち」や「必要性」などの周辺情報も含めて学びの対象になる。教師は「○
○はいつのことか」「○○したのは誰か」から「なぜ○○が必要なのか」「こ
れはどうして行われるようになったのか」という「問いかけ」をする。生徒
は、「問い」を導く経験をふまえて、主体的な学びへと誘われていく。そして、
Connections のフェーズでは、物事の繋がりを見いだしたり、作り出したり
する「問いかけ」によって学びが深まる。日本史では、出来事や事象を時間
軸で並べることで順序性を学び、連続型テキストである史料等の解釈や非連
続型テキストである絵画や統計データ等によって、深い意味づけが行われる。
さらに、並立するような出来事や事象、これまで「歴史総合」で学んだ事柄
や方法等が付加されると、さらに相違点や同質性を見出し、思考は深化され、
学習者自らがストーリーを紡ぎ出すことが出来るようになる。ここで教師は
レクチャラーではなく、ファシリテーターを演ずることになるのである。い
わゆる、アクティブラーニングである。Extensions のフェーズでは、「あな
たならどうするか」「あなたはどう考えるのか」「もしも、あなたが○○であ
れば、どのようなことをすればよいか」というような「問いかけ」がなされ
る。日本史の学習としてどうかという意見もあるであろうが、新学習指導要
領で「日本史探究」の学習は「現代の日本の諸課題を見いだして、その解決
に向けて生涯にわたって考察、構想することができる資質・能力を育成する
」こととあり、Extensions のフェーズがこの資質・能力を育むことではな
いかと考えている。このように、「ＩＣＥモデル」は学習者に起点をおいた
学習モデルであること、教師の「問いかけ」によって授業のデザインを構造
化することができることから、教師の指導観も構造的に整理されるであろう。
つまり、各学校で設定される育てたい生徒像や教科の指導目標から、「日本
史探究」の年間指導計画、単元の目標が「Extensions」をふまえて、「Ideas」
→「Connections」→「Extensions」に構造化されると考えられるのである。

さらに、「Ideas」、「Connections」、「Extensions」のフェーズでの教師の「問い」や「問いかけ」は、評価とも一体化しており、生徒の学習到達度を測るとともに、教師の授業改善を容易に進められるであろう。

　新学習指導要領解説によると、「日本史探究」では、「歴史総合」で学んだ歴史の学び方を活用して、原始・古代から中世、近世、近現代の順に授業をするよう示している。特に、前近代の学習においては、「時代を通観する問いを表現する」「各時代の特色について仮説を表現する」「主題を設定して歴史にかかわる諸事象の解釈や歴史の画期などを根拠を示して表現する」という学びのプロセスを示し、それぞれの時代の特色を理解させることを求めている。現行学習指導要領の「日本史B」では、原則的に時代を追って歴史を考察させると簡単に記されているところからすると大きな変化である。まさに、これまでの日本史教育のパラダイムチェンジを図るぐらいの新しい枠組みが示されているといっても過言ではない。さらに、新学習指導要領解説では、それぞれのプロセスにおいて、教師による「問い」や「問いかけ」が重要なポイントと記しているところからも、私は「ICEモデル」をもとに、授業デザインやルーブリックを作成して、学びの構造化を図ることによって、「日本史探究」の目標を実現できると考えている。

　現在、「ICEモデル」を踏まえての日本史の授業実践は、いくらか散見される。私も自分自身の理解の確認を兼ねて「ICEモデル」を用いて、単元全体の主題を設け、ICEルーブリックを作成し、授業に取り組んでみたことがあるが、生徒たちには、教師の説明を聞いて、補助プリントに書き込む受け身の授業から、生徒が個人かグループで、教師の「問い」を考え、表現する授業はかなり新鮮だった。

豊かな「日本史探究」のために

　最後に、「ICEモデル」による日本史探究の授業を進めるうえで、いくらか私見を述べて本稿を閉めたい。一つは、振り返りと学習に関する自己調整力についてである。一つ一つの授業や単元全体における個人の学びを可視化することは重要である。例えば、OPPAのような振り返りシートを導入して、教師の「問い」に対する生徒の思考や表現を可視化することで、生徒

たちを単に評価するだけでなく、教師の授業改善に大きな力になるとも考えている。さらに、今年、中央教育審議会から「児童生徒の学習評価の在り方について（報告）」が出された。そこでは、児童生徒が学習活動の事前・活動中・事後の全ての段階で、自らの学習状況をスコープし、自己調整する力を身につけられるように学校や教師に求めている。つまり、学力の三要素を踏まえた評価についても研究・実践を取り組む必要があるだろう。二つ目は、高等学校では「歴史総合」を学習したうえで「日本史探究」を履修することは前述の通りであるが、小学校・中学校・高等学校と学びの連続性を意識した授業デザインによって、さらに豊かな「日本史探究」が実現できるのではないかと考えている。小学校の社会科や総合的な学習の時間では、視覚的な史料の読み取りや史跡見学するなどの経験から子どもたちが直感的な思考を働かせ探究し、歴史に対する興味関心を深める実践が広く見られる。中学校の社会科では、新たな知識によって、より複雑な事象や定義の説明が出来るようになる実践が行われている。つまり、小・中学校から「歴史総合」までの生徒の学びの連続性から「日本史探究」を考えてみられないかということである。これらのことは、学習指導要領の内容を踏まえた教科書の登場によって、さらに具体的になるであろう。そして、さまざまな実践が取り組まれることによって、より豊かな「日本史探究」に期待したい。

　最後に、ＩＣＥモデルで構成された授業案を次頁に掲載している。参考にされたい。

参考文献

・『「主体的学び」につなげる評価と学習方法―カナダで実践される ICE モデル（主体的学びシリーズ―主体的学び研究所）』スー・F. ヤング（著）、ロバート・J. ウィルソン（著）、土持ゲーリー 法一（翻訳）、小野 恵子（翻訳）（東信堂、2013 年 5 月）
・『ICE モデルで拓く主体的な学び―成長を促すフレームワークの実践』栢磨 昭孝（著）（東信堂、2017 年 7 月 1 日）
・『教育評価の本質を問う　一枚ポートフォリオ評価ＯＰＰＡ』堀 哲夫（著）（東洋館出版社、2013 年 8 月 19 日）
・「児童生徒の学習評価の在り方について（報告）」（中央教育審議会初等中等教育分科会教育課程部会、2019 年 1 月 19 日）　http://www.mext.go.jp/b_menu/houdou/31/01/1412838.htm

II 歴史を「教える」 ｜ コラム

単元：古代から中世の転換（全５時間）
本時：院政の成立と展開（５時間中の２時間目）（現行の『日本史Ｂ』の教科書で作成）

	学習活動	プリント・史料等	指導の留意点
導入３分	本日のめあて（院政が成立した意味を考えよう） Ｑ１；「後三条天皇の政治がどうして画期的であったのかを説明してみよう」 班活動①：（２分）→前時のプリントからまとめる ＜発表＞ミニホワイトボードで説明・共有する	教科書 前時のプリント	○KeyWordを含めた文章であること
展開 Ｉ 20分	○「院政」の成立について知る学習 1, 白河天皇の即位→退位、堀河天皇の即位、院の開設 2, 院を支持する勢力の存在（受領、武士） 3, 院の政治的な権力（発給する文書など） 4, 院と他の勢力との関わり Ｑ２；「律令制という政治システムがあるなかで、院政という仕組みがどのように成立したのかを説明してみよう」 班活動②：（５分）→本時のプリントから ＜発表＞ミニホワイトボードで説明・共有する（３分） 【まとめ】（２分） たまたまの部分があったこともつけ加える	教科書 本時のプリント	○４つの点から事実を確認する ○４つの点をまとめて、院はどのような権力を有していたのかを説明できる。
展開 Ⅱ 24分	○「院政」について理解する学習 1, なぜ、院の近臣が形成されたのか 2, 荘園公領制は、院政にどう影響したのか 3, 寺院や武士は、院とどのような関係を結んだか Ｑ３；「院が行使した権力とは、具体的にどのようなものであったのかを説明してみよう」 班活動③：（５分）→本時のプリントから ＜発表＞ミニホワイトボードで説明・共有する（３分） 【まとめ】（２分） 白河上皇と鳥羽上皇のエピソードの紹介 Ｑ４；「「権力」を掌握・行使するとは、どのようなことなのかを説明してみよう。」 個人ワーク：（２分）→前方のすべてのミニホワイトボードを吟味・検討して、各自のプリントに記述する。	教科書 本時のプリント ○図説資料 ○史料集 本時のプリント ○史料集 ホワイトボード	○３つの点について、プリントや図説資料から事実を確認する ○政治・経済・武力・宗教という立場から多様な権力が成立していることが説明できる。
まとめ３分	院政という新たな政治が成立したことで、社会の仕組みや宗教のあり方が変容し、古代から中世への転換を大きく促した。しかし、そのことで、利害を関係する人たちの争い？も起こることになった。（次の授業の予告）		○「権力の分化によってさまざまな利害が絡まり、利害調整による事件が起こる」と想定できる。（仮説）

ＩＣＥモデルによる「問い」の整理

観点	Ideas	Connections	Extensions
導入・展開の問い	①後三条天皇の政治がどうして画期的であったか。		
洞察を促す問い	②白河天皇はどうして譲位したのか。院政が成立し、律令制の仕組みはどうなったか。	③院政という権力がどのように成立することができたのか。	
	④院の近臣は、なぜ形成されたのか。荘園公領制は、院政にどう影響したのか。寺院や武士は、院とどのように関係を結んだか。	⑤院が、行使した権力とはどのようなものであったのか。	⑥「権力」を掌握・行使するとは、どのようなことであるか。
本質的な問い			⑦天皇が生前退位することはどのような意味を持つのか。

235

Ⅲ

「歴史教育」

をみつめる

III 「歴史教育」をみつめる

ユニバーサルデザインの視点から考える歴史教育

「問い」を足がかりに、全員参加の歴史授業へ

前川 修一

福岡県立ありあけ新世高等学校（定時制）　教諭

はじめに

　どうしたら、みんなが参加できる授業ができるだろうか。

　ひと握りの歴史好きの生徒（それはまた極めて局所的な関心である場合が多いのだが）を除いて、いわゆる歴史嫌い、活字嫌い、そもそも考えることさえめんどくさく億劫であるという生徒たちを、半ば無理やり教室に入れて拘束しているのが学校だとしたら、学び手である生徒にとっても、教える仕事に携わっている私たち教師にとっても、不幸なことはない。校種を問わず、あちこちで起こっているこうした現象の下で、現有の資質や能力、あるいは障害の有無に関係なく、みんなが主体的に楽しく参加できる授業を作れないものだろうか。

　この課題に光をあてるのが、もともとは発達障害を持つ生徒を対象とした、特別支援教育における授業のユニバーサルデザイン（UD）の発想である。小貫悟（2015）[1] が掲げた授業 UD 化の階層モデル（マクロ視点）は、①まずは生徒が〈参加〉するしかけ→②生徒がわかった！と〈理解〉するしかけ→③生徒が学習した内容を定着させる〈習得〉のしかけ→④生徒が学んだものを〈活用〉するしかけ、の４つの段階で構成されている。資料１に示すように、発達障害により生じる左側の様々なつまづきによる生徒のバリアを、右側の工夫によって最大限取り除

く方法と方略を提示している。

　小貫はさらに、この4つの階層をミクロな視点で授業展開に落としこむ（**資料2**）。さきの①〈参加〉→②〈理解〉→③〈習得〉・④〈活用〉を、1コマの授業の中で完結させる試案である。授業展開の最もオーソドックスなフレームである(1)**導入**・(2)**展開**（1・2）・(3)**まとめ**にあてはめ、中心に授業の〈山場〉としての「わかった！」「できた！」「なるほど！」「おお！」などの感情の高まりを感じさせる場面を設定する構成となっている。(2)の展開に設定される〈山場〉とは、具体的には授業の初めに提示した「めあて」（達成目標）が達成される瞬間で、最も心が動くときであるといい、感動のない授業から得るものはほとんどないと言い切る。また、(2)と(3)で展開される③〈習得〉④〈活用〉とは、授業者が伝えたい「ねらい」（目的）の達成に深く関わり、単元が変わってもその学びが永続するように学習する段階だという。

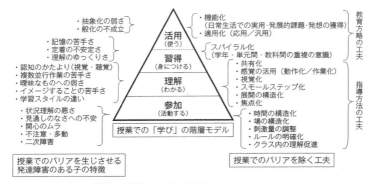

資料1　授業のUD化の階層モデル（小貫2015）

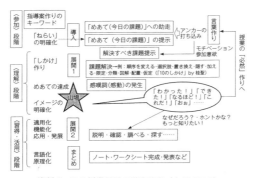

資料2　UD授業展開の構造試案（小貫2015）

239

さて、全日制の私立学校に 24 年間勤務し、公立高校の定時制に移籍したばかりの私にとって、授業を含む学校教育活動全体の UD 化は喫緊の課題となった。しかし、進めてみてわかったことだが、UD の視点は、何も発達障害をもつ生徒を中心とした特別支援教育だけに有効であるとはいえないと感じている。全日制普通科の進学校にも科目としての「歴史」に対し、幾重にもバリアをはる生徒は少なからず存在するからである。

1. 日本史授業のＵＤ化

2014 年 11 月の中教審への諮問のニュースをきっかけに、私はそれまでの、おもに日本史を中心として行ってきた地理歴史科の授業のカタチを変えようと思い立った。その理由は、教育改革の必要性というよりは、如上のような目の前の生徒たちの変容からなる授業の手詰まり感からだった。

たどり着いた私の新しい授業のスケルトンは、MQ（メイン・クエスチョン）と FQ（ファンダメンタル・クエスチョン）で単元を貫くことにあり、生徒たちが自分の頭でインテイク（自分事化）して、ことに現代に生きる人間としての視点にたって、過去を考察することができるようなデザインに努めた。

しかし、生徒たちの中には当然ながら、「暗記物」のイメージが強い歴史科目に対して強いアレルギーを持つ者も数多く存在し、既有知識がなくとも授業に参加できるしかけが必要だった。

まず、生徒全員が授業に①〈参加〉するしかけとして、協同学習の手法の一つである「看図アプローチ」を用いた（鹿内 2015）[2]。絵画や写真などのビジュアルテキストを用いる「看図アプローチ」は、50 分の授業の中で、瞬時に単元内容の深い部分にまで意識を向ける極めて有効な手段であり、導入部分に効果をもたらした。また、②〈理解〉段階のツールとしては、東京大学の大学発教育支援コンソーシアム（CoREF）を中心に普及し、協調学習の画期的な手法である知識構成型ジグソー法が対話的な学びにおいて大きな強みを発揮した[3]。特に歴史学習に必須の史料読み込みを協同的、対話的に用いたことで、学びの深さが増したように思う。③〈習得〉、④〈活用〉については、知識の定着のための「講義」と「確認」（生徒の形成的評価としての小テストの類）が必要となろうが、講義部分の無駄な時間の削減や、学習事項の確認にもつながる生徒たちのプレゼンス

などに効果を発揮するＫＰ法[4]を導入したことは大きかったと思う。

さて、授業中に行われるこれらの個人もしくは協同的な「作業」は、先に述べたＭＱとＦＱによって収斂される。そして、あとに記すように、ここが〈山場〉となる。毎回の授業の最後（もしくは単元の最後）に用意するリフレクションシートに、学び手である生徒がＭＱ・ＦＱに対する自分なりの答えを記入することによって、学習事項の振り返りになると同時に、思考力に裏打ちされて記述が増えていったことは事実である。また、適切なフィードバックを返すことにより自信を深め、さらなる問いの発見につながることもある。

私の授業はこれらの内容を、授業の目的と（到達）目標の提示を冒頭に、まとめと参考文献を最後に挟むカタチをとって一応の流れができた。当然のことながらすべての授業が成功したとは言えないが、ここでは特に①〈参加〉段階における「看図アプローチ」の援用例と、②〈理解〉段階の〈山場〉にあたる「ＭＱ・ＦＱ」について考察・検証してみたい[5]。

2．看図アプローチで〈参加〉を決定づける

協同学習の手法の１つである看図アプローチは、中国で発達した看図作文を、教育心理学の知見を交えて鹿内信善が大成したものである（鹿内2015）。新しい学習指導要領の「読み、書き、聞き、話す」以外に「見る」視点がないことを鹿内は痛切に批判する。小さな問いを重ねることで「見る」行為は誰にでもできて、かつ深い学びにつなげられる。

効果的なビジュアルテキストの選び方は意外性があり、かつ本質に直結するもので、問いの立て方は曖昧でもっともらしい選択肢を作ることが望ましい（鹿内2015）。

授業で扱ったテキストの一部を紹介しよう[6]。（●が正答。）

(a) トリカブトの絵と「薬子の変（平城太上天皇の変）」

図Ａは江戸時代の岩崎灌園「本草図譜」（1828）[7]によるトリカブトの絵（部分）である。藤原薬子がトリカブトを飲んで自殺した事実に導くため、冒頭に提示し、

図Ａ「本草図譜」より附子

選択肢を使った次の問いを出した。
(1) 何が描かれているか
　① 動物　❷ 植物　③ 無機物質　④ 上の全部
(2) この植物の名は何か
　① セリ　② サトイモ　③ ヨモギ　❹ トリカブト
(3) トリカブトの花言葉は何か
　❶ 復讐　② 秘密の愛　③ 死　④ 誕生
(4) トリカブトの毒を飲んで自殺した平安時代初期の女性は誰か
　（藤原薬子）

　問いは(1)〜(4)に進むにつれ、より深く核心部分に近づけるように工夫している。薬子が誰なのか知らなくとも、この女性はなぜ自殺するに至ったのか？という問題関心は残る。ペアワークやグループワークにすれば、より対話的に深めることもできる。

　この授業のMQは「平城・嵯峨による2つの権力は、律令制の再編にどう関わったか」、FQは「欲望は、親密な人間関係にどのような影響を与えるのか」であり、導入はその伏線ともなっている。

(b) 天草のしめ縄と「島原の乱」

　図Bは現在も年中はられている、熊本県天草地方のスーパーマーケットのしめ縄（注連縄）の写真である。当該地方と隠れキリシタンとの関係を認識するため、次のような問いを出した。

図B 天草のしめ縄（12月）

(1) この写真には何が写っているか
　① 横綱の綱　❷ しめ縄
　③ 綱引きの綱　④ 藁人形
(2) この写真の撮影月日はいつか
　① 1月1日　② 1月11日
　❸ 12月11日　④ 12月31日
(3) このしめ飾りはいつから飾られているか
　❶ その年の1月1日　② 12月の初め
　③ 3日前　④ この日（12月11日）

図C 臼飾り
かくれキリシタンゆかりの正月飾り「臼飾り」。松の木で作った臼(うす)をひっくり返し、その上に杵(きね)を交差させ、クルス（十字架）に見立てる。

III 「歴史教育」をみつめる

(4) この他の隠れキリシタンの名残りは
　① 通りに面した仏間　　② マリア様への食事
　③ 十字架を模した飾り　❹ 上の全部

図D　マリア様への食事
　　（図Cの中）
元旦には、臼飾りの中にマリア様への
お供え（ご飯とお煮しめ）を入れる。

　問いの（2）は、図Bにクリスマスツリーが写っていることからも予想できる。（3）のあとに隠れキリシタンの遺物であり、同じ風習が島原地方にもあることを伝え、（4）のあとに図C・Dを提示して説明を補強した。

　これらのテキストから理解してもらいたかったことは、隠れキリシタンの風習が現在でも受け継がれていること。江戸時代のキリスト教禁教政策は、それだけインパクトのあるものであったことである。

　以上のように、ビジュアルテキストを通じた「見る」行為のおかげで、学び手のほぼ全員が、導入の僅か8分間で授業に〈参加〉することができるのである。

3．複数の問いを重ね〈山場〉をつくり〈理解〉につなげる
　　—メイン・クエスチョン（MQ）とファンダメンタル・クエスチョン（FQ）—

　ここではMQとFQの定義から入ることにしよう。

　MQ（メイン・クエスチョン）は単元内容に沿った授業の根幹をなす問いであり、この単元は何を目的とし、何を学ぶのかを明示するための問いである。言葉を変えれば、教科書内容を要約した問いであるべきで、もっと言えば、教科書をなぞれば答えられる問いである。

　これに対してFQ（ファンダメンタル・クエスチョン）は、MQも含め、何のためにこの授業があり、いま何のために考えているのかを問い質す、そもそも論ともいうべき問いである。特に現代の視点から過去を俯瞰するとともに、現在と未来につなげて考えられるように工夫すべき問いである。そして、当然のことながら定まった答えのない問いである。

　学習内容だけで事足りるMQに対して、FQはそこからややずらし[8]、本質的に問うことによって学び手が自分事として歴史を認識することをねらう。結果として主体性の喚起につながれば、よい問いであるということになる。

243

ここでは、おもに前近代についての MQ と FQ について、授業で使ったもの
を挙げておきたい。なお、（　　）内は単元名である。

（授業びらき）
　MQ：歴史の時代区分や分野を短い文で説明しよう。
　ＦＱ：あなたにとって歴史を学ぶ意義は何か？
（文化のはじまり）
　MQ：旧石器・縄文・弥生の各文化を分けるものは何か？
　ＦＱ：人はなぜ便利な暮らしを追い求めようとするのか？
（農耕社会の成立）
　MQ：倭の小国の王たちはなぜ中国に使者を送ったのか？
　ＦＱ：外国（人）とつきあう時に大事なことは何か？
（古墳とヤマト政権）
　MQ：古墳時代を 3 つに区分する理由は何か？
　ＦＱ：あるリーダーが部下を従わせる時に気を配ることは何か？
（飛鳥の朝廷）
　MQ：飛鳥の朝廷がめざした国づくりは具体的にどんなことか？
　ＦＱ：外国とのつきあいは国内政治にどのような影響をもたらすか？
（大化の改新）
　MQ：中大兄皇子（天智天皇）はどのような国づくりをめざしたのか？
　ＦＱ：権力が中央に集中する時に、地方が困ることはどんなことか？
（律令国家への道）
　MQ：天武・持統天皇はどのような国家づくりをめざしたのか？
　ＦＱ：身内で生死に関わる争いが生じるとすれば、どんな時か？
（大宝律令と官僚制）
　MQ：律令制度によって整えられた政治制度と税制はどんなものか？
　ＦＱ：詳細なルールづくりは、どんな時に強みを発揮するか？
（平城京の時代）
　MQ：中国との外交は、平城京の造営の他にどのような影響をもたらしたか？
　ＦＱ：新しい政治制度、新しい都づくりのモチベーションはどこから生まれるか？
（奈良時代の政治）
　MQ：藤原氏・非藤原氏の政権抗争は、どのような経過をたどったのか？
　ＦＱ：厳格さと自由さについて、国を統治するのにどちらがより必要か？
（天平文化）
　MQ：飛鳥・白鳳両文化と比較し、天平文化が大きく異なる点は何か？

ＦＱ：国際性が花開く条件は何だろうか？

（平安王朝の形成）

　ＭＱ：桓武・平城・嵯峨による権力は、律令制の再編にどう関わったのか？

　ＦＱ：欲望は、親密な人間関係にどのような影響を与えるのか？

（弘仁・貞観文化）

　ＭＱ：奈良時代の文化と平安初期の文化の大きく異なる点はどこか？

　ＦＱ：新しい文化が作り出されるきっかけは何か？

（摂関政治）

　ＭＱ：藤原氏（北家）はどのようにして権力を独占したのか？

　ＦＱ：権力への執着心はどこから生まれてくるのか？

（国風文化）

　ＭＱ：平安中期に日本風の文化が成熟したのはなぜか？

　ＦＱ：文化の変容はどうして起こるのか？

（地方政治の展開と武士）

　ＭＱ：寄進地系荘園の発達に武士はどう変わったのか？

　ＦＱ：人が権威を借りる、権威にすがろうとするのはなぜか？

（院政期）

　ＭＱ：古代から中世に何が変わったのか？

　ＦＱ：時代が変わるということはどういうことか？

（鎌倉幕府）

　ＭＱ：武家政権はどのようにして誕生し成長したのか？

　ＦＱ：主従関係はどのような時に生じるのか？

（武士の社会）

　ＭＱ：北条氏はどのようにして政権を握ったのか？

　ＦＱ：ルールや決まりごとが必要になるのはどんな時か？

（蒙古襲来と幕府の衰退）

　ＭＱ：蒙古襲来は鎌倉時代後期の政治体制をどう変えたのか？

　ＦＱ：外からの攻撃を受けたとき、人間はどんな行動をとるのか？

（社会の変化）

　ＭＱ：土地は鎌倉時代の人々にとってどのような存在だったのか？

　ＦＱ：貨幣の流通は社会をどう変化させるのか？

（鎌倉仏教）

　ＭＱ：鎌倉仏教はなぜ普及したのか？

　ＦＱ：人はなぜ宗教を信じるのか？

（建武政権）

　ＭＱ：後醍醐天皇の理想はどこまで実現したのか？

ＦＱ：分裂をしても争い合うエネルギーはどこから生じるのか？

（室町幕府）

ＭＱ：足利義満の権力は何を可能にしたのか？

ＦＱ：人間にとって権力とは何か？

（惣村の形成）

ＭＱ：惣村や産業の発達は社会にどのような影響をもたらしたのか？

ＦＱ：社会や組織、コミュニティが集団で成長するきっかけは何か？

（一揆と幕府の動揺）

ＭＱ：応仁の乱は社会にどのような影響を与えたのか？

ＦＱ：身近な例としてどんな時に下の者が上の者にとって代わるだろうか？

（室町文化）

ＭＱ：室町文化の特徴点はどんなところにあるか？

ＦＱ：現代の日本文化に過去の文化が継承される条件は何か？

（戦国時代）

ＭＱ：戦国大名はどのように分立したのか？

ＦＱ：中央と地方のどちらが強ければ国にとってプラスか。それはなぜか？

（織豊政権）

ＭＱ：信長・秀吉・家康の統一事業はどのようにして完成したのか？

ＦＱ：バラバラの状態をまとめる時に必要なことは何か？

（江戸幕府の成立）

ＭＱ：徳川家康による天下統一の完成は何を可能にしたのか？

ＦＱ：組織が整い複雑になることのメリットとデメリットは何か？

（江戸初期の外交）

ＭＱ：盛んだった江戸初期の貿易が、やがて鎖国に至ったのはなぜか？

ＦＱ：開かれた人間と、こもりがちな人間のメリットとデメリットは何か？

（身分統制）

ＭＱ：江戸時代の身分秩序はどのようにして作られたのか？

ＦＱ：身分の違いがあった場合に、できないことは何か？

（幕政の安定）

ＭＱ：武断政治から文治政治へ転換したのはなぜか？

ＦＱ：安定する社会や政治は、何を可能にするのか？

（経済の発展）

ＭＱ：江戸時代に諸産業が発達した理由は何か？

ＦＱ：社会の安定は人々のどのような気持ちから作られると思うか？

（貨幣と金融）

ＭＱ：江戸時代に貨幣経済が発達したのはなぜか？

ＦＱ：貨幣（お金）の存在が人間にもたらすメリットとデメリットは何か？

（享保の改革）

ＭＱ：将軍吉宗のめざした幕府の姿とは、どのようなものだったのか？

ＦＱ：改革にふさわしいリーダーとはどんな人物か？

（社会の変容）

ＭＱ：江戸時代の一揆はなぜ集団化していったのか？

ＦＱ：私たちが政治の動きに反発して行動を起こすとしたらどんな時か？

（田沼時代）

ＭＱ：田沼意次の経済政策が失敗したのはなぜか？

ＦＱ：悪役が作られる条件は何か？

（宝暦・天明期の文化）

ＭＱ：宝暦・天明期の文化の特徴点は何か？

ＦＱ：自国の文化が外国の文化に影響されるときはどんな時か？

（寛政の改革）

ＭＱ：松平定信の改革がめざしたことは何か？

ＦＱ：リーダーに人がついていかないのはどんな時か？

（鎖国の動揺）

ＭＱ：迫りくる外国船に幕府はどう対処したのか？

ＦＱ：閉じようとしても閉じれない状況の時に、人はどう対応すべきか？

（天保の改革）

ＭＱ：水野忠邦の改革はなぜ失敗したのか？

ＦＱ：政策が時代に合うか合わないかは、どこで決まるのか？

（雄藩の浮上）

ＭＱ：（西南）雄藩に共通することは何か？

ＦＱ：力をつける集団と、そうでない集団の違いは何か？

（化政文化）

ＭＱ：化政文化の特徴点は何か？

ＦＱ：庶民が文化の担い手となると、それまでと何が変わるのか？

（開国）

ＭＱ：開国は幕末の日本にどのような影響を与えたのか？

ＦＱ：外からの圧力に対して、リーダーはどのように対処すべきか？

（明治維新と富国強兵）

ＭＱ：明治の中央集権化はどのように進められたのか？

ＦＱ：改革の際に必要なリーダーシップは何か？

MQとFQから〈山場〉をつくるためには、ひと手間が必要である。例えば〈鎌倉仏教〉のMQ「鎌倉仏教はなぜ普及したのか」とFQ「人はなぜ宗教を信じるのか」については、次の２組のビジュアルテキストを使って考えるヒントを提示した。

A－1　中世の合戦のイメージ

A－2　ベトナム戦争時の写真

B－1　餓鬼草子（院政期）

B－2　アフリカの飢餓（現代）
（清水書院発行『新政治・経済』より）

　Aは、合戦のイメージといえばドラマにも描かれる武士の勇猛なイメージがあるが（左）、現実の戦争とは広く庶民に犠牲が及ぶ状況であることを暗に認識させる（右）。Bは、「餓鬼草子」に描かれる情景は（左）、いままさに私たちが生活している地球上のどこかで現実に起きている事実であることを示唆する（右）。授業では説明をあまり加えず、現代的視点によって歴史の一コマを自分事化し、問いに答えざる（書かざる）をえない状況をつくった。文字通りこの瞬間が授業の〈山場〉となり、リフレクションシートにはほとんどの生徒が自分の言葉で何かを語ろうと悪戦苦闘した痕跡がみられる。またそのあとの説明に対する〈理解〉も深まり、一部の生徒は〈習得〉の域に達したと思われる。

III 「歴史教育」をみつめる

4．生徒の回答から深める

　リフレクションシートに書かれた生徒の回答から、次の授業でさらに深めることもできる。いくつか紹介する。

（平安王朝の形成）

　FQ：欲望は、親密な人間関係にどのような影響を与えるのか？

> A　親密な人間関係になればなるほど、人が欲望をもったときは恐ろしく、激しい戦いがあると思う。お互いのことをよく知っているということは、どんなことをされたら嫌なのか、自分の弱いところを知っているということだ。だから、自分たちだけの争いから周りの人も傷つけてしまうようなとても大きな影響があると思う。欲望は人を狂わせる。自分の心をコントロールできなくなる。欲は恐ろしいものだ。
>
> B　家族や友人を犠牲にすることで利益が生まれるとしたら、切り捨ててしまう人もいると思う。権力やお金を得るために、何かを犠牲にすることがすべて悪いとは言えないが、私は自分がいま持っているものを守れるようになりたいと思った。価値を見定めて、大切なものを失うことがないようにしたい。

　AもBも平城・嵯峨両天皇間の兄弟対立について肯定はしていないが、とらえ方が微妙に違う。授業では欲望が肉親間の対立を生んできた歴史の例を挙げながら、なぜ人々は「自由の相互承認」[9] ができにくいのかという哲学的議論から、歴史の共感的理解 [10] につなげた。

（一揆と幕府の動揺）

　FQ：身近な例としてどんな時に下の者が上の者にとって代わるだろうか？

> A　部活などでは先輩より後輩が技術などで上回った時に、下の者が上の者にとって代わる。会社などでは、より仕事のできる者が上にいくから、下の者が上の者よりできていたら、上下関係なく下のものがどんどん上へ行く、と思った。
>
> B　勝負ごとになると年齢の上下は関係なく、上手な人、頑張る人で上下が決まる。年齢が高いからポイントが2倍などはスポーツ界では絶対にありえない。すべては平等からの決着。勝負の世界はこういうことがあたりまえだ。

249

下剋上についての基本的な理解はできていることはわかる。授業では、A・Bの意見にある実力主義が、なぜ応仁の乱以前には当たり前ではなかったのかについて議論を深めた。

（江戸幕府の成立）
FQ：組織が整い複雑になることのメリットとデメリットは何か？

> A　メリットは働く人にとっては自分の仕事が割り当てられているから働きやすいと思うけど、デメリットとして、全体的に考えると指令が届かなかったりして組織が整っているようで、実際はバラバラになっていきそうだと思います。
>
> ---
>
> B　デメリットは事実が伝えられていく中で、組織のいいように変えられてしまう可能性があること。また、与える報酬等が莫大になりうるということ。メリットは一人一人の負荷が少なくなり、個々の役割分担がしっかりと行われているため、効率的にできること。
>
> ---
>
> C　組織が整うことで大きな力を得ることができる。組織が整うことで、その組織の目標が明確になる？デメリットは意見が分かれたときに組織が崩れる。組織は団体だからみんなで1つになることが大切。

A・B・Cともに官僚組織の異なった側面を指摘している。授業では現代の官僚制の諸側面に触れ、同時に江戸幕府成立時と中期、後期の幕閣の実態について言及した。

おわりに

紙数も尽きたので、ごく簡単にまとめたい。

授業のユニバーサルデザイン化は、特別支援教育のみならず、すべての学び手の主体的〈参加〉を促す、基本的な視点である。対話的に学ぶというアクティブラーニングのフレームを超えて、だれでも答えられ、興味をもてる問いや教材など、授業を細かく刻む（ステップの幅を小さくする）ことにより、1コマの授業の中でも確実に〈理解〉でき、〈習得・活用〉の域にまで深めることができる。また、授業を貫くメイン・クエスチョンおよびファンダメンタル・クエスチョンの方向

性によっては、いわゆる歴史的思考力（さしずめ新指導要領では「思考力・判断力・表現力」および「社会的事象の歴史的見方」）（池尻 2019）[11] にせまる深い学びにつなげることもできる。特に「歴史を現代に応用する歴史的思考力」[12]について、考察するきっかけができるとすれば、歴史を受験科目や研究の対象としない大多数の受講者に、真に開かれた授業として受け入れられるのではないだろうか。

　ただし、単元ごとの効果的なＭＱ・ＦＱはまだまだ練られる必要があり、私自身のさらなる研鑽はもとより、広く今後の研究・実践の蓄積を待ちたい。

参考文献

(1) 小貫悟「授業のユニバーサルデザインの４つの階層」一般財団法人特別支援教育士資格認定協会編『LD.ADHD.&ASD』13（3）（2015.7）明治図書出版。

(2) 鹿内信善『改訂増補 協同学習ツールのつくり方いかし方―看図アプローチで育てる学びの力』（2015.11）ナカニシヤ出版。

(3) CoREF が開発した「協調学習 授業デザインハンドブック 第３版―知識構成型ジグソー法を用いた授業づくり」（CoREF ホームページに収載 https://CoREF.u-Tokyo.ac.jp/archives/17626 が）参考になる。

(4) 川嶋直『KP法 シンプルに伝える紙芝居プレゼンテーション』（2013.10）みくに出版、川嶋直・皆川雅樹編『アクティブラーニングに導く KP法実践 教室で活用できる紙芝居プレゼンテーション法』（2016.11）みくに出版。

(5) 私の授業構成は全般的に、栗田佳代子・日本教育研究イノベーションセンター『インタラクティブ・ティーチング』（2017.2）河合出版。に基礎づけられている。

(6) いくつかの実践事例を報告した。前川修一「絵画史料を駆使したアクティブラーニング型日本史授業の開発」（『日本私学教育研究所紀要』53、2017.12）。

(7) 国立国会図書館デジタルアーカイブで参照できる。溝上広樹氏のご教示による。

(8) 前川修一「小津映画とアクティブラーニング」（「教育つれづれ日誌」内田洋行教育総合研究所「学びの場」ホームページ 2016.8）に、わずかなズレがもたらす心理的効果について言及した。 https://www.manabinoba.com/tsurezure/015505.html

(9) 苫野一徳『どのような教育が「よい」教育か』（2011.8）講談社。同『教育の力』（2014.3）講談社。

(10) 歴史授業における共感的理解のモデルについては、さしあたって、吉崎朗「共感を通して分析へいたる社会科歴史授業過程と授業モデルの構想」（『社会系教科教育学研究』2、1990）。

(11) 池尻良平「学びの過程からみる歴史教育」（『歴史評論』828、2019.4）。

(12) 「歴史的思考力」の整理については、池尻良平・山内祐平「歴史的思考力の分類と効果的な育成方法」（『日本教育工学会 第 28 回全国大会 講演論文集』2012）。

III

「歴史教育」をみつめる

「総合的な学習（探究）の時間」から考える歴史教育

「歴史探究」と「総合的な探究の時間」をつなげる「問いづくり」

梨子田　喬
岩手県立大船渡高等学校　教諭

1　はじめに〜カリキュラム全体で探究モードへ

　平成11年の高等学校学習指導要領の改訂により「総合的な学習の時間」が導入されて15年以上が経った。振り返ってみると、導入時は「教科を超えた横断的・総合的な」という表現が多用され「総合」という部分がクローズアップされていたが、平成21年の改訂で「横断的・総合的な学習」から「探究的な学習の充実」へと力点がシフト、つづく平成30年の改訂では探究がさらに前面に出て「総合的な探究の時間」（以下「総合探究」）へと改称された。この改称は、単なる「総合学習」から「総合探究」への名称変更ではなく、「総合探究」が「教科探究」と連動し、高校での探究的な学びをまとめあげる、いわばカリキュラムの中核的役割を担うものとなったことを意味する。教科探究で磨かれた探究の資質・能力が「総合探究」でまとめ上げられ、あるいは総合探究で培われた資質・能力が各「教科探究」で発揮される、といった全体設計になっている。（**資料1**[(1)]）

252

Ⅲ 「歴史教育」をみつめる

資料1

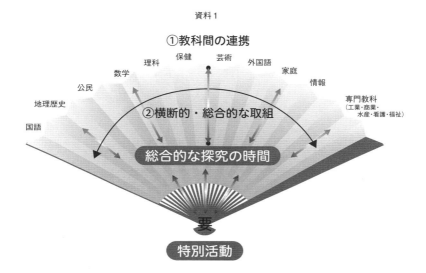

　こうしてカリキュラム全体が探究モードへとモデルチェンジしていく中で、新科目「歴史総合」が登場する。「歴史総合」では、諸資料の活用、私という視座、問いの表現、問題解決型の授業、さらに現代の諸課題とのつながりを俯瞰的に考察、そして最後に探究を実践、といった具合に、旧来までの通史理解というより、歴史を通して「探究」という学び方を学ぶ科目に変わった。これにつづく「日本史探究」「世界史探究」においても、学習指導要領解説で「歴史総合の学び方を用いて」の文言が繰り返し登場するよう、網羅的な歴史学習ではなく「歴史総合」で身についた探究という学び方をさらに深め実践していく科目として位置づけられ、歴史科目もカリキュラム全体と連動し探究がしっかり前面に出てきた。
　そこで、探究型の歴史の授業とはどういうものであるべきかが、模索されている。たとえば、生徒が選んだテーマについてインターネットで調べた内容を発表する授業、たとえば、学習目標となるような問いを生徒に与え、資料をもとに考えさせながらアクティブラーニング型の授業形態によって教科書の内容を理解させる授業、たとえば、学術論争などを題材として高校生に調べさせ、考えさせ、資料を読ませ、議論をさせ、発表させ、最後に、学説の一端を紹介して結ぶ授業、こういった授業が探究型の歴史の授業としてイメージされがちである。
　しかし、いま例示したいずれの実践例も「学習者自身が問いを立てる」という

253

部分が希薄であり、この「学習者自身による問い立て」こそ、「総合学習」から「総合探究」への、さらにいえば新学習指導要領全体に通底する大きな設計変更のポイントでもある[2]。(**資料2**[3])「学習者自身による問い立て」はそれぞれの「教科探究」を資質能力ベースでつなげるための横串となる学習活動であり、こうして各教科で培った「問いを立てる力」が縦串となって「総合探究」へと繋がっている。

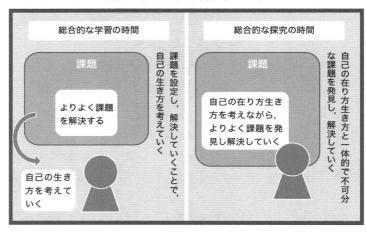

資料2　課題と生徒との関係（イメージ）

2　問いが探究をドライブさせる

　探究とは、課題設定、情報収集・調査、整理分析、検証、まとめ・発表、振り返り・課題再設定…の一連のサイクル（**資料3**[4]）であり、見通しのない中、既存解の存在しない中で、よりベターな解をブラッシュアップしていく作業ともいえる。ところが、正解を示さないと教えた気がしない先生と、正解がないと学んだ気がしない生徒とによって、探究は何か腑に落ちないものとして捉えられ、評価のため提出する成果物がお互いのゴール（妥協点）となり、探究が骨抜きになって調べ学習へと劣化してしまう。調べ学習は、探究のプロセスにおける「情報の収集」と「まとめ・表現」の部分に過ぎないのだが、教師も生徒もわかっていながらここに吸い込まれがちである。

Ⅲ 「歴史教育」をみつめる

資料3 探究における生徒の学習の姿

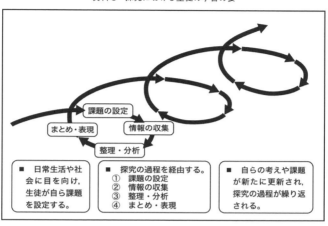

　調べ学習にならないためには、「課題設定」が極めて重要になる。それは「元の時代の東西交流」「伝染病の歴史」といった調べ学習のテーマ決めのような課題を設定することではない。問いの形をとり、本質的な部分を考えさせてくれる機会を提供してくれるもので、しかも初見では見当もつかず、解も無限にあるもの、たとえば「前334アレクサンドロスの遠征が東方ではなく、もし西方に向かいローマと対峙していたら、どうなっていたか」といった類の問い立てである。秀逸な問い立てが、生徒を考える気にさせ、問いの深みによって生徒は学びの深みへと導かれていく。

3　問いをじぶんごとにする仕掛けを

　問いは講義形式の授業において発問という形で重視されてきた。「なぜ封建社会が成立したのか」、「産業革命はなぜイギリスで起きたのか」など、教師は発問という形で本質的な問いを日々生徒にぶつけている。しかし、実際は「そう問われても別に興味ない」というのが大半の生徒の正直な本音だろう。教師の出した問いに付き合い、ワークシートという教師が敷いたレールをなぞり、指示の通りグループワークをし、形式的な感想を振り返りシートに記入して終わる。いわば、やらされ探究である。そうならないためにも、歴史の問いを自分ごとにする（**問**

いのじぶんごと化）仕掛けが必要である。

　問いをじぶんごと化させるもっともシンプルな仕掛けは、教師が問いを与えるのではなく生徒が問いを生み出すように仕向けることである。多くの場合、授業には、教師から生徒へのトップダウンという構造があり、特に授業の出発点である問いの提示は教師の専権事項といった節がある。この問い立てを生徒に返し、生徒に問いを生成させることで学習内容に対する自我関与を促し主体的に学ぶ姿勢を生み出せばよい。これが、新学習指導要領における「**問いを表現する**」活動であり、生徒が表現した問いを出発点に、次の学習へと転がしながら課題意識を育むことが求められている。

　もうひとつ、問いをじぶんごと化していくために大切なことは、授業を生徒の主体性が高まる場に変えることである。生徒の主体性と教師の関与は**資料４**のようにトレードオフの関係にあり、教師の関与が強ければ生徒の主体性は低下し、教師の関与が弱ければ生徒の主体性が高まっていく。教師の

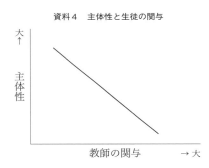

資料４　主体性と生徒の関与

関与が強いトップダウンの構造では、生徒は「指示の通りきちんとやる」「評価のためにがんばる」「教師の求める正解を探す」「教師が出して欲しい問いを出す」という意識が強くなり自分不在の受け身学習になりやすい。指示や説明は極力少なくし、授業における活動とその裁量を極力生徒に返していくとよい。

4　生徒を問いの消費者から生産者にかえる

　早速生徒に問いを立てさせてみよう、と実践してみても、これがなかなかうまくいかない。生徒たちは大苦戦である。そのような姿を見ていると「うちの生徒は問いを立てる力がないから探究はできない。探究の前にやっぱりまず知識を注入しないと…問いは教師が与えないと…」と思ってしまいがちである。しかし、そうではない。そもそもそれは、生徒たちが与えられた問いに答えるばかりで自ら問いを生み出すような体験を積んでこなかったからである。

III 「歴史教育」をみつめる

資料5　学校の教育活動に③＆④の機会はほとんどない

① 先生が提示した問いを生徒が考える ② 教材が提示した問いを生徒が考える	問いを出される。
③ 生徒が立てた問いを生徒同士で考える ④ 生徒が立てた問いを生徒本人が考える	生徒が問いを出す。

自ら問いを生み出すこと→主体的学びを形成する
教育活動の中に③＆④の機会を入れていく

　資料5のように学校の教育活動を①〜④に整理・分類してみると、学校が生徒に提供している教育活動のほとんどが、教師や教材から与えられた問いを考えるばかりで、生徒自らが問いを立てる機会はほとんどない。大半の生徒は小中高と大人が出した問いの消費者であったわけであり、彼らは問いの生産者であったわけではないのである。一度の授業でうまくいかないからといって「うちの生徒はできない」とせず、問い作りの授業などで継続的に働きかけたり、「総合探究」や他の「教科探究」と接続しながら地道に問いを立てる力を磨いていくしかない。

5　問い作りの授業

　さて、では問い作りの授業とはどのようなものか。これまで筆者が実践し、試行錯誤してきた中で、ルールとしてきたことを**資料6**にまとめた。

資料6　問い作りのルール

① 知識を**覚えようとしない** ② 質問・問いに**答える必要はない** ③ 質問・問いを適宜**再設定**してみる ④ **お腹が空くまで思考する**のがゴール

資料7　生徒の振り返り

問いを作ろうとすると、
どうしても答えを探してしまい、
止まってしまった。

　これまで知識を覚えて問題に正解するというプロセスで学んできた生徒にとって問い作りは難しく、**資料7**の生徒の感想のように、どうしても答えを意識してしまい進まなくなる。そのため、①**知識を覚えなくて良い**、②**答えなくていい**、という姿勢を浸透させる。また、秀逸な問いは一度に出てくるものではなく、再

257

設定を通して磨かれていくものであるから、教師の指示がなくても「つながった」「思いついた」らその都度③自分で適宜再設定してよいとする。そしてゴールは「知る」「理解する」ではなく、問いを作る過程でたっぷりと④思考することだろう。問いの生成がゴールになってしまうと、「問いをつくればいい」になってしまい再設定をしようとしなくなる。たとえ問いが完成しなくても④思考するプロセスが大事、としたい。

資料8　問い作りの授業

導入	活動説明	時間	留意事項
① 最初の問い	問いをひとりで考える。最初の問いを設定。	3分	難しい生徒には最低限のキーワードを設定するよう促す。
② イメージマップ	最初の問い（キーワード）を中央に、4分間で作成。その後にグループでお互いのマップを見て補完し合う。その後問いを再設定。	4分…1人で 3分…グループで	熟考をせず質よりも量を重視する。
③ 質問シャワー	3人1組。Aの問いについて、BCは質問だけをする。出た質問をAは記録する。続いてBの問いについて…（以下同じ）最後に、出た質問を眺めながら問いの再設定を行う。	質問シャワー…3分×3 問いの再設定…2分	質問に答えてはいけない。 6W2H、オープンクエスチョンに変える、など黒板に提示。
④ 見方・考え方論理	「継続と断絶」「原因と結果」「似た人物、同じ地域・時代」「影響や関係」「比較」「資料の深読み、裏読み」など歴史の見方や考え方に留意した足がかり、「Not～,But～」「分類してみる」「もし～反実仮想」「逆説、分裂したからこそ統一した」「そもそも」など論理をつくるフレームなどを提示。どれか一つ以上を用い、問いの再設定をする。	7分	歴史科目の見方・考え方、論理をつくるフレームを黒板に提示。（資料10）前半は1人で、後半はグループ対話も可。
⑤ 現代との関連づけ	イメージマップにさらに「現代」を付け足し、接続させる。その後、問いの再設定。	3分…マップ 2分…再設定	イメージマップの隅に現代と書いて、繋げる。個々の問題意識に応じ現代以外でも可。
⑥ 最後の問いの完成	ここまでの活動全体を振り返って最後にもう一度問いを再設定する。	5分	再設定の必要がない人、時間が余った人はその仮説を考える。
⑦ 全体振り返り	その後グループで共有。秀逸なものを教室全体でシェアする。実際に生徒が作った問いを1つ全体の宿題とする。	7分	

① 最初の問い作り

一人で問いを考える。問いをつくることは難しく、当然全くできない生徒が多い。難しい生徒には「レコンキスタ」や「マルコ＝ポーロ」など、具体的なキーワードから入るように促す。

② イメージマップづくり

キーワードを中央に置きイメージマップを作る。イメージマップは用紙の右半分だけを使う（4分）その後、作成したイメージマップをグループで見せ合い、さらに関連付けができる言葉があればお互いに指摘しあう。他者の視点によりイメージマップが少し広がる。その後、問いを再設定する。

③ 質問シャワー

一人が現時点での問いを伝える。それについて残り2人の質問者が質問だけをする。発表者はその質問を書き出し、最後に出てきた質問を眺めながら問いを再設定する。質問の際は6W2Hを意識。再設定の際、クローズドクエスチョンをオープンクエスチョンに変換させていくと深い問いが生まれやすい。[5]

④ 論理や視点

問いが劇的に変わり始めるのはここであり、生徒はここで最も頭を使う。「継続と断絶」「原因と結果」「似た人物、同じ地域・時代」「影響や関係」「比較」「資料の深読み、裏読み」など歴史の見方・考え方に留意したヒント、「Not〜,But〜」「分類してみる」「もし〜反実仮想」「逆説、分裂したからこそ統一した」「そもそも」など問いを深める論理構造などの手がかりを紹介。（**資料10**）どれか1つ以上を用いて問いを再設定する。

⑤ 現代との関連づけ

②で作成したイメージマップの隅に「現代」と書き、現代との接続を考えてみる。現代ではなくても、自分で何か関連づけたいものがあれば、個々の問題意識に応じて自由にイメージマップと接続して良い。

⑥ 最終の問い再設定

いままでのワーク全体を見て、最終的な問いをつくる。すでに問いが出来上がっている人は仮説を立てる。

⑦ 振り返りとシェア

グループでお互いに作った問いを紹介しあい、意見をもらう。教師は机間巡視しながら面白そうな問いを掘り出し全体でシェアして、その問いを宿題として提示。

資料9

History lab @大船渡 　　組　番名前 ＿＿＿＿＿＿＿＿＿＿

「学問とは、『学ぶ』こと『問う』こと」「一生考える価値のある問いを創る」

① 最初の問い

② イメージマップ後の問い（関連させる）

④ 比較・対比・逆説から作った問い（論理・視点）

③ 質問シャワーの後の問い（５Ｗ１Ｈ）

⑤ 現代、地域からつくった問い

⑥ この欄はあとで使います

最後に完成した問い

資料 10

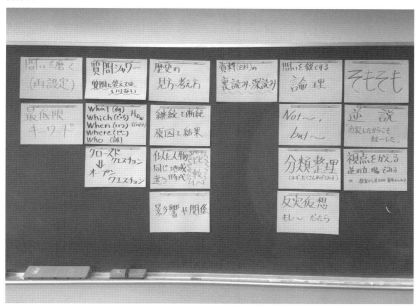

▼グループワークの様子

資料 11　生徒が作った問いの例

最初の問い	カノッサの屈辱	フェニキア文字とアラム文字	アンコールワット
イメージマップ	カノッサの屈辱でハインリヒ4世が教皇グレゴリウス7世に波紋の取り消しをお願いしているときになぜ断食までしたのか。	フェニキア文字とアラム文字は、その後どのように移動しどこで使われるようになったのか。	アンコールワットとボロブドゥールの共通点は何か。
質問シャワー	カノッサの屈辱でハインリヒ4世がグレゴリウス7世に破門の取り消しをお願いするとき食べ物を口にしなかったのは、以前似た事例があってそれを参考にしたり、誰かが謝罪形式を決めたからなのか。	フェニキア文字は海洋貿易を通じてヨーロッパに広まった。またアラム文字は中央アジアへ広まった。（以下無記入）	アンコールワットとボロブドゥールの相違点と宗教はどのように関わっていて、どのような理由から建設されたのか。
論理・視点	視点を変える カノッサの屈辱でハインリヒ4世が断食をしながら波紋の取り消しをお願いしている間、グレゴリウス7世は何をしていたのか。	フェニキア文字は海洋貿易を通じてヨーロッパに広まった。またアラム文字は中央アジアへ広まった。大元になる文字の使用人口を比べると、フェニキア文字とアラム文字のどちらがより広範囲で使用されているのか。	アンコールワットとボロブドゥールの相違点と宗教はどのように関わっていて、両国間にはどのような関係があり、もしこれらが建築されなかったら、どうなっているのか。
現代	もしカノッサの屈辱の時に、SNSがあったらどのような反応が起こるのか。どちらが炎上するのか。	フェニキア文字は海洋貿易を通じてヨーロッパに広まった。またアラム文字は中央アジアへ広まった。大元になる文字の使用人口を比べると、現在はフェニキア文字とアラム文字のどちらがより母国語として広範囲で使用されているのか。	アンコールワットとボロブドゥールの相違点と宗教はどのように関わっていて、両国間にはどのような関係があり、もしこれらが建築されなかったら、当時の状況や、現代の世界はどのようになっているか。
最後の問い	もしカノッサの屈辱がおきた時にSNSがあったら、世間はどのような反応を示し、どちらがより炎上するのか。そして世論によって破門の行方は変化するのか。	同上	同上
感想	ありきたりな問いから発展させることができた。より興味が湧いた。	文字体系を理解するために必要なよい問いになったと思う。	様々な過程を経てだんだん問いの内容を深めることができた。

　グループワークや独力での沈思黙考を通し、深みや広がりのある問いに変えていき、最終的に自分が考えたい問いをつくることが目標となるのだが、問いを一

度きり作って終わりにするのではなく、問いづくり、再設定のサイクルを小さく何度も回しながら問いを磨いていくのがコツである。「最初の問いから驚くほど進化してすごいと思った」と生徒が振り返るよう、再設定のたびに問いが成長していく。(**資料11**)

　教員からすると、1時間で問いを立てただけ、「立てた問いの解決をしなくていいのか」、「何の知識を得たのか」と思ってしまうが、生徒の感想を見ると「普段はこんなに頭を使って考えることがなかったので大変だった」「お腹がすく作業だった」「答えを出すことよりも自分で問いを作るほうが深められると思った」など、普段とは違う頭を使いながら学びを深めていることがわかる。こうした経験が、生徒に問いの生産者であるという意識を植え、問いを立てる資質能力を磨き、他者の問いでもそれを自分ごと化して積極的に関わろうとする姿勢を育む。

　実際に生徒が生成した問いを見てみる。(**資料11**)たとえば、「もしカノッサの屈辱がおきた時にSNSがあったら、世間はどのような反応を示し、どちらがより炎上するのか。そして世論によって破門の行方は変化するのか。」などは、教師では逆立ちしても出てこないであろう秀逸な問いであり、生徒が考えたとは思えぬクオリティである。世俗と教会をめぐる様々な問題に中世ヨーロッパの「世間」というものがどのような反応を示したかを現代的な「SNSと炎上」という視点を用いて考えるなど、答えが皆目見当つかず、つい議論したくなる。この問いの生成過程を分析してみると、「現代とつなげる」というワークの部分でSNSが登場し、問いが格段に面白くなっていることがわかる。

　こうして問い作りの授業で生成された問いを、次の学習の起点として転がしていく。たとえば、カノッサの屈辱とSNSの問いであれば、「ルターは95ヶ条の論題をヴィッテンベルク大学の教会の門扉に掲げた。瞬く間にドイツ中に広まるなど、まさに現代のネット社会風にいえば炎上といえるほどの反響があった。条文のどこの部分が炎上の着火点なのか。どのように炎上していったのか。」といった具合である。このように生徒たちの中から引き出した問いの上に新たな問いを重ねていくと、歴史の問いをじぶんごと化しやすくなる。ただ単に「今日は教会の権威の低下について学習します。12世紀から16世紀に至る教会の権威の変化について探究しましょう」とトップダウンで問いを与えても、「やらされ探究」に陥りやすい。

6 教師の役割は指導から支援へ

　それぞれの「教科探究」で問いを立てるトレーニングをし，それが「総合探究」で生かされていく。一方で「総合探究」で培った問いを立てる力が「教科探究」で発揮されていく。さらには，部活動を探究的に変えてみたり，学校行事の運営を探究的に変えてみたり，あるいは学校を飛び出し地域に出て探究的な学びを推進していくなど，学校の教育活動全体を探究的にモデルチェンジし，生徒を問いの生産者として育てていくのが探究モードといわれる次期学習指導要領における教育の姿であろう。

　探究モードでは教師の役割も変わる。主体性が探究のエンジンとなるのだから，その出力を高めるために，教師の関わりは「指導」というよりはより関与・干渉の弱い「支援」という形が望ましい。旧来型の「わかりやすい説明」「丁寧なまとめプリント」など指導過多な授業が，疑問や考察の芽を摘み，学びを流動食化している側面は否めない。講義型の授業で，流動食を流し込まれている生徒に「自分で噛む力が育たない」のは当然である。指導過多な現状の授業を見直し，教師側の「教えすぎ」「教えなければわからない」マインドセットを改め，授業の主体を教師から生徒へ返していかなければいけない。

　最後に新学習指導要領の「探究する活動とは」を引用してまとめとしたい。たった数行ではあるが，探究活動のあり方と教師の関わり方が鋭く示されている。

資料12

> 「探究する活動とは，**生徒の発想や疑問を基に生徒自らが主題を設定し**，これまでに習得した歴史の概念を用いたり，社会的事象の歴史的な見方・考え方を働かせたりして，諸資料を活用して**主体的に多面的・多角的に考察**，構想し，表現する活動である。また，生徒が充実した探究活動を行うためには，**教師の支援**が大切である。」
>
> 　　　　　　　　　　（平成30年改訂高等学校学習指導要領地理歴史編」より）

Ⅲ 「歴史教育」をみつめる

---

(1) リクルート『キャリアガイダンス』vol.427 をもとに作成

(2) 旧来の「総合学習」が、与えられた社会課題に対してそこから自身の生き方を考えるもので
    あったのに対し、「総合探究」は、課題を与えるのではなく自己の在り方生き方と一体的で
    不可分の問いを立て、自らが解決を目指していくという設計にモデルチェンジしている。

(3) 資料は文部科学省学習指導要領「総合的な探究の時間」(平成 30 年改訂) より

(4) 資料は文部科学省学習指導要領「総合的な探究の時間」(平成 30 年改訂) より

(5) 質問をたくさん出し、クローズドクエスチョンからオープンクエスチョンに変える手法は、
    ダン＝ロスステイン、ルース＝サンタナ『たった一つを変えるだけ　クラスも教師も自立
    する「質問づくり」』新評論 (2015) に紹介されている。

265

21世紀型教養を目指して
―地理総合と歴史教育―

鈴木 映司

静岡県立韮山高等学校　教諭

①現代社会の課題

　　教育は社会に影響し、社会は教育に影響を与える。社会のトレンドと教育は相互作用している。昨今の変化は「社会」、「人口」、「環境」、「技術」、「経済」、「政治」など多面的に広がっている。これらの変化に教育は対応できているだろうか？ OECD「Trend Shaping Education 2019」には激変する社会と教育の関係に対する問いが示されている。

現代世界が抱える問題の特性から

　　博物学者・生物学者・民俗学者として知られる南方熊楠は明治政府による神社合祀に反対した。神々は鎮守の森の樹々の梢を伝わって降りてくる。神社を壊すということは、それを取り巻く自然環境も失うことになる。熊楠は植物学者として神木の乱伐が植物の滅亡に繋がる事を憂い、民俗学者として庶民の信仰を衰えさせ、村内自治が阻まれる事を憂いた。人間も大きな自然の一部である。彼は自然を破壊することによって人々の職業と暮らしが衰微し、人間性が崩壊される事を警告した。

　　人類は 1968 年のローマクラブから「地球の有限性」という共通の問題意識で国際協力をうたってきた。環境問題や紛争など、もはや従来の秩序を再構築できない危機的状況である。何か重大な出来事があってから学ぶのではもう対処できない。

　　人類が手にしている力はより強力になり、やり直しがきかない事態を引き起こしている。「過去の経験に基づく行動様式の変化」という学習の定義自

体が問われてきている。

　環境問題、強国の対立、世界の分断、広がる格差、爆進する科学技術、次から次に押し寄せる難題全世界的な問題においては、過去に学ぶだけでなく将来にも学ぶという「先見性」が必要になってきている。

　私たちは経験の無い新しい状況が生じた時、常に行動できる様に準備しておかなければならない。将来起こりうるものは何か、確率の高いものは何か、これらを究明することも学習活動に据えなければならない。

　日本学術会議（日本の展望委員会・知の創造分科会『提言21世紀の教養と教養教育』2010年）は「グローバル」化の現状及びそれに対応しうる「知」の在り方「基盤となるべき教養」につながるグローバルな時空間認識を通して、必要な思考力や判断力、表現力等の資質・能力育成にとって有効な科目の在り方を、研究・検証してきた。この流れから「高校地理歴史科の再構築に向けて、「地理総合」「歴史総合」（必修科目）が設置された。時代が必要とする「21世紀型教養」は時間と空間、物語性と科学性といった複数の着眼点に立脚する。かつて「安定した社会」を形成してきた様々な価値観が揺らぎ、課題発見能力、世界の中での位置づけ、異文化理解と交流・行動、世界への貢献、問題発見解決能力が求められている。この流れは、平成30年に示された新学習指導要領の方向とも重なってくる。

②「『地理総合』とは何か」

　筆者は文部科学省「学習指導要領解説」に掲載された教科の「改善・充実の要点」について「地理総合」と「歴史総合」の2つをテキストマイニング分析で比較してみた。結果、「地理総合」では「地域」・「位置」・「空間」・「場所」・「相互依存」・「関係」・「分布」・「生活」といった名詞が、「歴史総合」では「近現代」・「視野」といった名詞が多かった。

　さらに、両教科の「目標の説明」を同様に比較分析すると「地理総合」には「動詞」がたくさん出てくる。詳細は割愛するが「歴史総合」に無く「地理総合」だけに見られる動詞としては、「結びつく」・「受ける」・「求める」・「見いだす」・「とらえる」・「与える」という動詞がピックアップされた。この様に抽出した動詞を単純比較しただけでも「地理総合」がよりアクティブな科

目である事が分かる。このことから「何ができるか」ということに重点を置いているのが「地理総合」であると言えよう。

「地理総合」の必修化について

「地理総合」の内容は A「地図や地理情報システムで捉える現代社会」、B「国際理解と国際協力」、C「持続可能な地域づくりと私たち」の三本柱である。これがなぜ必修になったのだろうか。

地理には地理ならではの見方考え方がある。もちろん他教科にもその様な要素はあるが、時代が求めているものが特に地理の中にあるということなのである。今回の学習指導要領にはすべての教科に関わる前文があり、「持続可能な」という視点が示されている。国際地理学連合 IGU の「ルツェルン宣言」（持続可能な開発のための地理教育に関するルツェルン宣言）には五つの地理学概念が示されている。これらを通じて「地理ならではの問い」による思考力・判断力・表現力をつけていく。その成果が、急激なグローバル化が進む今日の社会において、発揮されるようにならなければならない。

地理総合には持続可能な社会づくりに必須となる地球規模の諸課題や地域課題を解決する力を育む ESD（持続可能な開発のための教育）の視点が盛り込まれている。

地球的視野で考え、さまざまな課題を自らの問題として捉え、身近なところから取り組み、持続可能な社会づくりの担い手となる市民の育成が掲げられている。（「国連持続可能な開発のための教育の 10 年」関連省庁連絡会議、2006 年〜）

③どの様に学ぶか

「人は、生涯を通じて自己の人生の意味を解釈していく存在である。」(Kaufman,S.1988)。自己を取り巻く他者や世界との対話の中から生まれ変化していく「理想」を描き現状と比較しそのギャップから何をすべきかを考える。世界と自分の関係とその意味を一層深く知る。経験を深めるもっとも基本的な方法は、自分の経験を文章化することである。

自己表現を積極的にはじめることによって学習の単なる「受け手」から「送

り手」へ変化し他者とのコミュニケーションを「深い学び」に繋げたい。

　学習を「行動」に繋げるにはどの様にしたらよいのだろうか。そのためには部分的な理解だけでは不足である。「全体像」と「構造」の理解が必要となり「構造的説明」が重要になってくるのではないだろうか。

　全体を把握する「メタ認知」が行動を誘う「潜在要因」を鮮明にし「行動」が変わるのである。「地理総合」では、地球規模の自然システムや社会・経済システムに関する理解を前提に、環境問題、防災・減災、グローバル化など今日的な課題を主要な内容として取り上げ（日本学術会議、2017）地球規模の自然システムや社会 - 経済システムに関する基礎的な知識の獲得が保証される必要がある。システム思考は部分ではなく全体を考慮する考え方を取り入れている。課題解決に向かう実践では「レバレッジ（てこ→最小の努力で持続する深い意味改善に繋がる場所）の原則」を使ってツボを押えた行動に繋げる。

二つのプロセス

　「拡張プロセス」（小さな変化が拡大して大きな成果をもたらす過程）と、社会やシステムのバランスを保持し構造を維持する「平衡プロセス」（安定をもたらす効果、何らかの目標を目指す行動）の２つが原動力となる。OECD 教育研究センター発行の「学習の本質」によると、知識は問題解決の為のコンピテンシーとしてとらえ、他者との社会的交渉の中で状況づけられ、能動的に構成された文脈により形成されるとしている。

　社会的構成主義によると「学習は、情報を記憶することによってではなく、それを解釈することによって生まれる。」学習者は「意味形成者」であり、環境との相互作用を通して、さらに自身の心の構造の再組織化を通して、知識とスキルを能動的に構成していく。その為に整備されるべき「学習環境」は、1.構成的で自己調整的であること。2.学習が文脈に応じて変化すること。3.協働的な協同学習が行われることである。

　地理に関わる諸事象を地域等の枠組みの中で多面的・多角的に考察し、結果、獲得する知識を持続可能な社会の構築のための課題解決に向けて、複数の立場や意見を踏まえて自分→学校→地域→社会→国家→世界と全体把握をするメタ認知力が必要である。

地理では世界と日本は一体化しているが歴史では世界と日本は一体化しているのだろうか？「地のもつ理屈」を理解することを通して「自分の背景にある地域」と学校の位置する「地域」との差異を発見することは「地域学習」の出発点となる。自分を育んできた地域のことを学ぶのは高校までである。一般に通学圏が拡大する高校段階ではさまざまな「地域」で育まれた「個性」との出会いが待っている。学校生活への適応で困難に直面する生徒も増加している。我々はこのために何ができるのだろうか。これを小さな異文化理解と考えてみてはどうだろう。一年生で地元地域の事を学び直す。例えば自分が通っていた小学校の学区から通学路を新旧地図比較で発見し説明する。防災・減災に関する知識や、地域の課題を発見する。ここから、クラス→地域→国家→世界というグローバルな視点の軸足を育むことができる。学校が「安心安全の場」となり、ローカルからグローバルへ行動に繋げられればすばらしい。

必修化によって地図帳を持つすべての生徒に効果的な授業ができれば「地理総合」・「歴史総合」はその後地歴科における共通スキルのベースになり「垂直的統合」（時間）と「水平的統合」（空間）に関するメタ認知が進む機会は増えるだろう。

④新時代の学びへ

冒頭に述べた様に、限りある地球に対して人類の影響力は増大し一度の失敗が致命的大きな人類の危機となる。「失敗から学ぶ」経験主義では手遅れであり、未来を先取りしながら現状に対応する知見が持続可能な発展を支える時代になっている。持続可能な発展には現状に対応しながら進むべき方向をしっかりと掴んでいることが重要である。進むべき哲学・価値観・幸福論を社会実装化するための「臨床の知」が必要である。

その際には経験の構造化が必要だ。ブルーナーは経験を構造化する手法として「物語的思考」と「論理科学的思考」の両方を提唱している。広告・環境・健康・ルール・資源等の問題に関して学校や家庭・職場など一般市民の身近な場所においても科学的に理解し説明し意志決定をすることが必要になってきている。

新しい視点

　全ての事を教えこみたいというのが教師の願いであろう。しかし「生徒を〇〇させる」という授業が「『主体的』・『対話的』な『深い学び』」に繋がるのだろうか？教師の仕事は生徒自身の「発見」と「成長」の支援である。　我々が最初に着手しなければならないことは注入しようと考えてきた大量の知識を「削ぎ落とす」ことである。

　学習者中心主義への第一歩は「問い」である。各自の描く理想と現実のギャップをどの様に埋めていけば良いのだろうか？日本史と世界史、地理と歴史、研究と教育、様々な側面からの視点をもとに最終的に目指すべき持続可能な社会づくりの道筋は小学校入学前から繋がってくる。当然、高校は中学校もしっかり見ておく必要がある。

　世界では母国語が異なる、民族が異なる、宗教が異なる、そういう子供や生徒が教室に集まっている。その中でどのように新しい時代を切り開くかという議論が国境を越えて盛んに行われている。環境問題や異文化理解など人文自然の両方面からのアプローチが必要な「人類共通の地球規模の課題」は学校教育において、英語や国語・公民・理科・家庭・保健体育・情報などの各教科科目でも扱うであろう。

　コンテンツベースでの統合はなかなか難しいがコンピテンシーベースで付けたい力から逆算したカリキュラムデザインがあっても良い。

　これらを束ねるコア科目として地理の出番もある。となると「地理総合」においては混沌とした現実の中で理想に向けて粘り強く多面的に構築し続ける「教室を出た後も話し合いたくなるような問い」、「教師の予測を超えて展開するような問い」が求められていくだろう。

　今後も絶え間なく流動化する世の中で私たちは主体的に学び続けることが求められるだろう。社会心理学ではコミュニティーの中で公共性を持った主体性を「エージェンシー（行為主体性）」と呼んでいる。校内外様々な関係性の中で蓄積される経験と地歴・公民科での主体的な学びが人間の可能性を信じ、人間のすばらしさに気づく価値ある学習に繋がっていって欲しい。

公民科と歴史教育
―「公共」の授業から歴史を考える―

宮崎 三喜男
東京都立国際高等学校　主任教諭

新学習指導要領における公民科と地理歴史科

　2022年から始まる新学習指導要領では、地理歴史科において「歴史総合」と「地理総合」が、公民科においては「公共」といった新科目が設置された。今までの公民科は必履修科目として、現代社会もしくは政治・経済および倫理のどちらかを履修することになっていたが、新学習指導要領では、すべての生徒が「公共」を履修することに変更されることになった。つまり今後は高校生全員が歴史総合、地理総合、公共の3つの科目を履修し、それをベースに日本史探究、世界史探究、地理探究、政治・経済、倫理という探究的な授業を学ぶことになり、ベースとなる歴史総合、地理総合、公共の3科目を、いかに総合的に結びつけるかで、新学習指導要領が目指す資質や能力を有機的に育むことができると考える。

　また「コンテンツベースからコンピテンシーベース」、「主体的・対話的で深い学び」という言葉に象徴されるように、新学習指導要領では「思考力、判断力、表現力」の育成が一層重視され、思考したり、判断したり、表現したりするために必要な知識を各教科にて育むように具体的な視点が設定された。その知識が「見方・考え方」であり、公民科においては①現代社会を捉える視点、②社会に見られる課題の解決を構想する視点の2つに整理された。

　今回はこのようなことを踏まえ、公民的分野と歴史的分野が相関する授業実践について、記していきたいと思う。

III 「歴史教育」をみつめる | コラム

1. 大津事件を公民科で学ぶ

　ご存知の通り、大津事件は、1891 年、ロシア皇太子ニコライが、警備していた津田三蔵巡査に切りつけられ負傷した事件で、ロシアとの関係悪化を懸念した政府が大逆罪を適用して津田を死刑にしようと裁判所に圧力をかけたが、大審院長の児島惟謙が司法権の独立を守ったとされる事件である。

　歴史の授業において、この大津事件はどのように扱うのであろうか。多くの場合、「児島惟謙が法治国家として司法権の独立を守った」という肯定的な側面から授業展開が行われることと推測する。しかし公民科においての大津事件は、もう 1 つの視点を合わせて授業を行うのが一般的である。司法権の独立には、他の国権からの介入を受けない「対外的独立性」と裁判官同士も介入することができない「対内的独立性」の 2 つの視点があり、大津事件を「司法権の独立を守った」と評価するのは、前者の視点に立った場合である。教科書の太文字で書かれている児島惟謙は大審院長、現在の最高裁判所長官にあたり、実際に津田三蔵の裁判を担当したわけではない。つまり大審院長である児島惟謙が津田三蔵の裁判を担当した裁判官に圧力を加えた、「対内的独立性」が守られていない事件であると見ることができるのである。公民科の目標の中に「現代の諸課題について、事実を基に概念などを活用して多面的・多角的に考察したり・・・議論する力を養う」という文言がある。大津事件は「現代の諸課題」ではないが、多面的・多角的に考察する教材として、また科目によって見方や考え方が異なる良い教材として活用できる事例である。

2. 歴史上の女性人物に焦点をあてた平等権の授業

　教科に限らず、授業の導入は非常に重要であるのは言うまでもない。ここでは公民科の平等権に関する授業の導入について紹介したい。授業の冒頭、「皆さんが知っている歴史上の女性人物を考えて発表してください」と指示をだし、生徒に発表をさせる。「卑弥呼、推古天皇、清少納言、紫式部、北条政子、淀殿、春日局、篤姫、津田梅子」・・・1 列目、2 列目の生徒がここまで発言すると、教室がざわざわしてくる。生徒 1 人につき歴史上の女性人物 1 人を発表させ、「40 人の名前が出てきてもらうことが目標だよ」と話しをするが、今までの経験上、40 人の名前が黒板に書かれたことはない。

273

次に日本史の教科書の索引のページを開かせ、歴史上の女性人物について
マークをさせ、いかに歴史上の人物に女性が少ないかを確認させる。以上の
ような導入を実施し、いかに日本社会が男性中心の世の中であったことを示
唆してから、日本国憲法第14条に明記されている「法の下の平等」について、
授業を進めていく展開である。公民科において、「法の下の平等」をはじめ
とする日本国憲法の人権規定を学習する際は、まず条文の確認をさせ、その
次に各人権に関する内容を説明し、そのうえで現代社会で起きている諸問題
を考察する流れが一般的である。しかし男女差別問題に象徴されるように、
人権の諸問題は、歴史的な背景を理解しなければ、問題の本質にたどり着く
ことができない。深い学びとなるために、歴史と公民の相関カリキュラムは
今後さらに求められてくるであろう。

3. 帰結主義と非帰結主義を歴史的事項からから学ぶ

　新科目「公共」の第一編では「公共の扉」が新設され、その中で「選択・
判断の手掛りとして、行為の結果である個人や社会全体の幸福を重視する考
え方や、行為の動機となる公正などの義務を重視する考え方などについて理
解すること」が明記され、いわゆる帰結主義と非帰結主義を扱うことが全面
的に打ち出された。

　このことについて公共の授業としては以下のような事例が考えられるであ
ろう。それはテロリストが飛行機をハイジャックし、ハイジャック犯の目的
が都市部への墜落による攻撃で多数の人命を奪うことであった場合、その飛
行機を撃墜させるという政府の判断は許されるのか、という事例である。授
業では、「撃墜は仕方ない」、「撃墜は行うべきではない」という両意見に二
分され、議論が白熱する。「撃墜は仕方ない」という立場の生徒の主な主張は、
「乗客には申し訳ないが、これ以上の犠牲者を出すべきではない」という意
見であり、「撃墜は行うべきではない」という立場の生徒は、「政府が国民の
命を殺める判断をしてはならない」と主張する。つまり前者の生徒はベンサ
ムの量的功利主義の考え方を基にしており、後者の生徒はカントの定言命法
の考え方を基にしているといえ、このような事例を通して、帰結主義と非帰
結主義を理解させることになる。

　では、歴史の授業において帰結主義と非帰結主義を、公民科の授業におい

て歴史的な事例を用いて帰結主義と非帰結主義を考えさえることはできるであろうか。例えば、1886年に起きたノルマントン号事件は、このような学習に最適な事例であると考えられる。歴史の授業において、ノルマントン号事件でのポイントは領事裁判権、条約改正という点にあると思うが、イギリス人のみ救助したノルマントン号の船長の行為は、どのような思想に基づくのかを考えさせると公共の授業につながってくる。日本国内では、イギリス人船長の行為は非難されたが、共同体主義の思想に基づくと、イギリス人船長がイギリス人を優先して救助を行ったことは、決して間違った判断とは言えないであろう。救命浮き輪が1つしかない場合、自分の子どもと見ず知らずの子どもがいた際、どちらに浮き輪を投げるのかという事例と、ノルマントン号事件は同じである。

　公共では、選択・判断の手掛りとなる概念や理論および公共的な空間における基本的原理を「見方・考え方」として習得したうえで、学習を深めていくことになる。具体的にはベンサムの量的功利主義やカントの定言命法の他、リベラリズム、リバタリアリズム、共同体主義といった先哲の思想を理解させることが求められる。現代社会の諸課題を先哲の思想を用いて読み解くことが基本ではあるが、歴史的事項から学ぶことも非常に深い学びとなるであろう。

多面的で横断的な視点を広げる

　筆者は、公民科の授業は「課題を多面的・多角的に捉え、自らの意見を形成し、根拠をもって自らの考えを主張・説得し、また合意形成を図る力を育むこと」、「主体的に社会と向き合い、自分たちの社会をどんな社会にしたいのか考え、参画する力を養うこと」であると考える。そのためには多面的・多角的な見方や考え方を育むことが欠かせない。そしてこの「多面的・多角的な見方や考え方を育むこと」は地理歴史科においても同様であろう。

　多面的とは「政治、経済、歴史、社会、文化」などの面から考察し、多角的とは「様々な立場から」考察することを意味すると言えるが、このことからわかるように、歴史、公民と科目ごとに分けて学習するのではなく、歴史的な見方や考え方、公民的な見方や考え方といった視点を持ち、授業を構築していくことが、新しい学習指導要領の下では、さらに求められてくるであろう。

なぜ歴史を教えるのか
なぜ歴史を学ぶのか

渡邉 久暢

福井県立若狭高等学校　教諭

「なぜ国語を学ぶのか」「なぜ歴史を学ぶのか」

　稿者は福井県の公立高校にて、国語を担当している。毎春の「授業開き」の時間では初めて出会う生徒たちに、以下の問いを投げかけてる。

◎一年間考え続けたい問い
　　1 「良い話し手・訊き手・聴き手・書き手・読み手とは」
　　2 「なぜ私たちは学校において、国語を学ぶのか」
　　3 「授業を通して、どのような力を自分自身は培いたいのか」

　あなたは、なぜ「学校で」「国語を」学ぶと考えるのか。あなたは「授業で」「どんな力を」獲得したいのか。まずは、生徒一人ひとりに考えてもらうことから、その年度の授業はスタートする。ここ10年ほどの期間、毎年これを続けているのは、学ぶことの意味を生徒が一年間考え続けることが生徒の学力向上に寄与する、という実感があるからだ。ここでいう学力とは、渡邉（2016）で述べたとおり「教科の本質に関わり、それゆえに領域を超えて発揮される能力となり得る、その教科の知識や技能をベースとした質の高い学力」、つまり「生きて働く質の高い学力」である。たくさんの知識を伝達しても、それらを「生きて働く知識」として実感できなければ生徒はそれを直ちに捨てていく。学ぶことの意味への理解なくして学習は促進されない。もちろん、「受験で必要だから」という論理は今の高校生に対してはほとんど通用しない。

Ⅲ 「歴史教育」をみつめる ｜ コラム

歴史教育の場面ではどうだろうか。吉田・須郷・中山・渡部（2015）にて渡部は、歴史教育においては歴史を学ぶことの意味を学習者が持つことや、歴史を学ぶことの有用性を感じる（「大切だ」「役に立つ」といった感情を持つ）ことが、学力向上に良い影響を与えると述べる。さらに渡部はスティーブン・ソーントンやキース・バートン＆リンダ・レヴスティクらの所論に基づき、以下のように述べる。

> いくら高度な学科内容や教育技術を伝達しても、それらを活用することに意味を見いだせなければ、学び手はやがてそうした知識や技術を捨てて……そうした実態を彼らは明らかにしてきた。そして、逆にそうした知識や教育技術を捨てることのない教師は、共通して、目的意識を持ち、そうした知識や教育技術を持つことに自分たちなりの意味を見出し、さらにはその見出した意味の中に、そうした知識や技術を自分たちなりに噛み砕いて位置付け直していたことも彼らは明らかにした。ソーントンもバートンも、そうした教師に共通するのは「なぜ社会や歴史を教えるのか」という「aim talk」をしていることだと言う。そして彼らは、学習者も同じで、学ぶことに意味を見出せるようにしていかねば、彼らは主体的に学ぶことはないと主張していた。

歴史教育においても「歴史を学ぶことの意味」について、教師も生徒も考えることが重要になることがわかる。歴史教育と国語科の共通点が見いだされた。それでは、どうすれば歴史を学ぶことの意味を考え続けることにつながるような単元・授業となるのか。高等学校国語科が抱えている現状の課題を通して考えてみよう。

国語科が抱える課題から歴史教育を問い直す

渡邉（2019）に述べたとおり、現在の高等学校国語科においては以下に示す四つの課題がある。

第一に、目標設定に関しての課題である。大滝（2018）は「『まず教材あ

りき』の単元構想から脱却し、資質能力（指導事項）ベースの単元構想が必須である」と述べる。教師が学習活動を構想する際は、規準となる目標を吟味することが不可欠であるにもかかわらず、「羅生門を教える」といった授業になりがちであることを、大滝は指摘する。目標吟味が不十分だという批判だ。これは国語科だけの事例であろうか。もちろん歴史教育においては「戦国大名の分国支配を教える」ということがあっても良いだろう。しかし、分国支配に関する知識に基づき、どのような思考力・判断力・表現力を培うかの吟味、さらにはどのように学びに向かう態度や、人間性を生徒に育もうとしているのかの吟味は、国語科同様、歴史教育においても求められているのではないか。

　国語科においては、目に見えづらく言語化しづらい「思考・判断・表現」の能力の内実を吟味し、目標として具体化しているかも問われている。この単元で培いたい思考力とは、どのようなものなのか。生徒にもその内実を共有できるほど具体化することが望ましいとされる。歴史教育ではどうだろうか。国語科における課題が、歴史教育の場面では既に克服されているとすれば、生徒は単元や授業において獲得すべき能力をイメージすることが可能となり、学ぶことの意味を考え続けることへとつながる。

　目標吟味の観点はそれだけに留まらない。むしろ、国語科で目標を吟味する際に最も大事なことは、今、目の前にいる生徒たちの状況に基づき、生徒の姿で具体化された目標を設定しているかを教師が自分自身に問うことである。学習指導要領から目標を引き写すのではなく、自身が担当する生徒の実態に即して、少しでも学力を高めることができるよう、具体的な目標設定が国語科では求められる。このように、目標の吟味が不徹底であると言うことが、国語科における第一の課題である。

　第二の課題は、目標と学習活動を一体化するという課題である。「目標を実現させるための学習活動が組織されていない」と言い換えても良いだろう。渡邉（2017）にて述べたとおり、国語科においては、教師自身が具体化された目標を設定したとしても、豊かな学習活動は目標から直線的に導かれるものではない。どの教材を用い、どのような学習課題・発問を設定し、どのような形態での活動を組織するのかという、実践者的判断に基づく目標と学習活動の一体化に関する展望を得られなければ、学習・指導方法の改善を実

現することは困難である。いつでも2人のペア学習、いつでもKP法、いつでも班での学び合いというスタイルで学習活動を組織している教師は少ないだろうが、目標に沿った学習活動を組織・展開するといった課題は、歴史教育でも共通するだろう。「社会的事象の歴史的な見方・考え方」を働かせて、鍛える学習活動となっているか、自らの設定した目標に基づき、丁寧に吟味したい。

もちろん、活動の途中で目標を再構成することもある。単元や本時の目標に沿った学習活動を組織した上で、生徒の活動状況に即して柔軟に目標を編み直すことを実現したい。

第三は、評価に関しての課題である。国語科においては、豊かな学習活動によって育まれた高次の能力を評価する際には、ペーパーテストのような方法だけによらず、パフォーマンス評価やポートフォリオ評価などを取り入れたバランスの良い評価が求められる。また、学習の成果だけではなく、学習過程も丁寧に評価することが必要となる。

稿者の勤務校の国語科チームは、全学年において既習教材ではなく初見の課題文に基づいて作成された定期考査を行っている。「真正の評価論」を理論的支柱とした上で、質的な評価基準であるルーブリックに基づき論文やレポートの作成過程やその成果を評価する試みも行っており、定期考査を行わずに、レポートにて評価することもある。

歴史教育の場面では、定期考査も様々に工夫されていると聞く。国語科同様、設定した目標に準拠した評価の方法がとられているか。高次の能力の育成を促す評価を行っているか等についても検討したい。

これら三つの課題は全て教師の授業に関わる思考・判断に関わるものである。全ての教師の授業力が高まるよう支援すること、つまり教師教育の充実なくしてこれらの課題を解決することは難しい。もちろん優れた教師は、どのような目標を設定し、どのような評価や学習活動を構想すべきかについての知見を持ち合わせている。しかし、その知見は言語化されることは少なく、その多くは共有化されていない。優れた教師の試みを様々な角度から対象化した上でそれを伝達可能にし、共有化することが国語科における第四の課題と言える。歴史教育においても同様の課題を抱えているからこそ、本書が刊行されたのであろう。

なぜ歴史を教えるのか　なぜ歴史を学ぶのか

　もちろん、歴史を教える教師は新学習指導要領に謳われている「グローバル化する国際社会に主体的に生きる平和で民主的な国家及び社会の有為な形成者に必要な公民」となるように生徒を育てることを大きな目的としているはずだ。この大きな目的を達成するためには、上に挙げた四つの課題の克服と同時に、国語科の指導要領に謳われているところの、「論理的に考える力や深く共感したり豊かに想像したりする力を伸ばし、他者とのかかわりの中で伝え合う力を高め、自分の思いや考えを広げたり深めたりすること」ができるようにならなければならない。国語科の責任も重い。

参考文献

・渡邉久暢「生きて働く質の高い学力」を培う単元デザインのあり方～「アクティブ・ラーニングの時代」において～」『研究雑誌』46、pp、29-48、福井県立若狭高等学校、2016

・吉田英文 須郷一史 中山南斗 渡部竜也「学習者の学習意識や学習方略が歴史理解に与える影響について：高等学校日本史Aの学習を事例に」『東京学芸大学紀要 人文社会科学系』Ⅱ　Vol.66、pp.1-18、2015

・渡邉久暢「新科目「現代の国語」の単元構想に関する研究 ～新学習指導要領を見据えた「高次の学力」を育む授業展開の可能性～生きて働く質の高い学力」を培う単元デザインのあり方～「アクティブ・ラーニングの時代」において～」『研究雑誌』49、pp、36-51、福井県立若狭高等学校、2019

・大滝一登「新学習指導要領国語はこう変わる」、大滝一登・髙木展郎編著『高校の国語授業はこう変わる』p26、三省堂、2018

・渡邉久暢「『アクティブ・ラーニング時代』の高等学校において『目標と指導と評価の一体化』を実現するための課題と展望　―目標と活動の関係を問う―」、教育目標・評価学会紀要』27、pp.21-28、教育目標・評価学会、2017

歴史教育に生かす数学的視点
―図表の見方と統計手法―

近藤 義治
渋谷教育学園渋谷中学高等学校　教諭

はじめに

　2022年から、高校の新学習指導要綱が実施されるに伴い、理数探究、歴史総合、世界史探究、日本史探究など教科横断型の学習が今まで以上に増えると思います。私は数学の教員ですが、社会の先生方と相談し、歴史と数学を融合させた自由課題を出題してきました。今回このコラムでは、教材作成をする視点に立ち、これまで実際に出題した課題の紹介と、今後、歴史教育においても活用できる図表の見方、そして、統計的な手法について書かせていただきます。

過去に題材として選んだものの紹介

　数学では長期休暇の課題として、「問題集の〇〇ページから〇〇ページを解きなさい」という出題が一般的です。でも、問題をただ解くだけでなく、もう少し学習した内容の理解を進めるために、学んだことを生徒自身にまとめさせたいと考えていました。しかし、「〇学期に勉強したことをまとめなさい」と課題を出したところで、何も面白くないと思いました。そこで、社会科の先生の出題方法を、ちょっと真似してみようという感覚で課題を作ってみました。初めて私が取り上げた題材は、数学の教科書に載っている数学者です。この人物の生涯を通して歴史的な背景を問う形で高校生向けに作成しました。

III 「歴史教育」をみつめる ｜ コラム

問 次の文章を読んで問いに答えなさい。

ジェロラモ・カルダーノは、①16世紀のイタリアの人物で、ミラノ生まれ、ローマで没した。一般に数学者として知られているが本業は医者、占星術師、賭博師、哲学者でもあった。

＜中略＞

　当時、問題を出し合っては解くのを競う数学競技が習慣的に行われていた。この頃、三次方程式はまだ完全に解かれておらず、その解答能力で勝負が決まる切り札的な問題であった。タルタリアは自らの力で三次方程式の解の公式を導き、おまけに彼が提示した巧妙な三次方程式は相手には解かれなかった。この公式はタルタリアが長らく秘蔵していたが、カルダーノが絶対公表しないと誓いを立てたので彼に教えた。しかし、カルダーノはタルタリアに無断で『偉大なる術』のなかで⑤三次方程式の解の公式を書き記してしまいます。タルタリアはこれを公表されたことに怒り、カルダーノと長い論争をすることになりました。

　重要なのは、カルダーノによる解法の公表が数学史上の⑥転換点に当たっていることである。タルタリアもそうだったように、当時、数学的知識は師から弟子へと口伝されるような秘術の一種であり、いまだ近代的な学問としての体をなしていなかった。カルダーノの『偉大なる術』の発表は、数学が共有される知の学問として自立を始めた端緒ということができる。

　彼は金遣いが荒いことで知られており、本人は自身を賭博者、あるいはチェスのプレーヤーだと考えていたようである。しかし数学者らしく、1560年代に『さいころあそびについて』を著し、そのなかで効率的なイカサマの方法として、はじめて⑦系統的に確率論について触れて記している。「ギャンブラーにとっては、全くギャンブルをしないことが最大の利益となる。」という言葉も残している。

〔ウィキペディアを元に、一部文章を変えています〕

283

(1) 下線部①では、個人の個性を尊重しようという文化運動が起きていた。このことについて説明しなさい。

(2) 下線部⑥のように、一般の人が知ったことによって歴史上の転換点を向かえた事例を1つあげ、これについて説明しなさい。

(3) 下線部⑦について今まで習ったことをA4サイズの紙1（表面のみ）にまとめなさい。

⇒この問題の解答を、 学園祭に展示します 。力作を待っています。

（1）はルネサンスについて説明させること、（2）はヨーロッパで宗教改革が行われた背景を説明させることを念頭に、社会科の先生の真似をしてみました。（3）は全員提出しましたが、他の問題は数人がチャレンジした程度でした。

次は、歴史的に未解決の問題に、数学（比例、1次関数）を道具としてアプローチすることに挑戦してみた中学生向けの課題です。

次の文章を読み、以下の問いに答えよ。

倭人在帯方東南大海之中依山島爲國邑舊百餘國漢時有朝見者今使譯所通三十國從郡至倭循海岸水行歴韓國乍南乍東到其北岸狗邪韓國七千餘里始度一海千餘里至對海國其大官曰卑狗副曰卑奴母離所居絶島方可四百餘里土地山險多深林道路如禽鹿徑有千餘戸無良田食海物自活乗船南北市糴又南渡一海千餘里名曰瀚海至一大國官亦曰卑狗副曰卑奴母離方可三百里多竹木叢林有三千許家差有田地耕田猶不足食亦南北市糴又渡一海千餘里至①末盧國有四千餘戸濱山海居草木茂盛行不見前人好捕魚鰒水無深淺皆沈没取之東南陸行五百里到②伊都國官曰爾支副曰泄謨觚柄渠觚有千餘戸世有王皆統属女王國郡使往來常

III 「歴史教育」をみつめる ｜ コラム

所駐東南至奴國百里官曰兄馬觚副曰卑奴母離有二萬餘戸東行
至不彌國百里官曰多模副曰卑奴母離有千餘家南至投馬國水行
二十日官曰彌彌副曰彌彌那利可五萬餘戸南至③邪馬壹國女王
之所都水行十日陸行一月官有伊支馬次曰彌馬升次曰彌馬獲支
次曰奴佳醍可七萬餘戸

　注…帯方　現在のソウル

(1) 下線部①末盧（まつら）國、下線部②伊都（いと）國の現在の地
　名を Google Map を利用して推定せよ。
(2) この文章から一里がどの程度の距離であるか Google Map，１次関
　数を利用して推定せよ。
(3) 下線部③邪馬壹（やまたい）國女王之所都がどこにあるのか，陸行,
　水行の１日当たりの移動距離を推測して、あなたの意見を述べな
　さい。

　出題した結果、私が何も評価できない状況になってしまいました。必出で
ないにもかかわらず、数多くの力作が提出されました。生徒のレポートには、
ひょっとしたら歴史的な大発見があったかもしれません。しかし、知識のな
い私には「よく考えたね」と生徒を褒めるしかありませんでした。

図表を利用した考え方

　数学では、学習指導要綱の改定で、統計の分野が重要なポジションを占めるようになります。残念ながら、現行の数学の課程では、図表の読み取りについての学習は行われていません。しかし、センター試験の地理や公務員試験などで、多くの図表の読み取り問題が出題されています。公務員試験の対策問題集をもとに、ここでまとめたものを紹介させていただきます。

①棒グラフ：棒の高さで量の大小を比較する

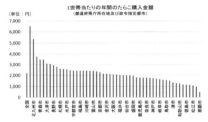

②折れ線グラフ：時系列で量の変化をみる

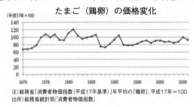

③円グラフ：全体の中の構成比をみる

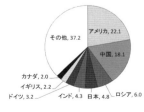

④帯グラフ：全体の中の構成比をみる

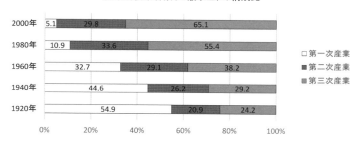

注）第一次産業：農業、林業、漁業　第二次産業：鉱業、建設業、製造業　第三次産業：その他
出所）総務省統計局「国勢調査」

⑤ヒストグラム：散らばり具合をみる

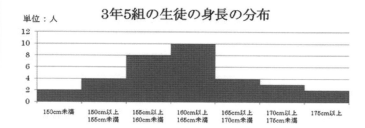

⑥箱ひげ図：散らばり具合をみる

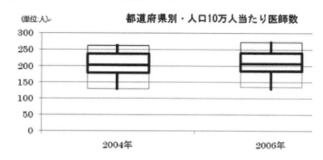

出所）総務省統計局「社会生活統計指標―都道府県の指標―2010」

⑦散布図：2種類のデータの相関をみる
⑧レーダーチャート：複数の指標を比較する

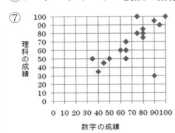
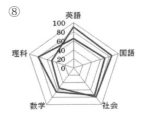

⑨三角グラフ：3つの構成比をみる

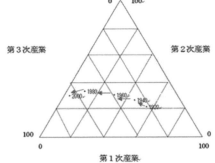

⑩積み重ね棒グラフ：時系列で量と構成比を比較する

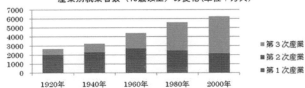

III 「歴史教育」をみつめる ｜ コラム

　この図表の意味をふまえて、生徒たちに問題解決の糸口を掴ませることができるような数学的な課題は、残念ながら私もまったくできていません。公務員試験の図表の読み取り問題を参考に問題を作成してみても、とても単純な計算問題にしかならず、数式の処理の問題へと置き換えることができない点がネックになっています。

　次の問題は、作成してみたものの数学の教材としてはうまくいかなかった例です。

問　1970年代にローマクラブから「成長の限界」が発表され、2000年代には大規模な飢餓が起きるとの指摘がありました。次のグラフを見て以下の問いに答えなさい。

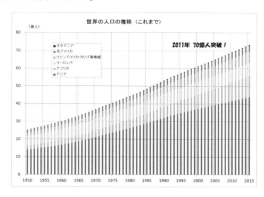

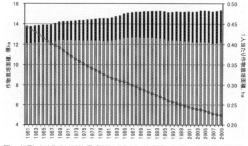

図1　世界における天水依存と灌漑装備のある作物栽培面積ならびに1人当たりの作物栽培面積の推移（FAOSTATから作図）

このグラフより、人口1人当たりの耕作地の面積がかなり減少していることがわかります。1人当たりの食べる量に変化がなければ、どこかで大規模な飢餓が起きていることになります。しかし、現在はこのような飢餓が起きていません。この問題に対して人類はどのようなことを行ってこの問題を解決したと思いますか。

　この答えは、化学肥料が開発され、作物の生産性が上がったことにあります。しかし、どのような図表を提示したら、その答えを導けるのか思い当たりませんでした。また、それに繋がるような計算式を含ませることも難しく、数学の課題としては魅力の無いものになってしまい、実際に生徒へ出題することはしませんでした。

統計的手法について

　社会の変化（グローバル化，知識基盤型社会）によって，私たちの暮らしている現代社会は複雑化・多様化が進みました。そして予測のつかない不確実な事態が起こり，先人が見つけた公式を利用しても解決しない問題が数多く発生しています。このような複雑な問題を解決する1つの方法が統計学です。昔だったら"勘"で行っていたような不確実な物事をデータ化することから始まります。そして，関係性を探したり，他のものと比較したり，その傾向を調べたりして，問題の解決方法を探すことになります。一般的には統計的な問題解決の手段として，次のページの図のような手法が使われています。

　この関係性を探したり，他と比較したり，傾向を調べたりすることが統計的手法になります。しかし、この統計的な手法を利用した教材は、私自身も勉強不足なため、作成できていない状況です。

① 目的の指標になる Y を決定する。
② Y をコントロールしている要因 X を探す。
③ X と Y の関係を調べ、X を制御して指標 Y を改善する。

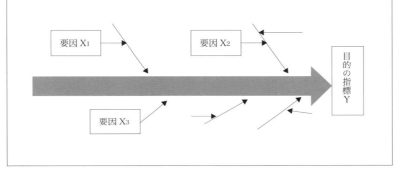

最後に

　数学と歴史教育に関して、私は教材作成の視点から書かせていただきました。他教科横断型の課題は、生徒の勉強に対するモチベーションが上がります。難しい部分が多くありますが、これからも社会科の先生とも相談しながら課題を作りつづけたいと思います。

参考文献

- 「ジェロラモ・カルダーノ」フリー百科事典『ウィキペディア（Wikipedia）』
  https://ja.wikipedia.org/wiki/%E3%82%B8%E3%82%A7%E3%83%AD%E3%83%A9%E3%83%A2%E3%83%BB%E3%82%AB%E3%83%AB%E3%83%80%E3%83%BC%E3%83%8E
- 「魏志倭人伝（原文、書き下し分、現代語訳）」東亜古代史研究所
  http://www.eonet.ne.jp/~temb/16/gishi_wajin/wajin.htm
- 畑中敦子『畑中敦子の資料解釈の最前線！（公務員試験／畑中敦子シリーズ）』東京リーガルマインド、2004 年
- 渡辺美智子・神田智弘『実践ワークショップ Excel 徹底活用統計データ分析　改訂新版 (EXCEL WORK SHOP)』秀和システム、2008 年

Ⅲ 「歴史教育」をみつめる

コラム

より良い未来を
デザインできる生徒の育成

山本 崇雄

新渡戸文化小中学校・高等学校英語科　教諭
横浜創英中学高等学校　教育アドバイザー

1　道具としての英語

　高校のコミュニケーション英語Ⅰの平成 27 年度版検定教科書 *ELEMENT English Communication I*（啓林館）の Lesson 1 に は "Samurai and English" というタイトルの読み物が掲載されている。幕末の日本で外国との貿易に解放された数少ない港の一つである横浜にある一人の侍が訪れた。彼は、得意なオランダ語で横浜港に訪れた外国人に話しかける。しかし、全く通じない。彼らが話していたのは英語だと知ったその侍は、英語の学習に取り組む。この侍とは福沢諭吉のことである。

　後に福沢は咸臨丸に乗り込み、日本初のアメリカへの公式訪問団の一員となる。そこで、民主主義を目の当たりにし、英語を通じて多くのことを学ぶことになる。そして福沢は英語を学ぶことに関して次のように述べている。

"It is not good to learn only from words. Language is a tool.
　It is like a hammer when you build a house. You can learn better through experience."

「単に単語から学ぶというのはよくない。言語というものは道具だ。
　家を建てる時に使う金槌のようなものだ。経験を通したほうが，よりうまく学ぶことができる。」

Ⅲ 「歴史教育」をみつめる ｜ コラム

　「英語を学ぶ」のではなく「英語で学ぶ」。つまり、英語をコミュニケーションの道具として福沢は学んでいたのである。当たり前のことに感じるが、受験偏重型の英語教育が重視されてきた日本の教室では忘れ去られていたことを福沢は教えてくれている。

　福沢が経験を通して、英語を習得したように、今の子ども達にも英語を道具として使い、学びの世界を広げる経験をして欲しいと願う。今の子どもたちにとって、学びの目的がテストや入試になってしまうことがよくある。英語もコミュニケーションのツールであることを頭ではわかっていても、現実問題としてテストで点を取ることが優先されてしまう。だからこそ、本来の英語の学びの目的を常に問いかけたい。先人たちが英語を手に入れた目的は、自らの世界を広げるためであった。日本の教育で英語を学んでいる生徒にとって、福沢の英語の学び方は今の自分につなげやすい。このように過去の事例から今の自分、さらに未来の行動に視点をつなげることが歴史を学ぶ上で大切だと感じる。

2　英語を使って歴史を学ぶ

　中学校、高校では英語の教科書の中で歴史を学ぶ機会は多い。中学校の平成 28 年度英語検定教科書 *New Crown English Series*（三省堂）の目次に目を通すと中 1 の教科書では直接的に歴史に触れることはない。これは単に「過去形」を学んでいないので、歴史を題材にすることが難しいためと考えられる。中 2、中 3 の教科書では以下の Lesson で歴史や文化を学ぶ。

中 2

Lesson 1 "Aloha!"（ハワイの文化、歴史）

Lesson 5 "Uluru"（オーストラリア先住民の歴史をたどる）

Lesson 8 "India, My country"（インドの文化、歴史）

Let's Read 2 "Landmine and Aki Ra"（カンボジアの戦争の歴史）

293

中3
Lesson 2 "France – Then and Now"（フランスと日本の文化交流）
Lesson 3 "Rakugo Goes Overseas"（日本の伝統文化の海外進出）
Lesson 4 "The Story of Sadako"（佐々木禎子さんの物語、原爆）
Lesson 6 "I Have a Dream"（キング牧師、公民権運動）

　高校でも、先述の福沢諭吉の Lesson など歴史に触れる機会は多い。
ELEMENT English Communication I（啓林館）の目次を見てみよう。

Lesson 1 "Samurai and English"（日本の開国の歴史）
Lesson 4 "Twice Bombed, Twice Survived"（戦争、原爆）
Lesson 6 "Maria and the Stars of Nazca"
　　　　　　　　　　（ナスカの地上絵を守ったマリア・ライヘ）
Lesson 10 "Playing the Enemy"
　　　　　　　　　　（南アフリカの歴史を変えたマンデラとラグビー）

　他にも、間接的に歴史や文化に触れる Lesson も多く、これを見ただけで
も英語教育と歴史教育は切っても切り離せないことがわかる。歴史を学ぶこ
とでその国の文化に触れることの重要性は学習指導要領解説でも以下のよう
に述べられている。『「聞き手、読み手、話し手、書き手に配慮しながら」コ
ミュニケーションを図ることが大切であり、その一つとして外国語の文化的
背景によって「配慮」の仕方も異なってくるためである。あわせて、外国語
の学習を通して、他者に配慮し受け入れる寛容の精神や平和・国際貢献など
の精神を獲得し、多面的思考ができるような人材を育てることも重要である』
　つまり、英語で歴史を学ぶ意義は、単に知識としての歴史的事実を学ぶだ
けでなく、言語の背景にある歴史を学ぶことで文化を知り、コミュニケーショ
ンをする際の配慮につなげることにもある。さらに、『他者に配慮し受け入
れる寛容の精神や平和・国際貢献などの精神を獲得し、多面的思考ができる
ような人材を育てること』にも繋げていくことが求められているのである。

さらに、留学生など外国人と日本の生徒を交流させた時に、必ずそれぞれの国の歴史についての質問が出る。国の始まりであったり、政府の推移、戦争の歴史などの話になると日本人は口を閉ざしてしまう。これは英語の問題でなく、日本語であっても説明する機会が私たちの日常にはほとんどない。自国の歴史や文化を英語で説明することができれば、国際交流時のお互いの理解を深めていくだろう。ここに英語で歴史や文化を学ぶ意義がある。

そう考えると、講義型の一斉授業で教えるスタイルでは、単に知識としての歴史的事実を学ぶ領域を超えない。ペアやグループでコミュニケーションを通して、共同で学んでこそ、「コミュニケーションをする際の配慮」につながる。コミュニケーションは体験を通してこそ学ぶことができるのである。

3 未来を創る Design for All

過去の歴史から学んだことを今の自分につなげ、より良い未来をデザインする子どもたちを育てていきたい。この時に意識させたいのが、ユニバーサルデザインの概念である "Design for All" の4観点である。

ユニバーサルデザインにおける Design for All

70億人、そして90億人となる多様な地球市民たちとのシェア

次代のユーザーである子どもたち、またまだ見ぬ孫たちとのシェア

次代に継承すべき価値を生み出した、なき先人たちとのシェア

人間を含めた、全ての多様な生物、自然生態系とのシェア

赤池学（ユニバーサルデザイン総合研究所所長）

私の授業ではレッスンごとに学んだことを他者に伝える活動をしている。学びの表現の仕方は自由で、絵でまとめてもいいし、動画でもいい。中には絵本にしたり、歌にしたりすることに挑戦する生徒も出てくる。この表現活動でこの "Design for All" の4つの観点を大切にさせている。

歴史教育の観点では、3番目の「次代に継承すべき価値を生み出した、な

き先人たちとのシェア」が関連してくる。過去に生まれたアイデアや行動に新たな発想を加えてデザインすると、過去を未来につなげられる。つまり、何でもいいから発表するのではなく、歴史や未来、人間以外の生態系にまで配慮したデザインができる生徒を育てていきたい。

4 学びをSDGsで世界課題につなげる

"Design for All"を意識したデザインができるようになるとSDGsの達成にもつながると考えている。SDGsとは「Sustainable Development Goals（持続可能な開発目標）」の略称で、国連加盟193か国が2016年〜2030年の15年間で達成するために掲げた目標である。

変化が激しく、SDGsに集約されるような貧困や気候変動など問題に溢れる世界に子どもたちを送り出すことを考えると、歴史から学び、自分なりに新たなアイデアを加えて発信する力をつけさせることが重要だと考える。

例えば、ゴール1の「貧困をなくそう」を解決しようと学んでいく時、貧困の歴史から、未来の行動につなげる学びが重要になる。貧困の問題は今始まったわけではなく、人類が解決に向けて何もしなかったわけではない。

しかしながら、世界銀行によると、1日あたりの生活費が1.9ドル（約210円）未満という貧困状態（絶対的貧困）の人々は、世界で約8億人（2013年時点）もいると言われている。この時、なぜ貧困がなくならないのかといった原因を考えた時、歴史から学び、何がうまくいき、何がうまくいかなかったかを知ることが重要になる。

　このような、「貧困をなくすアイデアを考えよう」といった社会課題を解決する学びには教師のサポートが重要で、情報収集の選択肢に「先行事例は無いだろうか」というガイディングクエスチョン（生徒の発想をサポートする問い）をすると生徒たちは歴史に目を向けることになる。

　さらに、「外国の事例を調べてみよう」「英字新聞に貧困のニュースはないだろうか」といったガイディングクエスチョンで、英語を手段に情報が世界から手に入ることを実感させることができる。アイデアを英語でまとめることで、世界にアイデアを発信させることができる。

　このように英語や歴史といった教科は、社会課題を解決するための手段として学ぶというベクトルが出てくると、教室の学びがリアルな社会につながっていき、主体的で深い学びが実現すると考えている。

参考文献

・文部科学省『高等学校学習指導要領解説外国語編・英語編　平成30年7月―平成30年告示』開隆堂出版、2019年
・『ELEMENT English Communication I』啓林館、2013年
・『New Crown English Series』三省堂、2016年
・赤池学「生物に学ぶイノベーション」『2015年度第5回物学研究会レポート』2015年
・山本 崇雄『「教えない授業」の始め方』アルク、2019年
・山本 崇雄『学校に頼らなければ学力は伸びる』産業能率大学出版部、2019年

理科（科学教育）における
科学的探究と教師の学び

杉森 公一
金沢大学国際基幹教育院　高等教育開発・支援部門　准教授

理科教育・科学教育の視点からの探究

　朝永振一郎による「科学の芽」（1974年）という詩には、科学者の探究的な学び方への姿勢が端的に表現されている。

　　ふしぎだと思うこと
　　これが科学の芽です

　　よく観察してたしかめ
　　そして考えること
　　これが科学の茎です

　　そうして最後になぞがとける
　　これが科学の花です

　科学における探究（Scientific Inquiry）には、取り組むべき問いの発見と探究と解決に向けた過程が元来含まれているだろう。1995年に発表された米国科学教育スタンダードでは、「科学的探究とは、科学者が自然界を研究し、それらの研究から導かれた証拠に基づいた解釈を提案する過程で用いられる方法のことである。科学者がどのように自然界を研究するかについての理解もさることながら、児童・生徒が科学的思考の知識および理解を深める活動のことである。」というように、学習活動の過程にも注目している。本邦でも、

III 「歴史教育」をみつめる | コラム

学習指導要領の改定にともなって、理科における探究の過程〔課題の把握（発見）―課題の探究（追究）―課題の解決〕を通じた学習活動を通して、資質・能力が育まれるよう指導の改善が求められている。朝永による、芽―茎―花と段階が等しいことが見て取れるのではないだろうか。

「探究」の授業設計のために

筆者の専門領域のひとつである「教育開発」には、大学教師や高校教師を対象とした教育研修や啓発活動が含まれる。アクティブラーニング、ルーブリック、反転授業、ファシリテーションなどは、理科教育でも従来から取り入れられてきたものを含む、多様なテーマにわたることがあるが、個々の道具を導入し使うことが主たる目的ではない。毎回感銘を受けるのは、教育改善を通した教師同士の学びあいの豊かさである。「授業をどうするのか」という話題は、教師が普段抱いている生徒・学生たちへの期待を気づかせるばかりでなく、過去の授業実践を深く掘り下げ、省察によって自身の教育哲学と信念へ向き合うことにもなる。

研修では、ウィギンズ・マクタイによる「逆向き設計」を参考に、授業設計における各要素：状況的要素、学習目標、学習評価、授業内容・方法を順

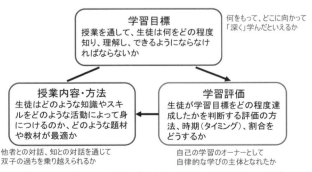

図1　学習目標、学習評価、授業内容・方法の整合性（授業設計の三角形）

に確認する。気を付けたいのは、例えば、学習評価の位置づけと各要素との整合性を確認せずにルーブリックのみを作ろうとすれば、探究を逆に阻害する評価のための「浅い」学びに陥ることになる。同様に、授業内容・方法の整合性を取らずにアクティブラーニングの技法のみを導入するならば、活動ありきの表層的な活動となるかもしれない。

教師にとっての探究と、教師たち自身の探究

理科教師は、生徒たちの探究学習にどう関わればよいかという問いに、Doran らは、教師にとって「探究」は問題解決・クリティカルシンキング（CT）と同義とみなされるとして、以下のように整理している。

- ・探究：新しい情報（情報間の関係、概念、原理）の展開に関わる
- ・問題解決：問題の解決方法を見出す、技術との関わりを重視
- ・CT：合理的な推論、演繹や帰納という認知的方略

知識・理解を乗り越えて、高次の思考力をはたらかせながら学ぶプロセスは、アクティブラーニングの視点との相似もみられる。やや飛躍をおそれずにいえば、上記の情報や技術を、歴史上の史料や情報に置き換えても歴史的探究にもつながるだろう。さらには、教師自身の探究が、教科における授業設計、探究における学習活動設計を支え、伴走者・促進者としての役割の根幹をなす。

現在、新しい学習指導要領の先行実施がなされ、高校教育での総合的な探究の時間が始まったところである。筆者も、高大接続の実現を目指し、上述のように高校教師に向けた教育研修を担当する機会が増えている。研修を繰り返すうちに、果たして、教師自身は、社会現象や自然現象に対峙して「ふしぎだと思うこと」「考えること」、そうして生まれた問いを、生徒とともに、私たちが（教師たちが）取り組むべき問題として受け止めることができているだろうか、と感じることがある。壇上の賢人から学びのガイド役へ教師の役割転換が求められるとともに、探究学習の真価には、「教師が何を伝えたか？」から「生徒が何を身につけたか？」への学習の価値転換＜パラダイム

シフト＞を図る運動としての側面があるだろう（杉森 2016）。

　幼保から小中高大にかけての教育接続の転換期にあって、個の学びが対話・協同・探究を介在にして、社会につながり、生涯学び続ける自律した学習主体（アクティブラーナー）に開花し結実する、というループバックの構図がある（図 2、杉森 2016 を改変）。教師たちには、その構図のなかで、探究する主体として学習の共同体の根となっていくことが期待されている。

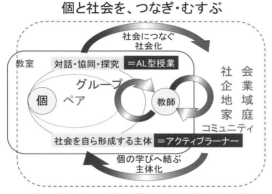

図 2　対話・協同・探究の過程を通した、個と社会の連関
（前川修一氏のアイデアを得て、杉森 2016 を一部改変）

参考文献

・Doran, D., Chan, F., Tamir, P., and Lenhardt, C. "Science Educator's Guide to Laboratory Assessment", National Science Teachers Association, 2002（古谷光一訳『理科の先生のための新しい評価方法入門』北大路書房、2007）
・National Research Council, "National Science Education Standards", National Academy Press, 1996（長洲南海男ら訳『全米科学教育スタンダード−アメリカ科学教育の未来を展望する−』梓書房、2001）
・Wiggins, G. & McTighe, J., "Understanding by. Design", ASCD, 2005（西岡加名恵訳『理解をもたらすカリキュラム設計―「逆向き設計」の理論と方法』日本標準、2012）
・杉森公一「大学教師と学生を繋ぎ，結ぶアクティブ・ラーニング―大学での実践事例から」化学と教育、64(7)、328-331、2016
・野内頼一「探究活動をとおした主体性の育成−小中高大の資質・能力の系統性を踏まえて−」化学と教育、67(7)、288-299、2019

III

「歴史教育」をみつめる

「連携」から考える歴史教育

モノからのメッセージを読み取る歴史教育における「博学連携」

宮﨑 亮太
関西大学中等部・高等部　教諭

1. はじめに

　能楽や茶道などの伝統文化では、道具や衣装などの使用されるモノの扱いに関して教授者と学習者の間で言語化しなくても、ある程度共通の理解ができると筆者は感じている。「モノをみる眼」が備わっているからこそ可能なコミュニケーションである。よく考えてみると、「モノをみる眼」はその人が持つ教養など背景と深く関わっているが、モノの見方を学校教育の中で養う機会は多いとは言えない。そこで、モノの見方を歴史教育の中で触れることができれば、歴史を学ぶことに、有用性や品性、知性に触れるカッコよさを生徒は感じるのではないか。そう考えたことが博学連携を歴史教育に取り入れた一つのきっかけである。

　モノが発するメッセージには奥深さや、インパクトがあるので、実際のモノ資料が持つ力が生徒の知的好奇心をくすぐり、内発的な動機に結びつくのではないかと考えて博学連携に取り組んでいる。博学連携にどのようにして取り組んだか。また、博学連携を歴史教育に活用することの今後の可能性として、どのようなことが考えられるかについて述べ、博学連携を通して歴史教育とは何かを考える。

III 「歴史教育」をみつめる

2．博物館と学校教育との関係

　小・中・高の新学習指導要領には、博物館や資料館などの活用が盛り込まれている。これは今回の改定で新しく加わったことではなく、既に現行の学習指導要領においても盛り込まれており、そもそも 1951 年に定められた博物館法の第 3 条に博物館の事業として、学校との協力が記されている。

　博物館は博物館法に定められているように資料の収集・保管・展示、調査研究を行う機関である。博物館はただ展示品が並べられているのではなく、学芸員らが展示ストーリーを構想し展示している。だが、あくまでも学習者が主体的に展示を理解して解釈することに重きを置いており、博物館が見学者に情報を提供し過ぎて、見学者の多様な解釈を阻害しないように工夫をこらしてきた。いわば、博物館から積極的に働きかけるというより、見学者に委ねる姿勢が主であった。

　しかし、近年では指定管理者制度の導入や国立博物館の独立法人化、予算の削減など博物館の運営をめぐる環境の変化に加え、生涯学習の必要性が説かれるようになると、開かれた博物館づくりに向けて、市民参画の運営や鑑賞講座の開催、Facebook や twitter など多様なメディアを活用した広報活動、博物館を軸にしたコミュニティの形成など博物館に変化がみられるようになった。

　そのような中で、学校との連携も学校が計画を作成し、博物館に依頼して生徒や教員が来館して見学するような、学校が旗振り役を担う形式以外に、学芸員が資料を学校に持っていき鑑賞する出張講座や複製資料と教員がエデュケーターの役割を果たして複製資料を学習に活用するためのマニュアルを貸し出すなど新しい形式の博学連携が行われるようになった。

　博学連携の展開にともない、資料を鑑賞する方法から発展した資料活用学習についても、議論がなされるようになり、対話型鑑賞法（フィリップ・ヤノウィン 2015）やアートカード（国立美術館　2017）による鑑賞、看図アプローチ（鹿内信善　2015）など様々な方法が提唱されている。

　では、博学連携の目的・意義は何であるのか。知識の習得のためだけではない。様々な学問分野をより身近に感じて興味・関心を喚起する。また、学問が社会とつながっていることを示すことで、学問の有用性や学ぶ意義を見い出せるようにする。

　そして、強調しておきたいのは、ミュージアムリテラシーの向上である。ミュー

303

ジアムリテラシーとは、博物館に対する理解を深め、活用できる能力を指す（小川義和　2019）。例えば、多くの情報から必要な情報を取り出して、主体的に解釈したり、情報を比較検討したり、情報の価値づけなども含まれる。これは生徒たちが、これからの時代を生きていくための資質・能力と深く関わっている。博学連携は校外学習などの一時的な利用という形ではなく、社会と学校をつなぐ接点のひとつとして、生徒の資質・能力をともに育てる重要な学びのあり方である。

3．博物館と何ができるのか

　先述の通り、博学連携は変遷を経て、現在では多様な連携のあり方が存在する。しかし、来館型利用による博学連携が主であることは変わらず、特に高等学校では実際に博物館に足を運んで連携授業を行うケースを含め、貸出資料の活用や博物館による出張講座などを含めた博学連携は、博物館関係者や研究会などで伺う限りではあるが、利用が少ない状況があるのではないだろうか。というのも、高等学校側の事情として、大学受験などをふまえた教科書中心の歴史学習では博物館資料を活用した授業を入れる余裕がない。模試や学校行事など生徒・教員の多忙化によって博学連携は追いやられてしまっていることなどがあげられる。また、博物館側も学芸員が学習内容を教科書などで把握するのに限界があるなどの状況がある（一場郁夫　2013）。

　本項では筆者が取り組んだ博物館資料の教材化について触れ、それを活用した実践を通して生徒たちにどのような変化があったのか。また、博物館資料を教材化する際の視点などを述べる。

（1）国立歴史民俗博物館博学連携研究員の制度

　国立歴史民俗博物館では 2008 年度から 2 年 1 期を任期とする博学連携研究員の制度を設けている。これは国立歴史民俗博物館と連携し、実践的な研究を通して、展示や館蔵資料を活かした教育プログラムの開発を行うものである。任期最終年度に行われる博学連携フォーラムでは研究員の成果が報告され、一般来場者も参加することができる。また、報告書が刊行されたり、ホームページにも掲載されたりするため、研究成果は広く共有されている。

　筆者は 2012 年度から 2 期にわたり国立歴史民俗博物館博学連携研究員として

III 「歴史教育」をみつめる

博学連携の教育プログラムの研究開発を進めた。博物館の研究機能を活かして、館蔵資料を日本史Bの教材として活用し、活用方法を研究員どうしや博物館専門員、教員などと議論しながら、博物館の資料研究を学校教育現場に活かし、また博物館の研究現場にフィードバックすることを目的として取り組んだ。

（2）国立歴史民俗博物館に関連する資料の教材化

南蛮屏風や南蛮漆器、長崎の唐人屋敷を描いた「唐人屋舗景」、江戸時代後期のグルメ双六、中世の職人たちの姿が描かれた「職人歌合絵巻」、江戸時代後期にアイヌの首長が描かれた「夷酋列像」など絵画資料を中心に教材化に取り組んだ。

一英斎芳艶（版元　海老屋林之助）「新版御府内流行名物案内双六」弘化4～嘉永5、国立国会図書館

筆者が教材化した資料の共通点として、まず、筆者自身が興味関心を持った資料であること。興味関心を持つ理由としては、博物館専門員や教員などから資料の見方を聞いて、筆者が考えてきた従来の見方とは違う多様な歴史解釈が可能であることを知り、知的好奇心が生じるからである。

著名な実践家である加藤公明氏は、歴史教育によって生徒たちを歴史認識の主体として成長させる必要性を説いている（加藤公明　2000）。生徒の歴史意識を育成し、歴史認識の主体として成長させるためには、教師自身が歴史認識の主体として、多様な解釈が可能で、興味関心を持った教材でなければ、生徒が興味関心を持って取り組むことができないと考える。

次に、探究学習を視野に入れて考えると、歴史を「自分ごと」にひきつけることができる資料であること。生徒が批判的思考で分析的に歴史を理解しようとする場合、その前段階として生徒が歴史を物語ることが必要と思われる。そのために、人の営みに着目して、自分ごとにひきつけることがストーリーテリングをする大切なステップとなる。ただ、教科書の内容は抽象度が高く、概念的な用語を多用して記述されている箇所が多い。教科書の単元の内容に関連する博物館資料を足すことによって、生徒が教科書の内容から歴史認識を深めることができる一

助となると考えたのである。

　例えば、江戸時代後期に江戸では消費が拡大したと記載されているが、具体的にイメージができないと理解することが難しい。そこで、19世紀中頃の江戸で流行していた食べ物や飲食店などを並べて双六にした「新版御府内流行名物案内双六」という資料を使って、現代との比較や原料の生産、流通の背景の考察などを資料と対話しながら展開した。そこには、具体と抽象の往還を繰り返すことで、歴史を学ぶ作法の一端を生徒たちに知って欲しい想いが込められている。

　そして授業で使う資料を探すポイントとして大切な点は、「オチがつく」資料であること。つまり、生徒が考えずにわかる資料ではなく、かと言って、難しくて、ただ感想を言うようなオープンエンドの授業に終わる資料でもなく、生徒の考えをふまえて、知見を広げることができる見通しがつく資料であること。歴史家を追体験させるという意味合いもあり、生徒が資料を読み解く際、時間をかけて視覚化した情報を言語化させている。初めは読み取ることができる情報をとにかく単語で挙げさせて、後に文章化して情報を整理する。それを個人、グループないしはペアで行って、教員と共有し、生徒が資料から発見した情報をもとに授業を組み立てている。

　資料の読み解きは、時間をかけて、生徒が持っている認識を広げてもらいたいと考えている。ただ、生徒主体と言いながら、教授者が持っている資料の知識を話すだけの暴露型授業になっては生徒の意欲が低減し、参加態度が変容してしまう。そのため、時代の画期や社会問題として投げかけたい単元内容である時に資料を用いることと、教授者自身も調べ過ぎず、生徒からの指摘があればともに調べることができるように、学校図書館や博物館の研究機能とリンクし、資料を通じて対話して生徒にフィードバックできるようにしておくことが大切である。

　国立歴史民俗博物館蔵資料の教材化の経験は地域の博物館資料の教材化へ視野を広げるきっかけとなった。具体的には次のようなことである。地元には城下町絵図が残されているところが多い。これを「江戸図屛風」（国立歴史民俗博物館蔵）を用いて、江戸と地元の城下町との都市構成との比較を行うために地元の博物館に打診してデータを拝借したことをきっかけに、地元の博物館資料の活用へ目を向けることができた。また、地域史教材を活用して地域史を世界史、日本史の文脈に位置づけて学ぶ新たな視点も国立歴史民俗博物館蔵資料の教材化から得たことである。

（３）ミュージアムを活用したことによる生徒の変容

　博物館資料を使った授業時のワークシートや2016年度より担当クラスで毎年行っているミュージアムの資料を使った授業に関するアンケートの分析などを踏まえ、生徒の変容について少し触れておきたい。

　まず、授業への興味関心を持つことができることである。アンケートには「ミュージアムやミュージアムの資料を授業に活用すると、授業内容への理解が深まり、授業内容に興味関心が持てると思いますか」という質問項目がある。2016年度から2018年度まで「思う」と回答する生徒が毎年過半数である。じっくりと見る、聴く、話すなど様々な感覚を使って歴史を学ぶことを生徒が評価している部分もあると考える。

　次に、鑑賞態度の涵養である。授業では京都造形芸術大学で取り組まれている「みる・考える・話す・聴く」を基本にした対話型鑑賞プログラムであるＡＣＯＰ（Art Communication Project）や絵図・写真・グラフ等のビジュアルテキストを読み解き、読み解いた内容を発信していくプロセスを含んだ授業づくりの方法である看図アプローチを参考に博物館資料の読み解きに取り組んできた。こうした取り組みから、生徒は資料をどのように楽しむかという方法を数度の授業を経ると会得すると思われる。また、言語化されていない情報をどのように言語化していくことに慣れていくことも大切な点である。

　最後に、生徒が考えを表明できることである。授業が知識を問う場ではなく、資料から発見した情報をもとに構成すると、自分の意見を述べやすい、比較的フラットな場とすることができる。さらに重要と感じるのは、筆者の経験でしかないが、生徒が発見した資料からの情報は、授業展開のカギを握ることが多い。生徒は自分が発した情報に自信を持たずにワークシートに記入することもあるが、生徒が発する情報の価値づけ、意味づけを行うと、授業の回を重ねていったとき、資料からさらに多くの情報を取り出そうとする生徒が見られるようになる。生徒が資料から発見した情報を教授者が少し広げようと発問すると、生徒の資料に対する問題意識が深まり、問い立てや仮説につながることが多いと感じる。

　探究学習の問いや仮説を立てる際に、まず問いや仮説を考えてから、検証作業によって初めて生徒に仮説を論証するために、文献調査やフィールドワークなどの経験をさせることがあるが、実は、意図しない様々な経験から問いや仮説は自然に生じると考えており、新学習指導要領の歴史系新科目にも生かしたい。

4．博学連携と歴史教育のこれからの可能性

　博物館資料と教科書や資料集に掲載されている資料を使った実践とどのように違うか質問を受けることがある。以前から体験学習を目的として、触れたり、感じたりすることができるインタラクティブ展示に取り組んでいる博物館が多いが、博物館資料を扱うメリットは、教授者が実際にそうした博物館の資料を見たり、触れたりしているか、資料に触れている学芸員などの専門家からアドバイスを受けて実践を行えることである。つまり、これまでの経験や見聞きしたことからの感覚にはなるが、実物の大きさや質感、資料にまつわるエピソードなどを生徒と共有することは編集がなされている教科書や資料集という媒体を通すこととは違うということである。

　国立民族学博物館ではかつて、ドラマの手法を用いて、展示物を使った即興演劇をつくるという博学連携教員研究ワークショップが行われていた。展示物の質感や色、匂いなどを身体全体で感じ取って、演劇を通して人々の営みを想像し、考察するという刺激的な試みである。新学習指導要領において探究的な学びが求められるなかで、本物が持つ力を生徒が感じ取り、そこから発せられる問いや仮説が、探究的な学びを一過性のものにしないためには必要ではないだろうか。

　博物館資料を活用した歴史学習を進めるためには、博物館に行って学ぶことが良いと思うが、博物館のロケーションや入館料などの課題があげられる。そうした様々な課題に向き合うために、博物館と学校が一対一で博学連携を行うのではなく、博物館をターミナルとして博物館を介したコミュニティを形成して博学連携を行うことが考えられよう。SNSなど様々なメディアを通して博学連携の教員仲間がコミュニティで実践内容や授業に使えそうな博物館資料、展示情報、授業や展示に対する生徒の感想、学芸員のコメントなどの共有を行うことで、博学連携に取り組みやすくなり、関心が深まるのではないだろうか。ネットワーク型社会への対応とも言え、多様な視点を得て歴史認識の育成にも寄与すると考える。

　博物館は文部科学省が2015年に示した「チームとしての学校」の一員として位置づけられている。博物館を中心とした学びのコミュニティが「社会に開かれた教育課程」を実現するための一つの方法であると確信している。

5．おわりに

　博学連携を通して歴史教育について考えてみた。世界が大きく変化するなかで、歴史の知識を知っているかどうかではなく、文化をつくるにはどのようにしたら良いか、市民運動を形成するにはどのように動いたら良いのか、フェイクニュースを見破るにはどうするのかなどスキルの体系として歴史教育を再構築する必要がある。博物館は知識の習得・活用のための補助機関から脱却して、歴史教育の再構築に大きな役割を果たす可能性があると考えている。

参考文献

・加藤公明『日本史討論授業のすすめ方』日本書籍、2000
・高橋隆博・森隆男・米田文隆（編著）『博物館ハンドブック』関西大学出版部、2005
・一場郁夫『博学連携による博物館学習の推進に関する研究：博物館と学校との実質的な連携による推進体制の構築について』、2013
・鹿内信善『改訂増補　協働学習ツールのつくり方いかし方―看図アプローチで育てる学びの力―』ナカニシヤ出版、2015
・フィリップ・ヤノウィン『どこからそう思う？学力をのばす美術鑑賞　ヴィジュアルシンキング・ストラテジーズ』淡交社、2015
・全国歴史教育研究協議会『全歴研研究紀要第 52 集』全国歴史教育研究協議会、2016
・独立行政法人国立美術館「国立美術館アートカード・セット」（改訂第三版）、2017
・全国歴史教育研究協議会『全歴研研究紀要第 53 集』全国歴史教育研究協議会、2017
・稲庭彩和子・伊藤達矢著、東京都美術館 × 東京芸術大学 × とびらプロジェクト編『美術館と大学と市民がつくるソーシャルデザインプロジェクト』青幻社、2018
・小川義和（編著）『協働する博物館　博学連携の充実に向けて』ジダイ社、2019
・大阪市立自然史博物館「テーマ展示／研究会　博物館の学校向け貸出資料実施記録集」大阪市立自然史博物館、2018
・全国歴史教育研究協議会「全歴研研究報告第 59 回研究大会」全国歴史教育研究協議会、2018
・国立民族博物館ホームページ　http://www.minpaku.ac.jp/　（最終アクセス　2019 年 4 月 5 日）
・国立歴史民俗博物館ホームページ　https://www.rekihaku.ac.jp/　（最終アクセス　2019 年 4 月 5 日）
・京都造形芸術大学アート・コミュニケーション研究センターホームページ　http://www.acop.jp/　（最終アクセス　2019 年 4 月 5 日）

水中考古学の
世界

木村　淳
東海大学海洋学部　講師

歴史教育と水中考古学成果

　大学で、海洋の考古学というものを教えている。人類の歴史にとっての海洋や水辺環境という視点で、海上交易・海戦をテーマに、水中遺跡発掘や船の考古学研究の事例と絡めた講義をしている。講義で、「最も身近な移動手段とは何かを」と学生に尋ねることがある。自転車、自動車、バス、電車、さらには長距離移動には航空機といった答えが返ってくる。航空・電車インフラが整った今日においても、船舶輸送は、社会の重要な位置を占めると説明し、海域の歴史的利用も考えてもらうことにしている。

　水中遺跡研究の黎明期、沈没船遺跡を調査したイギリスの研究者キース・マッケルロイは、人類史における船の役割を考古学的に例証し、海事考古学の概念を提示した。水中・陸上の環境を問わず、船の遺跡や出土する船材資料（船体考古資料）を多面的に研究し、それらを沿岸域や陸上域に残る遺跡と関連付けることの重要性を説いた[1]。海洋、そこにつながる河川や湖沼での、船の利用に目を向けなければ、人類史理解には、大きな空白が生じることになる。

　国内では、丸木舟を除けば、船体や船材が考古資料として出土する事例が少ない。船体考古資料を専門的に扱う分野は、まだまだ発展途上である。歴史研究で、海域史や海域世界といった概念が注目されるなか、出土した船体や船材などの考古資料、さらに沈没船遺跡研究への関心も広がっている。沈没船遺跡が、水中環境で発見されるようになって、それらの科学的な発掘調査も進展してきた。水中考古学者たちは、水中環境に埋没していた遺跡の探

究により、歴史解明に光を投げかけてきた。

地中海青銅器時代の沈没船遺跡

　水中環境での発掘調査により、進展したのは、海底で出土する船に主眼を置く研究であった。地中海では、1960 年代から発掘調査が進み、今なお新たな発見報告がある。海底で良好に保存された船体考古資料として最古級の事例では、1980 年代から 11 年の歳月で水中考古学発掘調査が行われた 3300 年前の青銅器時代のウルブルン沈没船遺跡が良く知られる。トルコのアンタルヤ県カシュ近郊のウルブルン沖の 45 メートルで発見された商船の残骸である。

　ウルブルン沈没船は、地中海の青銅器文明社会が、海上交易によって支えられていたことを教えてくれた遺跡であった。青銅器製品の生産には、銅の流通が不可欠で、海上交易者が介在していた。彼らのなかには、中近東のシリア・パレスチナ系の航海民がいた。ウルブルン船船員が使用した出土遺物には、地中海東岸、古代オリエントのカナン地方で作られたものが含まれていた。紀元前 1300 年前の地中海航海民が、どのような船で、沿岸航海を行っていたかも分かっている。ウルブルン沈没船遺跡では、船材が出土しており、これらの分析と当時の造船技術が研究された。ウルブルン船の大きさは 15 メートル程度と考えられている。船底の基礎には、後世の木造船にも現れる竜骨が構造として採用されていた。しかし、竜骨は、平材で、船底全体で緩い丸底であった。船底から船材を接いで、船体を組上げた。西洋式帆船の骨格に相当する肋材（フレーム）のようなものは無かった。船体を組上げる際には、金属の釘は使わなかった。船材の接合面に穴をあけ、木片を挿して固定する現代のほぞ継ぎに近い技術で船を建造した。一見脆弱にも思えるこの技術は、船体を強固に造り上げることが可能で、紀元前 8 － 9 世紀頃地中海東部海域で活躍したフェニキア人の船にも継承されている。

　ウルブルン船の操船者は、航海民であり、交易者でもあった。船の積載品であった銅原料は、海底に積載当時の様子を留めるかたちで、整然と並んだ状態で発見された（図 1）。両斧型の銅の鋳塊（加工前の銅原料）こそが、青銅製品鋳造になくてはならない材料であった。銅の産地はキプロス島

であることが分かっている。銅以外にも、コバルト青色ガラスの原材料が見つかっている。ウルブルン船は、商品加工前の原料を輸送する船であった一方で、地中海社会の上流階級向けと思われる高品質な交易品も発掘されている。いくつかの海上交易品はエジプトとの関わりを示し、銅の産地であるキプロス島を中心にミケーネとエジプト間の紀元前14世紀末の地中海交易でシリア・パレスチナ系の航海民が活躍し、同時に貴族など上流社会との関係を持つ人物が乗り合わせた可能性をウルブルン沈没船は例証した。

図1

　ウルブルン沈没船遺跡を初めとして、地中海海底で発掘調査を進めた水中考古学のパイオニアであるテキサスA&M大学船舶考古学研究所のジョージ・バスは、初期の研究で、以下のような言葉を残した。「山での遺跡の発掘調査を山岳考古学と呼ばないように、水中考古学は、あくまで考古学の一分野である」(『Archaeology Underwater〔考古学、水中での実践〕』)[2]。水中考古学の黎明期から半世紀以上が過ぎた今日、水中考古学研究は細分化・専門化が進み、独立した研究分野として認知されるに至っている。水中環境で考古学発掘調査をするだけの学問でもない。発掘調査の対象は、沈没船遺跡や水没地形と多様で、それらの調査のみでなく、後世に、水中遺跡をいかに残し、活用していくのかという課題を研究者は背負っている。トルコの沿岸都市ボドルムにあるテキサスA&M大学船舶考古学研究所と水中考古学博物館は、地中海で発掘された沈没船遺跡研究の成果を展示、来館者を魅了している。

アジア海上侵攻と戦場地の遺跡

　水中や沿岸で発掘される遺跡には、史上の海上侵攻や海上覇権の一端を、現代に伝える遺跡が残る。モンゴル帝国第5代皇帝で、元朝を創始したクビライは、日本に船団を派遣したが、同時期の海上侵攻は、ベトナムやインドネシアにも及んだ。船団派遣は、朝貢関係強化、冊封体制下のさらなる従

属性を求める元朝の施策の延長に位置付けられる。領土拡張に伴う経済・交易システムの安定化など、クビライへの評価は様々であるが、元朝が試みた当時最大規模の海上侵攻の残滓が遺跡として日本とベトナムに残っている。

　鎌倉幕府との外交交渉の不調を受け、第二次の海上侵攻を試みた元朝であるが、船団壊滅と撤退という結果に終わった。1281年の蒙古襲来は、海上の悪天候と鎌倉武士団の抵抗で、船団は多大な損害を受け多数の軍船が沈んだ。当該の海域である長崎県松浦市鷹島沖では、1980年から水中考古学調査が進み、軍船の木製碇の出土、蒙古軍が使用した火薬兵器、軍船の残骸が発掘されてきた。2000年代に遺跡海底・周辺海岸から出土した火薬兵器は、後にX線CTスキャン分析や3次元プリンター復元によって、散弾式の殺傷能力が高い兵器であったことが判明した。出土した軍船の船体は、遠距離航海の商船を建造する造船産業が発展した宋代の技術の高さを示すものであった。元朝による船団軍事侵攻での物資投入の内容が、出土資料には表れている。

　船団派遣は、インドシナ半島侵攻時にも行われた。現在のベトナム北部を支配していた大越陳朝と、元朝とは、朝貢関係にあったが、外交不和によって、クビライは1287年に陸上と海上からの侵攻を指示した。一説では兵士18000人と500隻の軍船から成る船団は、中国南部出港後、トンキン湾から紅河を北上し、陸上軍本隊と合流して1288年に昇竜（現ハノイ）を占領した。しかしながら、陳朝軍の戦略で、兵站の枯渇に苦しんだ昇竜の駐留団は、糧船団の消失もあって、陸路と海路での撤退を強いられた。船団は、紅河支流の白藤江を下って海路撤退を行うこととなった。これを見越した陳朝軍は、白藤江での待ち伏せによる迎撃を実行した。白藤江河口付近に長大な木杭を設置、これに阻まれた元の艦船は航行不能に陥った。この機を逃さず陳朝軍は攻撃を仕掛け、船団は壊滅損害を受けた。近年の白藤江河畔での発掘調査によって、多数の木杭が出土、配置状況が確認された（図2）。木杭の放射性炭素年代の結果は、白藤江での河口戦の年代と一致、船

図2

団壊滅の戦場地遺跡として、2013年には国に指定された遺跡となった。

　日本の博多湾の海岸には、元軍の上陸を防ぐ目的で築かれた防塁の跡が確認されてきた。大越陳朝も、船団による海上侵攻を目の当たりにし、木杭壁による迎撃というかたちで、その脅威に抵抗した。海を越えた二つの国で、クビライ船団派遣への抵抗という同時代性を帯びた戦場地遺跡が、水中で、河畔で確認されて、保存されている事実は大変興味深い。

イギリス絶対王政期の沈没船遺跡

　海から引き揚げられた沈没船遺跡の船体を展示し、来館者に高い評価を受けている博物館として、デンマークの中世バイキング船博物館、イギリスのチューダー朝のメアリーローズ号博物館、スウェーデンのヴァーサ号博物館、オーストラリアの東インド会社バタヴィア号沈没船展示館がある。

　メアリーローズ号博物館は、イギリス王立海軍を創設したヘンリー8世によって建造された、軍艦メアリーローズ号を展示している。1510〜1545年の間、王立海軍の主力艦であったメアリーローズ号は、英仏戦争のソレント海戦で沈むまで、絶対王政期のチューダー朝を支えた船であった。この著名な沈没船の水中考古学調査が進んだのが、1960-70年代で、イギリス水中考古学の幕開けでもあった。イングランド南部、ポーツマスに近い、ソレント海峡の海底で、船の残骸が確認され、発掘が進むにつれて、船体の片舷が残っていることが判明した。1982年、鉄製フレームで囲まれた船体が海底から引き揚げられ、メアリーローズ号は、473年ぶりに海上に姿を現した。しかしながら、長く海底に沈んでいた船体は、脆弱で、洗浄して化学薬品による保存処理を行われければいけない状況にあった。1993年から開始された保存処理の作業は30年近くに及び、2014年に終了した。保存処理を終えた船体は、2015年にリニューアル開館したメアリーローズ号博物館に展示されている（図3）。

図3

III 「歴史教育」をみつめる ｜ コラム

　考古学者らは、船体に残された遺品や船材など1万9000点を数える遺物を丹念に記録、回収、保存した。フランス艦隊との海戦で沈没したチューダー朝歴戦の軍艦の当時の状況を再現するための研究が継続されてきた。艦載されていた大砲、水兵が扱う長弓・短弓などの多量の武器類が出土し、イギリス海軍史を知る資料となっている。また、負傷兵治療の医療器具、士官のビール飲用ジョッキなど、船上生活に関わる遺物も発見された。沈没時に落命した数百名の個人は、名前などの詳細は分かっていない。船内では、乗員の遺骸が発見され、分析の結果、船の事務を担当するパーサーら乗船員と特定されている。メアリーローズ号は、チューダー朝時代の海軍力を体現した船であり、絶対王政出現への歴史的理解を深めてくれる。

歴史教育と水中考古学

　水中考古学の歴史は、半世紀以上に及ぶ。水中環境では、陸上には残らない遺跡や遺物が発見され、歴史理解に新たな知見を提供してくれている。これらの成果の歴史教育への還元は、現段階では不十分であるかもしれない。本コラムでは、地中海青銅器時代、蒙古襲来、絶対王政など、歴史教育の現場で、取り上げ易いテーマを念頭に、考古学の立場から歴史教育への補完を試みた。沈没船遺跡含め、研究対象となる水中遺跡は、一般には目に触れない存在である。本コラムで紹介した遺跡は、調査保存のため引き揚げた事例である。歴史理解の素材として、こうした遺跡の探究に、興味を持つ諸氏がいることを願うばかりである。

　末筆ながら、本コラム執筆の機会を与えてくださった皆川雅樹氏に感謝する次第である。

---

(1) 木村　淳・小野林太郎・丸山真史（編）2019『海洋考古学入門：理論と実践』東海大学出版部
(2) ジョージ・F. バス（水口志計夫訳）1974『水中考古学』学生社

生涯学習としての
歴史教育

宮瀧 交二
大東文化大学文学部　教授

はじめに

　県立博物館の学芸員として16年、大学に移って15年、仕事柄、各地の博物館や公民館等で歴史講座の講師を担当させていただくことが多々ある。今回このようなテーマのコラムを御依頼いただいたのを機に、改めて数えてみるとその数は優に750回を超えており、人生の約2年間は、どこかで生涯学習としての歴史講座の講師を担当させていただいていたことになる。

　小稿では、こうした私の経験から培った、理想とする生涯学習としての歴史教育の在り方や、理想とするその講師像、更には、生涯学習としての歴史講座の現状と将来的な課題等について論じてみたい。

1. 変容する受講者層

　例えば大学での歴史学習・歴史研究の期間は、通常で4年間、大学院（修士課程）に進学すると更に2年間増え（通算6年間）、その後、博士課程に進学しても更に3年間増える（通算9年間）に過ぎない。これに対して、60歳で定年を迎えた方が、生涯学習として歴史講座を受講し続けたり、歴史学習サークルで学習・研究を続けたりして通算20年以上を迎えるということは、決して珍しいことではない。こうした長期にわたる学習・研究の継続は、まさに生涯学習の名に相応しいものであろう。

　ところが、前掲のように私が学芸員となった30年前と今日とを比較してみると、私の講座の受講者層に大きな変化が生じていることに気が付いた。

Ⅲ 「歴史教育」をみつめる ｜ コラム

　それは、所謂「団塊の世代」が定年を迎えている今、歴史講座の受講生の中には大学・短大卒の方々が増加し、大学院卒の方も少なくないという点である。30年前、歴史講座の受講生の間には「戦前の神話教育しか受けていないので、本当の歴史を学びたい」という受講動機が多かったのだが、現在では「大学では親の希望で経済学を勉強したが、本当は日本史を勉強したかった」とか、「定年前、ずっと自宅には寝に帰るだけだったので、一度じっくりと自宅周辺の歴史を学びたかった」といった動機で歴史講座に参加している方が少なくない。こうした方々は、時間的な余裕もあるので、興味のある歴史テーマに関しては、市販されている書籍はほとんど購入するか図書館で借りて熟読しており、各地で開催されている様々な歴史講座を受講し、各種のシンポジウムにも参加している。また、関連する博物館の企画展を観覧し、歴史上の人物のゆかりの地や各地に遺る遺跡にも熱心に足を運んで学習している。仕事でパソコンを縦横無尽に使いこなしていた方も少なくなく、インターネットを駆使して最新の情報を収集し、時には御自身の学習・研究の足跡をホームページを立ち上げて公開している方もいる。こうした高等教育を受け、情報化社会の渦中で仕事をしてきた世代が取り組む生涯学習のレヴェルは高く、かつてヨガや生け花、フラダンスの講座を開講しておけば大丈夫と言っていた各地の公民館等の社会教育機関は、受講者層の急速な変化に直面し、その対応に苦慮しているというのが現状である。

　それでは、今、歴史講座の現場で、歴史研究を"生業"としている「歴史研究・教育者」は、一体何を受講生に提供すればよいのだろうか。在野の研究者と大学・研究機関に所属する研究者との違いは何処にあるのだろうか。

　その答えの一つは、「最新の情報の提供」である。私たち「歴史研究・教育者」は、未だ市販されている書籍等には掲載されていない様々な最新の情報等を学会や学会誌で知り得ているのであり、こうした情報を踏まえて、客観的かつ総合的な視点から評価した歴史像を、受講生に提供することが出来るのである。在野の研究者が、往々にしてこうした客観的かつ総合的な視点を欠如し、ついつい「お国自慢」的な歴史像を結んでしまいがちなことは周知のとおりである。また、歴史学に隣接する諸分野の研究成果に丁寧な目配りが出来ることも、私たち「歴史研究・教育者」の特徴である。もはや日本史を語る上で、美術史学や人文地理学、民俗学等の諸成果を吸収することなくして

日本史の構築は不可能な時代を迎えている。また、現在学界でも未だ定見を　みていない問題に関しては、特定の見解に固執せず、学界に提出されている　諸説を広く紹介しておくことも重要である。もちろん、私見を述べることは　許されるが、前掲のように既に広く学習している受講生は、自身が支持する　見解に対して講師がどのような評価をするのか注視していることが多い。こ　うした期待に応えることも、市民を対象とした歴史講座の使命である。

2. 学ぶ側から教える側に立つ市民

　そして、既に各地の歴史講座では、市民が学ぶ側から教える側に回り、実　りある活動を展開し始めている。具体例を見てみたい。

　先般、私がお手伝いした埼玉県富士見市の「2019年度・第42回・富士　見市民大学」では9つの講座が開講されていた。(1)教養コース①文学講座「日　記文学の名作『土佐日記』『蜻蛉日記』『紫式部日記』『和泉式部日記』『更級　日記』から珠玉の名文を味わう」、(2)教養コース②ことばと表現「やさし　い文章実作教室」「エッセイ（随筆・随想）をかく確かな一歩」、(3)教養コー　ス③ゆたかな日本語「国語講座」「文芸作品に見るオノマトペをたのしむ」、　(4)教養コース④国際社会学「朝鮮半島の歴史と現在と日本」、(5)教養コー　ス⑤社会保障学「医療・社会保障崩壊の現実と再生の処方箋」、(6)市民学　コース⑥「原始古代から現代までの「富士見市の庶民生活」」、(7)市民学コー　ス⑦「行政と市民生活」講座「わが町の想定される大災害とその取り組み」、　(8)市民学コース⑧「ふじみ市民塾」「無肥料自然栽培の体験を通して「食　と農」について考える」、(9)学びのネットワーク⑨市民サロン塾「市民講　師によるサロン塾」である。筆者は、(6)の中で講座を2回お手伝いした　のだが、大学教員等の外部講師が務めた講座は(1)〜(6)までであり、(7)　〜(9)は、市民がかつての職業経験等を生かして講師を務めるものであった。　また、神奈川県茅ヶ崎市では、茅ヶ崎市教育委員会が「茅ヶ崎のエコミュー　ジアム事業」である「ちがさき丸ごとふるさと発見博物館」を、平成18(2006)　年度から企画運営しており、毎年、教育委員会職員と市民がそれぞれ得意の　テーマで講座やワークショップ等の講師を務めて活動を続けている（拙稿「観　光と博物館」『博物館研究』50-9、2015年）。

Ⅲ 「歴史教育」をみつめる ｜ コラム

　今後、各地の歴史講座でこうした市民講師の存在は、ますます増加していくものと思われるが、私たち「歴史研究・教育者」もそのような場に参加し、前掲のような独自の視点・立場から市民講師との共同作業を構築していくことが、ますます重要になるであろう。

3. 講師に求められているもの

　最後に、生涯学習としての歴史教育に必要なスキル、換言すれば歴史講座の講師に求められていることは何かを考えてみたい。現在、私が歴史講座の講師を繰り返す中でたどり着いたスタイルは、かなり丁寧かつ豊富な内容のレジュメを作成・配付し、講義はパワーポイントのスライドを用いるというスタイルである。30年前は、主にレジュメだけを用いて講義しており、関連する考古資料の写真等が必要な際にはスライドを上映していた。その後、パソコンが普及し、パワーポイントのスライドが利用出来るようになると、これを用いることが一般的になり、予め主催者側からその使用を依頼されることも多くなった。近年、講座の講師が、このパワーポイントのスライドをプリントアウトして配付することも多いと聞くが、私は、前掲のようにかなり丁寧かつ豊富な内容のレジュメを別途作成し配付するよう心掛けている。一般に講座の受講中には何となく理解できたことであっても、1週間もすれば、その内容は記憶から薄れていくものである。その際、受講生の方々が講義内容を振り返り、更に学習を広げていくためには、講義内容を詳細に記し、また参考文献等も掲載されたレジュメが必要であることは言うまでもないであろう。実際の講義ではスライドを見ていただきながら話を展開し、配付したレジュメはあまり参照しないが、受講生の後日の復習のためには、丁寧かつ豊富な内容のレジュメを配付することが不可欠である。

　また、生涯学習は「楽しく学ぶ」ことも重要である。学生時代、学会発表を前にカチンカチンに緊張していた私に、他大学のジョークが好きな先生が駆け寄って来て下さり、「宮瀧君、15分に1回は笑いをとりましょう」とアドバイスしてくれたが、私は今でもこれを肝に銘じて（？）実践するよう心掛けている。一つだけ御披露しよう。「はい、2枚目を見て下さい。…ええと、私ではなく、レジュメの2枚目です」どうぞ御実践あれ！

319

Ⅲ 「歴史教育」をみつめる

「選択」から考える歴史教育

「選択」を問いなおす歴史教育
―歴史に if あり―

中村 長史
東京大学大学院総合文化研究科・教養学部　特任助教

はじめに

　「世界史や日本史の基本的な知識が欠けている学生が多くて困る…」。政治学系の大学教員が顔を合わせると、このような話題になり、高校での歴史教育のありかたに思いをはせることも少なくない。もっとも、筆者の専門は国際政治学であり、アクティブ・ラーニングの普及や高大連携にも関わっているものの、歴史教育については素人である。その意味で、本稿は、歴史教育の外野から、しかし密接に関連する分野の研究・教育に携わっている者の観点から、歴史教育への問題提起をするものとなる。「歴史に if あり」という副題にも表れているとおり、定石を踏まえない面もあるかもしれないが、2018 年の学習指導要領改訂を契機とした歴史教育の見直し・発展（西村 [2019] 45 頁）に何かしら資するところがあれば幸いである。

　学習指導要領改訂に基づき、2022 年度から「歴史総合」（必履修）、「世界史探究」（選択）、「日本史探究」（選択）といった新設・再編された科目が実施される。また、用語の暗記中心の学習から生徒の能動的な学習を促す教育スタイルへの転換も迫

られている。この改訂された学習指導要領に対しては、例えば、過度に経済中心史観であり近代政治原理や市民社会の確立に関する事項が軽視されているといった批判がなされており（苅部 [2018] 185-186 頁）、筆者も同意するところである。また、より包括的な問題点の指摘もなされている（米山 [2019] 41-43 頁）。

　一方、科目の新設・再編と能動的学習を促す教育スタイルという二大変更が明確な問題意識に基づくものである点については、異論は少ないだろう。すなわち、日本史と世界史が切り離された状態で学ぶこと（あるいは、「世界史未履修問題」のように、必修のはずの世界史をそもそも学んでいないこと）の弊害を克服するべく、両者を統合した「歴史総合」が新設されたのであり、新たな課題が続々と生まれ知識が陳腐化していく高度情報社会では知識を応用する思考力が重要となるため、能動的学習が求められているのである。もちろん、知識習得が軽視されるべきではなく、それを前提として歴史的思考力を育むようなバランスが重要となる（皆川 [2015]178 頁；小川 [2017]287 頁；米山 [2019] 43 頁）。

　では、限られた授業時間の中で生徒の学びを促すにはどうすればよいのか。本稿では、歴史に敢えて if を持ち込み、当時の政策選択について問いなおすことを提案する。

1．選択を問いなおす必要性

　能動的学習を促す教育スタイルにおいては、生徒の思考や学び合いを促すような教員からの問いかけが重要となる [1]。ここで教員からの問いかけが曖昧なものであっては、かえって生徒の学習を妨げることになりかねない。この問いかけについては、幸いなことに、試行錯誤とグッドプラクティスの共有が進められている（永松編 [2017]、及川、杉山編 [2019a], [2019b]）。このような取り組みが既にあるなか、新たに選択の問いなおしを導入するように提案するのは、なぜか。本節では、そこから論じていきたい。

(1) 現実の可変性と歴史の if

　一言で示すならば、それは、歴史的思考力の育成には、解釈の複数性と歴史過程における選択肢の複数性という「二重の複数性」を意識することが必要だと考えられるにもかかわらず（油井 [2017] 270 頁）、前者に比べて後者は議論され

る機会に乏しいからである。中央教育審議会のワーキンググループが出した「問いの例」のなかにも「他にどんな選択が可能だったか」という問いが含まれてはいるものの（中央教育審議会初等中等教育分科会教育課程部会 [2016]）、その後、必ずしも議論が深められているようには思われない。

　かつて丸山眞男は、現実とは所与のものであると同時に可変的なものであると理解すること、すなわち現実を「可能性の束」として捉えることの重要性を繰り返し指摘した（丸山 [1952/1995] 194-195 頁；丸山 [1958/1996] 319 頁）[(2)]。この指摘の背景には、現実を所与のものとしてのみ捉え、「仕方がない」とあきらめがちな当時の人々の認識があったが、今日の私たちは、これを克服したといえるだろうか。

　歴史教育において「起こった出来事」をただ暗記するような授業では、現実を所与のものとしてのみ捉える発想を強めてしまう。暗記にとどまらず因果関係について生徒が思考するような授業であっても、「起こった出来事」を結果として絶対視してしまいがちな点では相違ない。では、「起こった出来事」を相対化し、現実を「可能性の束」として捉えるには、どうすればよいのだろうか。

　ここで求められるのが、歴史の if を問うことである。歴史に if はないといわれることが多いが、敢えて if を持ち込むことで、当時の「採られた選択肢」のみならず「採り得た別の選択肢」についても考えることになる[(3)]。そうすることで、「起こった出来事」のみならず「起こり得た出来事」についても考えを及ぼすことが可能になるだろう。

(2) 有権者教育としての歴史教育

　この点は有権者教育という意味でも重要であるように思われる。過去の「起こり得た出来事」を想像することは、「あり得たはずの現在」を考え、ひいては「次にどうすればよいか」を考えることにつながるからである（坂井 [2017] 68-69 頁）。

　日本では若年層における政治的関心は決して低くないものの、自分が政治過程に何らかの影響を持てるという感覚（政治的有効性感覚）の低さゆえに投票率が低いと指摘されている。歴史教育を通じて現実が「可能性の束」であることを理解し、若年層の政治的有効性感覚を高めることはできないだろうか。参政権を持つことは、歴史の授業でも学習するように決して自明なことではない。極端に言

えば、安易な参政権の放棄は、独裁につながっていく。投票に行かない自由さえ、投票に行かないと守れないのである（竹島 [2016] 17-18, 24-25 頁）。

この点は、歴史系科目というよりは公民系科目の守備範囲であるように思われているかもしれないが、選択を問いなおす歴史教育からも十分に学ぶことができる。1989 年の学習指導要領改訂以来、高校では地歴科と公民科の分離が続いているが、「自立した市民の育成」という社会科本来の目的は、今なお歴史教育に課せられた責務のはずではないだろうか（油井 [2017] 269 頁）。

2．選択の問いなおし・試案

では、選択の問いなおしを具体的にどのような形で授業に採り入れることができるだろうか。試案の段階であるが、ベトナム戦争（1965 ～ 1973 年）を例に考えてみたい。その犠牲の大きさや、後世への影響の大きさに加え、米国・ベトナム双方の指導者たちのふりかえり（McNamara, Blight, and Brigham [1999]；東 [2000/2010]）も含めて文献が豊富であり [4]、生徒たちの思考や学びあいを促すうえで適した事例だからである。

(1) ベトナム戦争は避けられなかったのか

ベトナム戦争の勃発という「起こった出来事」は不可避だったのだろうか。多くの犠牲者が出る戦争を今後起こさないようにするためには、どのような教訓を歴史から学ぶことができるだろうか。このような問題意識に基づき、歴史に if を持ち込んで、当時の政策選択を問いなおすことができる。

例えば、次のような生徒への問いかけが可能だろう。「もし米国と北ベトナムが『南ベトナムの中立化構想』を受け入れていたら、開戦は避けられただろうか」（McNamara, Blight, and Brigham [1999] pp.99-150, 403; 東 [2000/2010] 72, 100-123 頁；McMahon [2003] pp.102-103, 翻訳 134-136 頁）。もちろん、問いかけについて十分に考えるための知識習得が必要になる。ここでは、1962 年から 1964 年にかけてフランス大統領や国連事務総長によって南ベトナムの中立化（親米の資本主義勢力、親北ベトナムの共産主義勢力、中立派の三派連合政権樹立）が幾度となく提案されていたことや、米国が「ドミノ理論」に基づいて東南アジア全体の共産化を恐れていたこと等が、特に背景知識として必要になる。

授業の時間が許すようであれば、「開戦を避けることのできるタイミングはなかったか」といった形の問いかけも可能になる。上述の南ベトナム中立化構想に加え、1964年6月の段階で南ベトナムが内戦状態にあるため軍事介入の効果は薄いとの正確な現状認識が米国政府の一部にはあったことや、1964年8月の段階で北ベトナムからの交渉の打診を米国が却下していたことについて（伊藤[2011] 172頁）、生徒たちが自ら調べて「採り得た別の選択肢」を考えるような形になれば学びが深まるだろう。時期をさかのぼり過ぎると厳密な因果関係の特定は難しくなるが、1946年からのインドシナ戦争や1954年のジュネーブ会議における「採り得た別の選択肢」を考えてみることも（McNamara, Blight, and Brigham [1999] pp.61-81, 401-402; 東 [2010] 73-74, 85-86頁）、歴史の流れを把握するうえで重要といえるだろう。

(2) 問いなおしの後

以上の問いかけは、あくまでも一例である。現実を「可能性の束」と捉えられるようになるのに資するものであれば、学習到達度に応じて、より難易度の高い／低い問いかけがなされるのも、もちろんよいだろう。

重要なのは、いかなる問いかけであれ、選択の問いなおしを「やりっぱなし」にするのではなく、授業の最後に学んだことを確認してまとめることである。このまとめの時間には、生徒たちの学習の成果を評価したり、学習成果を長持ちさせ、他の場面にも応用できるような学習者になってもらうように工夫したりすることが重要となる（中村 [2017] 64-65頁）。

歴史教育における問いかけには、生徒が調べれば解答が出るものと、個人の見解を述べるため答えが十人十色になる可能性のあるものがあるが（西村 [2019] 48頁）、このうち後者に相当する選択の問いなおしは、教員からすれば評価が相対的に難しい。だからといって、「やりっぱなし」にしていては十分な学習効果が望み得ない。

例えば、生徒が挙げた「採り得た別の選択肢」が本当に採り得るものであったのかについて、当時のベトナムをめぐる情勢等を踏まえて教員からフィードバックをすることも必要になるだろう。当時の選択について自分の頭で問いなおす作業をした後に知識を得ることは、生徒のさらなる学びを促す好機になるからである。もちろん、仮に生徒の見解が実現可能性の低いものであったとしても、それ

だけをもって低い評価を与える必要はない。選択の問いなおしを導入する目的次第であるが、現実を「可能性の束」として捉えられるようになることを目指すのであれば、「採り得た別の選択肢」について生徒にとって入手可能な情報を踏まえて検討がなされていれば十分評価に値すると思われる。

また、ベトナム戦争における選択の問いなおしから学んだことを他の事例に応用（転移）するような課題を与えることも有効であると考えられる。例えば、ベトナム戦争における「採り得た別の選択肢」に相当するものは、今日のアフガニスタンやイラクでの戦争にあるだろうか。このような課題に答えられたとき、生徒たちは、歴史を使いこなして現在の問題を考えられる有権者として育っていくといえるだろう[5]。

おわりに

本稿では、選択を問いなおす歴史教育の必要性を論じ、具体例を試案として挙げた。もっとも、「採り得た別の選択肢」について考えるには政策決定者の観点に立つ必要があり、生徒の多くにとってはリアリティを感じることが直ちには難しいかもしれない。この点を考慮すれば、戦場の学徒といった生徒にとって比較的リアリティがある立場から考えるような授業が展開されることが多いのは十分に理解ができる。しかし、歴史の流れについて体系的・構造的に学ぶには政策決定者の視点もまた必要となるし（小川 [2017] 281 頁）、現実を「可能性の束」として捉える思考様式を養ううえでも必要不可欠である。このような目的・意義を生徒に十分に伝えたうえで選択の問いなおしを導入することが重要になるだろう。

選択を問いなおす歴史教育導入の効果検証は今後の課題であり、本稿の提案はあくまでも試論的なものにとどまる。しかし、その必要性について理解が広がり、各教育現場で少しずつでも実践例が蓄積されていけば、より体系的・実証的な知見に基づいて普及に取り組むことができるだろう。本稿が、その一里塚となれば幸いである。

(1) 世界史の授業が開始されたばかりの時期（1949 ～ 1955 年度）には、学習者の思考を促す設問が多く記載されていたものの、その後の教科書には記載がなくなっていき、「教科書に書かれた世界史は学習の終点あるいは答案のような位置付けとなって」いったという（茨木 [2018]165-166 頁 ,174 頁）。この経緯を踏まえれば、現在目指されている生徒に問いかけていくスタイルは、むしろ原点回帰ともいえるだろう。

(2) 丸山は続けて、現実を一次元的なものだと捉えたり、その時々の支配権力が選択する方向だと捉えたりする傾向にも警鐘を鳴らしているが（丸山 [1952/1995] 195-200 頁）、紙幅の関係上、ここでは現実の所与性・可変性に議論を絞る。

(3) E・H・カーは、ただ自身の希望が成就しなかったという感情的な未練のみから、ある出来事を不可避であったとする歴史家の解釈に対して決定論的であると異を唱えるような姿勢を戒めている。この指摘は妥当なものであるが、これが「選択の問いなおし」自体を否定するものではないことに注意が必要である。ここで、カーは、あくまでも人間の行動には原則的に確かめ得る原因があるとする歴史家の基本姿勢を擁護し、それに対する無理解を批判しているのである。カー自身も述べるように、歴史家もまた「起こり得た出来事」について考えるものである。（Carr [1961]pp.126-128, 翻訳 141-144 頁）。

(4) 対話によるふりかえり（1997 年 6 月の「ハノイ対話」）には研究者も同席しており、基本的に史資料に基づいてなされていたが、元指導者たちの発言に政治的な意図や歴史に介入する意図が混じる点は否めない。こうした点にも配慮しながら「ハノイ対話」の記録を用いるリテラシーを生徒たちが身につけることができれば、より学習効果が大きいといえる。

(5) 日本が自衛隊を派遣するなどして関わった戦争についてさえ、当時の政策選択の妥当性についての総括が十分になされているとは言い難い。開戦や部隊派遣に賛成した者のみならず、それに反対した者も含めて、事後的に検証する姿勢に乏しいと言わざるを得ない（坂本 [1997] 72 頁；中村 [2019] 91-92 頁）。選択を問いなおす（もちろん、当時の政策選択の妥当性を確認する結果になることも含む）歴史教育の導入によって、このような風潮が徐々に変わっていくことが期待される。

参考文献

・伊藤裕子 [2011]「ヴェトナム戦争 (1965~1973 年) —米国の蹉跌と国際冷戦構造の変容—」佐々木卓也編著『ハンドブック アメリカ外交史—建国から冷戦後まで—』、ミネルヴァ書房 .

・茨木智志 [2018]「『世界史』教科書の出発」長谷川修一、小澤実編著『歴史学者と読む高校世界史—教科書記述の舞台裏—』勁草書房 .

- 及川俊浩、杉山比呂之編 [2019a]『アクティブ・ラーニング実践集 世界史』、山川出版社 .
- 及川俊浩、杉山比呂之編 [2019b]『アクティブ・ラーニング実践集 日本史』、山川出版社 .
- 小川輝光 [2017]「教育の現場から」歴史学研究会編集『第 4 次 現代歴史学の成果と課題 第 3 巻 歴史実践の現在』績文堂出版 .
- 苅部直 [2018]「高校新科目『歴史総合』をめぐって」『アスティオン』88 号、184-187 頁 .
- 坂井豊貴 [2017]「多数決」井出英策、宇野重規、坂井豊貴、松沢裕作『大人のための社会科―未来を語るために―』有斐閣 .
- 坂本義和 [1997]『相対化の時代』、岩波新書 .
- 竹島博之 [2016]「意識調査から見た有権者教育の射程と限界―若者の投票率向上のために―」『年報政治学』2016-1 号、11-30 頁 .
- 中央教育審議会初等中等教育分科会教育課程部会 [2016]「社会・地理歴史・公民ワーキンググループ」配布資料（4 月 11 日）.
- 中村長史 [2017]「90 分授業のデザイン」栗田佳代子、日本教育研究イノベーションセンター編『インタラクティブ・ティーチング―アクティブ・ラーニングを促す授業づくり―』河合出版 .
- 中村長史 [2019]、79-97 頁 .「政策効果論なき政策論争を超える道―自衛隊と集団安全保障をめぐる潜在的論点―」『平和研究』52 号 .
- 永松靖典編 [2017]『歴史的思考力を育てる―歴史学習のアクティブ・ラーニング―』山川出版社 .
- 西村嘉高 [2019]「新しい高等学校学習指導要領をめぐって―『歴史総合』を中心に―」『歴史学研究』979 号、45-52 頁 .
- 東大作 [2000/2010]『我々はなぜ戦争をしたのか―米国・ベトナム　敵との対話』平凡社 .
- 丸山眞男 [1952/1995]「『現実』主義の陥穽―ある編輯者へ―」『丸山眞男集 第五巻』、岩波書店 .
- 丸山眞男 [1958/1996]「政治的判断」『丸山眞男集 第七巻』、岩波書店 .
- 皆川雅樹 [2015]「大学付属高等学校における汎用的な歴史教育の実践と課題―高大接続・連携をめざして―」大阪大学歴史教育研究会、公益財団法人史学会編『教育が開く新しい歴史学』山川出版社 .
- 油井大三郎 [2017]「転換期の高校歴史教育―アクティブ・ラーニングと「歴史総合」の導入―」歴史学研究会編集『第 4 次 現代歴史学の成果と課題 第 3 巻 歴史実践の現在』績文堂出版 .
- 米山宏史 [2019]「学習指導要領の改訂と高校『社会科』教育の課題」『歴史学研究』979 号、36-44 頁 .
- Carr, E.H. [1961] *What is History?* Vintage Books.（清水幾太郎訳 [1962]『歴史とは何か』岩波新書）
- McNamara, Robert. S., James Blight, and Robert K. Brigham. [1999] *Argument without End: In Search of Answers to The Vietnam*, Public Affairs.
- McMahon, Robert J. [2003] *The Cold War: A Very Short Introduction*, Oxford University Press.（青野利彦監訳、平井和也訳 [2018]『冷戦史』勁草書房）

主権者教育と歴史教育
――一人一人が主役になって考える――

原田 謙介

NPO 法人 Youth Create　前代表
高校生向け主権者教育副教材「私たちが拓く日本の未来（文科省・総務省）執筆

歴史の主役は偉人か、市民か

　コラムの執筆にあたって、まず考えたことは歴史における主役を誰と捉えるのかということ。織田信長やコロンブスといった、偉人を主役と捉えることに反論はないだろう。たしかに、教科書に個人名が乗り、成し遂げたことが多くの人に知られていて、確実に歴史の転換点を作りだしている偉人を主役と捉えることに違和感はない。しかし、一方で、織田信長の行った楽市楽座を盛り上げた商人や、コロンブスが発見したのちのアメリカ大陸に渡った開拓者を主役と捉えることもできないだろうか。為政者や偉人の意志だけでなく、一人一人の市民の行動によって歴史が作られてきたという事実も大事にしなければならない。「楽市楽座という自由な新しい方針を打ち出しているけど、本当に安心なのか」という葛藤を持ちながら、岐阜城を目指した商人がいたから、楽市楽座が成功した。このような、為政者から市民まで各時代の様々な立場の主役が何を考えどの様に判断して社会が作られてきたかを考えること。これが歴史教育の意義の一つであり、昨今話題になっている主権者教育に通ずるものだと考えている。

主権者教育とは？

　私は、10年間にわたって若者の政治参画を進めるための活動を行ってきた。大きな転機は18歳選挙権。2015年に公職選挙法の改正法案が可決され、

Ⅲ 「歴史教育」をみつめる ｜ コラム

2016年夏の参議院選挙で初めて10代が投票を行った。この変化と合わせて、教育行政における政治の扱い方が、まさに180度変わった。1969年に文部省が出した通達内には、「未成年者が政治的活動を行うことを期待していない」と明記されており、この通達が2015年まで残っていた。新たな通達では「今後は、高等学校等の生徒が、国家・社会の形成に主体的に参画していくことがより一層期待される」と書かれており、政治への参画を促すものとなっている。そして、「主権者教育」なる言葉が認知をされるようになってきた。

　では、「主権者教育」とはそもそも何なのか。文部科学省では、「主権者として社会の中で自立し、他者と連携・協働しながら、社会を生き抜く力や地域の課題解決を社会の構成員の一人として主体的に担うことができる力を身に付けさせること（主権者教育の推進に関する検討チーム）」と定義をしている。そして、私も委員として加わった総務省の有識者会議では「社会の出来事を自ら考え、判断し、主体的に行動する主権者を育てること（主権者教育の推進に関する有識者会議）」と定義した。18歳選挙権を機に広がってきたため、「投票に行くようになるための教育」と認識されることもある。しかし、社会全体と向き合ったもっと大きな理念のもとにある言葉であると理解いただきたい。

　とはいえ、どうしてもこのような定義だけでは役所言葉でストンと腹落ちしにくい部分もある。私は、主権者教育の出前授業の際には「社会ではあなたが主役。あなたの隣の人も主役。」と中高生には伝えている。主役として自分の考えや意見を大事にし、同時に他の人と関わりながら一緒に社会を作る行動を行ってほしいという思いを込めている。

自分事から社会を考える主権者教育

　社会を作るための行動が、主権者教育の肝だとはいえ、何か行動を起こすことは容易ではない。理由は様々だ。「変えるべき課題が明確でない」「変える方法がわからない」「変えられるなんて思えない」「不満がない」などなど様々な障壁があるだろう。これらの障壁を少しでも減らしていくために、実際の授業では様々な工夫を凝らしている。様々な立場の人になり、立場の違

う人同士での議論や対話を行い、公園を作っていくロールプレイ型のグループワーク。身近な街のことについて考えていくことで、日常と政治行政をつなげていくグループワーク。各政党の公約を見比べ議論し、投票を行う模擬投票などだ。(ワークシート参照)

　工夫ではあるが、プログラム制作者の私からすれば、本当はもっと、ダイナミックなテーマも扱いたいという思いもある。しかし、議論ではなく、実際の行動につなげていくことが主権者教育の肝だと私は認識しているため、多くの生徒が自分事として捉える切り口で作っている。

ダイナミックさから社会を考える歴史教育

　対して、歴史教育は真逆の切り口から、今を知り未来を考える機会を作っていると感じる。自分事から考える主権者教育とは異なり、ダイナミックな社会の変化を追体験することが歴史教育の肝だと思う。冒頭に書いたような、

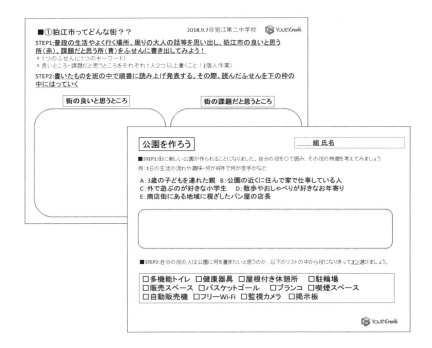

様々な歴史の主役の視点を自由に持つことができ、あれやこれや歴史の転機を考える壮大さ。「あなたが将軍だとしても、鎖国政策をとりましたか？」「フランス革命の動きに、あなたなら参加しますか？」などなどを考えてみることができる。歴史が専門ではないので、具体例が適切でないであろう点はご容赦ください。

社会を変えることに前向きではない若者を作り出す社会

　もちろん、主権者教育においても20年後・30年後の国の在り方を考えるなどのダイナミックなテーマを扱っても良い。しかし、残念ながら今の日本ではこのテーマでは盛り上がりにくい。内閣府の調査によれば「私の参加により、変えてほしい社会現象が少し変えられるかもしれない」と考える若者は32.5％。また、「将来の国や地域の担い手として積極的に政策決定に参加したい」と答える若者は33.2％。ともに、他の先進国に比べて低い。（我が国と諸外国の若者の意識に関する調査 平成30年度より）。このような状況の中で、「社会は変えられる。さあ、行動しよう」と伝えたところで若者にとってみれば「ふーん。」といったぐらいの感覚にしかならないと考える。この状況は若者に原因があるのではなく、これまでの戦後の社会・政治の様々な積み重ねが原因である。社会・政治が変わることなく若者にだけ「主体的に社会に関わりなさい」と変化を押し付けることはナンセンスだと思っている。

でも、やっぱり教育は大事

　でも、私は若者には社会を作る力があると信じている。そして、その力を引き出し、受容することなく社会が前に進んでいくことはないと思っている。そのためには、自分事と捉えることができる範囲の社会を考え行動を促す主権者教育。そして、過去から学び社会のダイナミックな流れを感じ、その流れが一人一人の人の判断で作られてきことを知る主権者教育。この2つの教育の連動に今後の社会の可能性を感じている。

皆さんはどんな歴史の授業を受けてみたいですか？

小林 恭士
宮城教育大学教育学部　准教授

最初に考えてみよう！

□ どんな歴史の授業を受けてきましたか？
　　└ どう（好き・嫌い等）感じましたか？
　　　└ なぜ（理由）そう感じましたか？
□ どんな歴史の授業を受けてみたいですか？

　本文を読む前に少し時間をとって考えてみましょう。
　考えたことを紙に書き出してみましょう。

歴史学と生物学

　日本史や世界史といった歴史の授業で、いまの高校生は何を学んでいるのだろう？と、ふと想うことがある。実のことを言うと、むかし高校生であったはずの私は、むかしの高校生が歴史の授業で何を学んでいたのかさえ知らない。いわゆる理系進学コースを選んだ私は、覚えることが膨大にあり、理系進学コースでの大学受験科目には向かないとされた日本史や世界史を、高校での履修科目として選択することはなかったからだ。そんな私がいま、歴史の授業について書いている。

　歴史の授業を受けることは、生物の授業を受けることと似ているかも知れない。高校での生物の授業は、その当時（1980年代）の中学校での生物の

授業（中学校理科 第2分野）と比べて格段に面白かった。高校生物では「法則性」に触れることができた。それに対して、当時の中学校生物では、博物学的雰囲気が強く、動植物についての個性記述的な内容が主に取り扱われていた記憶がある。現代生物学の始まりは、分子生物学の夜明けと共にあると言っても過言ではない（参考文献1、2）。分子生物学とは、生物の営みを、DNA（デオキシリボ核酸）やRNA（リボ核酸）やタンパク質といった化学物質の働きで理解しようとする学問領域だ。すなわち、物理学や化学といった普遍性や法則性を扱う法則定立的な学問が、それまで個性記述的な要素が強かった生物学と融合して生まれた学問領域が分子生物学と言えよう。

2022年4月1日から施行を開始する高等学校学習指導要領では、「探究学習」の重要性が強調されている。高校の歴史の授業でも「探究学習」にいま光が当てられているそうだ。

歴史を探究するとは一体どういうことか？
これまで、歴史を学ぶ行為の中に「探究」は無かったのか？

「探究」という語句を仮名にひらくと、「さぐりきわめる」となる。「きわめる」には、「究める」のほか、「極める」や「窮める」といった漢字も当てられる。いずれも古語の「きは・む」に由来すると言う。きわ（際）に至るまで、徹底的にやるという意気込みがそこには感じられる。徹底的にやる。いい言葉だ。

ドイツの哲学者、リッケルト（Heinrich John Rickert）らによる学問体系の分類からは、現在の日本における文系・理系思想を考察する上で大変に興味深い示唆が得られる。リッケルトらによって大別された学問体系は、文化科学（Kulturwissenschaft）と自然科学（Naturwissenschaft）とに分けられる（参考文献3）。歴史学はこの内の文化科学に含まれる。歴史学とは一体どの様な学問なのか？　歴史に対する認識や解釈の在り方はどうあるべきなのか？　ヴィンデルバント（Wilhelm Windelband）とディルタイ（Wilhelm Christian Ludwig Dilthey）によって繰り広げられた論争に代表される様に、学問領域の境界や融合にまつわるパラダイムについての考察は、いつの時代になっても果てることのないテーマとして扱われる。このこと自体に関心を覚える。

イギリスの歴史家、カー（Edward Hallett Carr）は、著書『歴史とは何か』の中で、「歴史とは歴史家と事実との間の相互作用の不断の過程であり、現在と過去との間の尽きることを知らぬ対話なのであります。」として、彼の歴史に対する考え方を述べている（参考文献4）。歴史学とは、歴史的事実（史実）に加え、歴史家による歴史的事実（史実）に対する「解釈」をも含めた、歴史的事実（史実）に対する認識のまなざしを扱う学問であると仮に捉えたとしよう。生命の歴史を扱う進化学は、まさにそれである。学問というものは結局のところ、事実・現象を「客観性」という見方・考え方で捉えようと試み、それぞれの学者（学習者）の「主観性」という見方・考え方を通してその解釈が与えられる作業なのだとすれば、歴史学と自然科学との間に共通性があり得ることを、現代における新学習指導要領等、教育現場において認識されやすいシンボルの下に、教育復興の流れの中で、再考される機会が訪れたとしても可笑しくはあるまい。

新しい歴史の授業

平成元年に高校生になった私が、平成が終わり、新しい時代を迎えたいま、新しい時代の歴史教育について考えている。SDGs（Sustainable Development Goals）での思想は、生物学において従来からある保全生態学での価値観と類似するところがある（参考文献5）。では、到来した新しい時代において「もしも私が新しい歴史の授業を受けられるとしたら」。こんなことを皆さんと一緒に考えて締めくくりたい（参考文献6）。

日本の哲学者・教育者、林竹二氏は「学ぶということは、覚えこむこととは全くちがうことだ。学ぶとは、いつでも、何かがはじまることで、終ることのない過程に一歩ふみこむことである。一片の知識が学習の成果であるならば、それは何も学ばないでしまったことではないか。学んだことの証しは、ただ一つで、何かがかわることである。」と述べている（参考文献7、8）。

私がもしもこの時代に、歴史の授業を受けることができるとしたら、世界の成り立ちについて、何か新しい見方・考え方が得られる様な、そしてなお且つ、自身の行動規範の変容だけにとどまらない、行動の確かな変容（実行）へと繋がり得る様な歴史の授業を受けてみたい。最後に、吉野源三郎氏の『君

たちはどう生きるか』（参考文献9、10）から、以下の一節を紹介する。

　　僕は、すべての人がおたがいによい友だちであるような、そういう世の
　　中が来なければいけないと思います。人類は今まで進歩して来たのです
　　から、きっと今にそういう世の中に行きつくだろうと思います。そして
　　僕は、それに役立つような人間になりたいと思います。

　皆さんにお訊ねします。
　皆さんはどんな歴史の授業を受けてみたいですか？

もう一度考えてみよう！

□ どんな歴史の授業を受けてきましたか？
　　　└ どう（好き・嫌い等）感じましたか？
　　　　　└ なぜ（理由）そう感じましたか？
□ どんな歴史の授業を受けてみたいですか？

参考文献

1）『分子生物学の夜明け（上）−生命の秘密に挑んだ人たち−』H.F. ジャドソン（著）、
　　野田春彦（訳）。東京化学同人、1982 年 2 月。
2）『分子生物学の夜明け（下）−生命の秘密に挑んだ人たち−』H.F. ジャドソン（著）、
　　野田春彦（訳）。東京化学同人、1982 年 2 月。
3）『文化科学と自然科学』リッケルト（著）、佐竹哲雄（訳）、豊川昇（訳）。岩波書店、
　　1939 年 2 月。
4）『歴史とは何か』E.H. カー（著）、清水幾太郎（訳）。岩波書店、1962 年 3 月。
5）『未来を変える目標 SDGs アイデアブック』Think the Earth（著）、蟹江憲史（監修）、
　　ロビン西（マンガ）。紀伊國屋書店、2018 年 5 月。
6）『学習設計マニュアル』鈴木克明（編著）、美馬のゆり（編著）。北大路書房、2018 年 3 月。
7）『宮城教育大学 学園だより（昭和 49 年 5 月 10 日）』宮城教育大学、1974 年 5 月。
8）『学ぶということ』林竹二（著）。国土社、1978 年 4 月。
9）『君たちはどう生きるか』日本少国民文庫・第五巻。山本有三（著）、吉野源三郎（著）。
　　新潮社、1937 年 8 月。
10）『君たちはどう生きるか』吉野源三郎（著）。岩波書店、1982 年 11 月。

組織的な授業改善に向けて
―教材から手法への射程の広がり―

町支 大祐
帝京大学大学院教職研究科　専任講師

カリキュラムマネジメントと地歴公民科

　今般の学校経営論において、一つのキーワードになっているのはカリキュラムマネジメントである。カリキュラムマネジメントとは、2022 年から実施される学習指導要領の「理念を実現するために必要な方策」として文科省によって位置づけられているものである。各学校において，学習指導要領等を受け止めつつ、子供たちの姿や地域の実情等を踏まえて、各学校が設定する教育目標を実現するため、教育課程の内容やその実施について組織的に評価や改善をしていくことを指している。アクティブラーニングの黎明期と同様、百家争鳴のごとく、カリキュラムマネジメントについても多様なアクターが様々なあり方を示している。とはいえ、その要は組織的にカリキュラムや、カリキュラムの実施過程である授業を改善していくことである。東京大学中原研究室（現・立教大学）と日本教育研究所が 2015 年に行った全国の高校を対象とした調査[1] においても、組織的な取り組みを行っていればいるほど、アクティブラーニングの効果実感が高いという結果も示されている。「組織的改善」をいかに実現するかが、今後の教育の重要なポイントになると考えられる。

　そういった組織という観点から見た時、（この場に書くことが若干憚られるが誤解を恐れずに言えば）最も課題が生じているのは、歴史教育を含む地歴公民科ではないだろうか。前述した調査の 2017 年版[2] では、国語・数学・理科・外国語、そして地歴公民の 5 教科の教員集団の様子について質問した項目がある。その中で、「教員がチームを組んで協力しながら単元開発や教

III 「歴史教育」をみつめる │ コラム

材開発を行っている」「新しい授業方法や教育実践についての知識を同僚同士で交換し合っている」といった項目についての肯定的回答（あてはまる・ややあてはまるの合計）の割合が最も低いのは地歴公民科である。地歴公民科と同様に専門分化が生じている理科と比べても低い状態である。また、「授業のことについて、他の教員と会議以外の日常会話の中で話をする機会」が「かなりある」「しばしばある」と答えた教員も、最も低い。そして、「授業実践を見直し、意欲的に改善しようとする教員が多い」という項目についての肯定的な回答も、わずかな差ではあるが最少である（**図1**）。

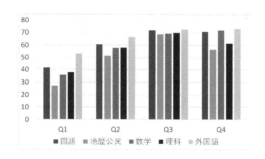

Q1	教員がチームを組んで協力しながら単元開発や教材開発を行っている
Q2	新しい授業方法や教育実践についての知識を同僚同士で交換し合っている
Q3	授業実践を見直し、意欲的に改善しようとする教員が多い
Q4	授業のことについて、他の教員と会議以外の日常会話の中で話をする機会がある

図1　各教科の教員集団の様子：各問に肯定的回答をした者の割合 [2]

こういった結果になりうる背景を推測してみると、一つには、歴史教育が「暗記科目」として理解されてきたことがある。これまで多くの学校の授業を拝見させていただく機会があったが、そのなかには少なからず、「暗記科目」としての扱いの中にとどまることを選択している先生方もいた。教科書をそのまま教える、あるいは、教科書の表現をわかりやすく変えたような自作プリントで授業を行っている方も多かった。

「作品」主義的志向の蔓延

　一方で、授業改善に積極的な教員の方も少なくない。それぞれが史料や歴史書に直接あたり、それをもとに綿密な教材研究を行い、実物教材などの独自のネタを仕込み、オリジナルの教材を開発している方もたくさんおられる。それでも上記のような調査結果が生じる一因には、歴史教員の「作品」主義的志向があるように思われる。授業の作りこみが完全に個々人によって行われ、出来上がった授業も個人の「作品」のように理解されがちである。「作品」として披露されたり、批評が行われることはあっても、それについて協働で改善が行われたり、他者に活用してもらうことを前提に共有されるということは多くない。逆に、他人の「作品」に手を入れて自分で使うということに対しても、なんとなく憚られる思いがする。そういった気風が他教科よりも強いのではないだろうか。結果、個人としての授業改善は行われるが、組織としての授業改善は行われにくいという状況になっているのではないか。

　とはいえ、自ら調べるという研究者気質や、自ら創ることを好む職人気質は否定されるべきものではない。自ら学び、創造しようとする姿勢は、まさに、アクティブラーナーとしての教員の姿そのものである。また、歴史という対象は実に幅が広く奥深く、掘り下げがいのあるものであることも関係しているだろう。そこに自ら切り込みたいという欲求を持つことは、歴史教育者として抗いがたい本音ではないだろうか。しかし、自ら創造することにこだわることは、裏返せば、他者の創造物に口出しをしないという不文律にもつながっていく可能性がある。

組織の「学習」へ向けて

　とすれば、組織が変わっていき、協働的に授業改善が行えるようになる鍵はどこにあるのであろうか。私は、それは、授業改善の焦点を教材から教育方法に広げていくことにあると考える。教材についてはこれまで通り自らの開発にこだわるとしても、教育方法については協働で改善に取り組む余地が残されているのではないだろうか。特に、単にわかりやすい説明を行うのではなく、様々な特徴を持った生徒たちの間で対話的な取り組みを行ったり、

Ⅲ 「歴史教育」をみつめる ｜ コラム

探究的な学習を実現することを目指すのであれば、教育方法に関する多様な
アプローチを検討していくことが必要であり、そのためには個人より組織で
行う方が適合的であると考える。

　では、そのような変化を起こすためにはどうすればよいのであろうか。組
織が何かの気づきを得て変わっていく過程を、組織の「学習」と捉える考え
方がある。組織の学習には、組織に根付いている考え方や定型的なやり方を
前提として、生じている課題の解決に取り組むシングルループの学習と、組
織の前提になっている目標や価値体系を含めて再検討し、考察の対象とする
ダブルループの学習がある。前述した、教材から教育方法への焦点の拡大を
もたらしうるのは、後者のダブルループの学習である。具体的に考えてみる
と、例えば、各教員が持っている価値観や、教員自身の理想とする授業、そ
して、教科組織の現状や課題をどのように感じているのか、そうしたものに
ついて対話し、改めて組織として何を目指すのか、そのためにはどうしたら
いいのか、といったことを検討することが考えられる。それをふまえて、前
述した授業改善の焦点の拡大を話題にするということが、変化のプロセスと
してはあり得るのではないだろうか。そもそも組織としてつながりが薄いな
かで価値観や現状認識を表出することはハードルが高いと思われるかもしれ
ない。しかし、研究者や職人の集まりである集団が組織になっていくには、
どこかでそういったきっかけが必要になるであろう。前向きな意味で組織に
ゆさぶりをかけ、青臭い対話をしていくことが必要とされるのではないだろ
うか。そのことが、組織として授業改善を行っていく、教科としてカリキュ
ラムをマネジメントしていくことの出発点になると思われる。

---

(1) 山辺恵理子 , 木村充 , 中原淳 , 堤ひろゆき , 田中智輝 (2017)『ひとはもともとアクティ
　　ブラーナー』北大路書房
(2) 木村充 , 村松灯 , 田中智輝 , 町支大祐 , 渡邉優子 , 裴麗瑩 , 吉村春美 , 高崎美佐 , 中
　　原淳 (2018). 立教大学経営学部寄附型研究プロジェクト－日本教育研究イノベーショ
　　ンセンター共同調査研究 高等学校におけるアクティブラーニングの視点に立った
　　参加型授業に関する実態調査 2017: 報告書 . http://manabilab.jp/wp/wp-content/
　　uploads/2018/10/report.pdf：図 1 は本調査をもとに筆者作成

内在する歴史への
気づきと学び

荒井　優
札幌新陽高等学校　校長／東明館中学校・高等学校　理事長

「歴史の授業」の記憶

　もし世の中が、「歴史が好きな人」と「歴史が嫌いな人」の二つに分かれるとすると、前者に属する。「歴史」の専門家ではないが、歴史を知ることが人生の深みとなり糧となると信じているからだ。だからこそ、この原稿が依頼されたのだろうと思うし、素養も無い中に背伸びをして受けてしまったのだろう。

　でも今、パソコンに向かって悶々と苦しんでいる。「歴史好きの素人が受けたい授業ってなんだろう？？」と。原稿は進まないのに、コーヒーの量だけが増えている。

　思えば不真面目だった高校時代、勉強の思い出はほとんど無いが、一つだけ覚えている授業がある。それは3年の担任が卒業間近に行った国語の授業だ。

　「どうせ、みんな、受験直前で僕の授業なんてまともに聞かないから、今日は好きな話をする」と宣言して、「ディズニーランドは左回り、右回り、どちらで回るべきか？」と問いかけた。

　コロンブスの新大陸発見以降に跋扈した「カリブの海賊」、西部開拓の「ビッグサンダーマウンテン」、ホラー小説家エドガー・アラン・ポーが登場する「ホーンテッド・マンション」、そして人類最初に月に国旗を立てたことに象徴される宇宙政策としての「スペースマウンテン」など、ディズニーランドは左回りに回るとアメリカの建国史を一巡することができるのだ、という。いつの間にか受験勉強の内職を誰もがやめて聞き入ったいわば伝説の授業。

III 「歴史教育」をみつめる | コラム

今にして思えば、あれは「歴史」を学んでいた。

初めて「歴史」に接したのは、小学館の『学習まんが 日本の歴史』だった。親が買ってくれたのだろう、小学校低学年の時に夢中になって読んだ。今でも、「平将門の乱」で処刑された将門の首が飛んでいく様は脳裏から離れない。その後、小学校3年生の時にTVアニメで「三国志」を見てはまった。それ以降、小学生の間に陳舜臣の『三国志』『十八史略』、中学高校を通じて司馬遼太郎の有名な著作は大体読んだ。

私大文系の受験生としては世界史を専攻し、山川の用語集などに首ったけになりながら、「重箱の隅をつつく」問題が出るという噂で有名だった大学の試験を突破した。学校の授業で特に印象に残っているものはない。今の職責では大変に残念だが記憶に残ってない。あえていえば予備校で「東大世界史」を受講したが、世界史のダイナミズムがわかって面白かった。

内在する歴史、身体性を帯びる歴史

「読み物」としての「歴史」に傾注した小学校時代を経て、「歴史（のテスト）が得意」な学生が出来上がっていた。でも、社会人になれば、あれだけ覚えたはずの知識、（例えば「ネブカドネザル」とか「薬子」とか）は単語とイメージだけが記憶の端に残っているだけで、いつしか、「歴史」よりも「ビジネス英会話」など現世的で費用対効果の高そうな知識を一生懸命身につけるサラリーマンになり、「歴史」から遠ざかった。

再び、「歴史」に向き合うようになったのは東日本大震災の復興に関わるようになってからだ。東北の被災地に足を運び、家族や家や仕事や畑や車や自信を失った人たちと向き合っていた。支援する立場にも関わらず何もすることができない自分にとって、相手の存在を認めることしかできなかった。それは「何を持っているか（Having）」ではなく、「何をしているか（Doing）」でもなく、「存在そのもの（Being）」を問うことだった。「なぜあなたはここにいるのか？」「どうしてここに至ったのか？」と存在（Being）を問い続けると、その人がそこにいる所以は、家族の歴史と地域の歴史と国家の歴史が複雑に織りなした彩なのだ、とわかるようになってきた。人とは「歴史的なもの」なのだ。

偉人の功績よりも地域で語り継がれてきた民話や昔話に興味を持ち始めた。無名の人たちによる世代を超えた想いや願いが込められているのではないかと思うからだ。柳田国男、宮本常一を通じて民俗学や児童文学の本を読むようになった。司馬遼太郎は『街道をゆく』を愛読するようになり、目の前の人や地域や国家の置かれた現状、課題、不条理を紐解いていくと、そこには歴史が横たわっていることがわかってきた。そして目の前にあることの歴史を学んでいくと、無名の人々の様々な思いが積み重なった背景があるのだとわかるようになってきた。例えば、日本で最初の原子力発電所が福島県の相双地域にできたことは、戊辰戦争に負けた明治時代、伊達藩に向き合った江戸時代、ひいては「勿来の関」があった平安時代から関係してくるように思えてきた。

　「歴史」それ自体に身体性を感じるようになってきた。身の回りのあらゆることに、歴史が内在しているのだと理解するようになった。例えば、今、原稿として書いているこの文字も言語も歴史的創造物そのものなのだ、と。「歴史」の身体感を得たことにより知識と思考が深まると、例えば表層的に外国語を使うよりも、多様性を理解し他者への敬意が増してきた。そう考えると、仕事や人生で尊敬する人たちが人や事の「歴史」を大切にしているのは偶然ではないように思えてくる。「歴史」を学び、「歴史」に敬意を払うことは豊かな人生を送ることにつながっているのではないだろうか。

身体性の獲得を目指して

　以上、自分自身が「歴史好き」だと認めるに至る経緯を書き連ねてみたが、時間としては30年ほどかかっていることになる。そして、そこには学校が介在した思い出は冒頭の国語の授業以外ではほぼ記憶にない。本論の主題に戻れば、学校にいる間にどんな授業に出会えれば良かったのだろうか。

　キーワードは「身体性」だろう。自分の身の回りの範囲から「歴史」を感じていくことが大切なのではないか。例えば、今、校長を務めている札幌の高校のそばには「相馬神社」があるが、これは、東日本大震災の原発事故の被災地となった福島県双葉郡にある「相馬太田神社」の御分霊だ。明治の時代に相馬の人々が温暖な福島の浜通りを離れ、雪深い北海道の原野を切り拓

く作業をした折に、地元の神様をこの場所に祀ったのだ。それを最初に教えてくれた友人の相馬行胤さんは相馬藩主 34 代目であり、平将門の子孫にもあたる。興味を持って調べれば、あらゆる事象に歴史的背景がある。インターネットで調べてもいいし、地元の図書館で図書司書に聞いてもいい。高校の授業であれば、その調べたことを 3 分程の映像で表現してはどうだろうか。多くの人にとっても学びの多いコンテンツが出来上がると思う。授業は入り口でしかなく、興味の深め方や調べ方を学ぶことが大切だと考えている。

　ちなみに、冒頭に上げた国語の授業の話だが、当時好きだった女の子を受験が終わったらディズニーランドに誘いたいという気持ちがあったから一生懸命に聞いたのかもしれない。「身体性」とはこういうところからでもいいのではないか。もっとも、意中の子とはデートに行くことが叶わなかったのだが。

結 —本書の結びをはじまりとして—

前川修一　梨子田喬　皆川雅樹

皆　川：皆さんから原稿をいただき、読み返してみて、そもそも科目名にくっついた「総合」するや「探究」するとはどうすることなのか、をもっと咀嚼しなくてはいけない気がしています。今回編集に携われた皆さんは歴史を「総合」「探究」するとはどういうことだと思いますか？

梨子田：学習指導要領の言葉であれば「総合」は「時間認識と空間認識をバランスよく総合する」「空間軸と時間軸をそれぞれの学習の基軸とする」あたりですし、「探究」は「生徒の発想や疑問を基に生徒自らが主題を設定し…」とありますね。

皆　川：いや、そういう硬い言葉ではなく、授業者が自分の言葉としてしっかり咀嚼しているべきだと思うんです。

梨子田：なるほど。言葉の原義に立ち返ると、そもそも、ばらばらのものを一つにまとめ上げていくことが「総合」の本来の意味です。「世界史と日本史があわさっただけでしょ」という感じで世界史と日本史の融合ばかりが先立ってしまっています。でも、そういうことではなくて、文化史・経済史・政治史をばらばらにせず重ねて考えたり、明治・大正・昭和を断代的に細切れしたりせず、俯瞰して結びつけて考えていくことが「総合する」ことの意味だと私は理解しています。

皆　川：どうしても現場の先生は通史的に教えてしまいますからね。通史学習だと、教科書をめくって章が変わると前の学習は忘れられてしまいがちですよね。

梨子田：そうですね。だから近代化・大衆化・グローバル化という大きな枠組みが設定されていたり、第二次世界大戦の終結が章の変わり目となっていないなどは、通史で教えないように、というメッセージだと思うんです。歴史的諸事象を結びつけて考えながら一般化される何かを探していく、これが「歴史総合」の学びの楽しさになるのでしょう。

前　川：旧帝国大学の史学科も出来たばかりの頃は、日本史も東洋史も西洋史も考古学も、それぞれの垣根がゆるくとても仲が良かった。それでいて、すべての分野をある程度自由に行き来し学んでいたから、主専攻以外の「目測」

　　　　が効いたという話を聞いたことがあります。ところが、開設して10年くらい経つとだんだんタコツボになっていく。それぞれの分野の敷居が高くなり、さらに古代・中世・近世・近現代と時代別にも分化していきます。そうなるともう、隣の分野のことがわからなくなるわけですね。

梨子田：いわゆるセクショナリズムですね。学問の分化がそのまま教育に降りてきている気がします。歴史教育の現場が「総合」していくのであれば、学問の分野でも同じような動きが必要ですね。

前　川：そうですね。「歴史総合」はそこの垣根を超えた普遍性のようなものが要求されるわけでしょうから、その意味で歴史教育の現場の先生方、歴史研究者、みんなで「歴史とはなんぞや」という哲学的な問いに立ち返る必要があるわけです。

皆　川：深い議論ありがとうございます。では、「探究」はどのように捉えていますか。

前　川：世界史もしくは日本史の「探究」とは、「総合」が一般化の罠に陥らないための視点といってもいいかもしれないですね。梨子田さんがおっしゃったように、「総合」はバラバラのものを統合し、より俯瞰的にものを眺める意味で大事な視座だと私も思います。しかし、そこで導かれる共通性や法則がすべてを説明できるとは言い切れない。それはあくまで学び手である人間の限界に左右されますよね。「探究」とは個々の歴史的事象、もしくは、あまたの個人的な関心事の中から歴史の「一般化」を疑う視点であるとともに、普遍的かつ永遠の「真理」に近づくための人間の謙虚さを呼び覚ます、「学びの作法」と捉えるべきじゃないかとも思うんですよ。

皆　川：深いですね。そうなると、歴史の探究科目では探究という学びの作法を学ぶのか、それとも歴史そのものを学ぶことがゴールなのか、という問いが生まれてきます。先ほどの哲学的な問いに立ち返ることにも通じてきますね。

梨子田：私は、歴史学科卒の歴史一筋の人間で、小さい頃から歴史小説を愛読していたので歴史のロマンもわかります。しかし、歴史を学ぶこと、教えること、それだけが教師と生徒双方のゴールになってよいのかな、と思うようになりました。

前　川：私は歴史を学ぶことにより、人間を学ぶことができると思っています。人間を学ぶとは、究極には、社会に関わりこの世に生きることなのではないかと。したがって、歴史の学び自体は、語弊を恐れ

前川 修一

　　　　ずに言えば「生きていく上で役に立つもの」でなければならない。この場合
　　　　の「役に立つ」とは、高等学校卒業後のさまざまなライフステージで、拠る
　　　　べき自分を形づくることができる資質や能力、と言い換えることもできるか
　　　　もしれませんね。いわば暗夜行路をさし照らす灯台のようなものでしょうか。
梨子田：すごい。暗夜行路をさし照らす灯台…。詩人のように素敵な表現ですね。
前　川：いやいや（照）。でも考えてしまうんです。何十年も教師生活を続けてきた
　　　　私なんかは、人生の灯台を心の中に抱く人間を卒業させてきただろうか。歴
　　　　史を学ぶことにより、生の営みを豊かにし、自ら思考し難局を切り抜ける人
　　　　間たちの成長を助けてきただろうかと、日本や世界の昨今の情勢を見るにつ
　　　　けて忸怩たる思いになることがあります。これからの歴史教育は、まさにこ
　　　　の点を問われなければならないのではないでしょうか。
梨子田：共感しますね。もう少し具体的に考えると、社会を見る目を養い、現状の社
　　　　会に対する分析力、課題発見力を養うことが高等学校で歴史を学ぶ意味な
　　　　のではないでしょうか。単に暗記テストで良い点が取れることがゴールでは
　　　　なく、自分自身の生き方、自分が生きる社会に対する問いを持って社会に踏
　　　　み出していくことをゴールにすべきですね。問いを持って解決へと踏み出し
　　　　ていく、この姿勢、力を養うための「探究」ですから。
皆　川：社会と繋げる意義は理解できます。「社会に開かれた教育課程」ですからね。
　　　　しかし、具体的に、社会に開かれた歴史教育というと何か実感がわかない、
　　　　何を目標に何をすれば良いのかという声が多く聞かれますね。
梨子田：私は、次の進路先への「志望の理由」が語れるか、が歴史教育に限らず色々
　　　　　　　　　　　　な教科で共有すべきゴールにすべきだと思っています。「志
　　　　　　　　　　　　望の理由」は自己と社会をつなぐ自分軸を文章化したもの、
　　　　　　　　　　　　いわば自分が生きる社会への問題提起とその社会における
　　　　　　　　　　　　自己の在り方です。歴史を学ぶ意味とは、現代の社会に対

　　　　　　　　　　　　する眼差しを獲得すること。よく歴史を学ぶことは未来を考
　　　　　　　　　　　　える…と言われますが、歴史を学んだとしても、VUCA（ブー
　　　　　　　　　　　　カ）[(1)] な時代なので、結局未来は予測できません。しかし、
　　　梨子田 喬　　　　　現在の社会を見る目が鋭くなり、そこに出す問いが深いも

---

(1) これからの時代が予測不能な状態を示す言葉で、Volatility（変動性・不安定さ）、Uncertainty（不
　　確実性・不確定さ）、Complexity（複雑性）、Ambiguity（曖昧性・不明確さ）という4つの
　　キーワードの頭文字から取ったものである。

のになっていきます。

そして、自分が進むべき道が出来上がっていく。これが高校生が歴史を学ぶ真価です。

皆　川：そうなると歴史も知識を詰め込むのではなく、課題発見力や解決力を養うものでなくてはいけませんね。だから、学校における「暗記の歴史」を、授業・試験・勉強・自らの学びなどから排除したい。歴史研究と歴史教育の両方に関わって切に思ったことです。

前　川：私の大学時代の師匠（川添昭二 [(2)]）のことばを紹介させてください。「大学院の修了者、欲を言えば博士課程を出たくらいの研究蓄積をもつ教員が、成長期のただ中にいる中高生に寄り添うことは、そのみずみずしい感性から我々が学ぶことも含めて、大変意義のあることである」と。研究領域と教育現場はもっと繋がっていくべきなんです。

梨子田：確かに伝達型の授業をやめ、生徒に話をさせる授業にすると、「こんな風に考えるのか」とかえってこちらが学ぶことが多いです。私たちの持つ高度な専門知と生徒のみずみずしい感性がかけ合わさっていく授業は、まさに生徒と教師の共創です。

皆　川：ということは、これからの歴史教育を担うために必要なことは？

前　川：専門の高みに近づく努力とともに、教える技術を磨くこと。研究と教育は車の両輪であることを、校種を超えて共有すること。「生徒の学び」から学ぶ姿勢を持つこと。そんなところでしょうか。

梨子田：本書の構成にも重なりますね。ただ、私的に「教える技術」という言葉が少し気になります。教えるというより、もっと教師の関与を弱めていいと思います。「引き出す技術」くらいでしょうか。本書の副題も当初、「歴史総合、世界史探究、日本史探究を教える」でした。しかし、「教える」でいいのだろうか、となり「挑戦」に変わった。「あれ、そういえば誰に教わったんだっけ？」ぐらいが理想の状態なんです。主体性が高まっていれば、当の本人は「教わった」とは思っていないのですから。

前　川：高校時代の教師の授業が下手すぎて、自分で学ぶしかないと思うに至ったモチベーションと、高度なアクティブラーニングを設計できる教師によって

---

(2) 川添昭二（1927〜2018）日本中世史を専門に、厳格な実証主義で知られた歴史学者。九州大学、福岡大学で教鞭をとり、数多くの研究者を育てた。大学就業前は、自らの出身でもある福岡県の定時制高校に約10年勤務した経験がある。

「あれ、そういえば歴史誰に習ったっけ？」という、やはり主体的な学習観だけ残った場合とを「同じ」と考えるべきなのか、という問いが生まれますね（笑）。

皆　川：先生の話は面白かったけど、その話の内容は覚えていないではね。教育のゴールとはどこにあるかを考えさせてくれます。

前　川：教育のゴールとは、高校教師の屍を超えるものを育てることでしょう。我々は当時の高校教師の屍をやすやすと超えてきた気もします（笑）。アクティブラーニングや探究も、いずれその次が現れます。もっとも現代人にはそれが何か想像もできませんが。いずれにせよ、その何かによって、我々もたやすく超えられていくのでしょう。

　こうして考えてくると、旧態の教育でも「屍を乗り越えていく」人間は（ほっといても）育つことになります。しかし、いまの新しい教育ではそうした一部のアクティブラーナーを育てるのでなく、アクティブラーナーを最大多数にする、ということかもしれない。

皆　川：そんなアクティブラーナーのみなさん方は、誰に教わったわけでもなく気がついたら歴史を学んでいたと思うのですが（爆笑）、歴史を学ぶきっかけはなんだったのですか？

前　川：孤独ですかね。小学校の頃歴史や中国文学の本を読み漁ったんですが、どうしてなのか、考えてみると友達との関わりが少なく、一時は本との対話に救われていた時期があったことを思い出しました。これでも口数の少ないおとなしい子だったんですよ（笑）。

梨子田：本当ですか？想像できないですね（笑）。私は、高校時代に漠然と歴史が得意だったという感覚があります。その後中国をはじめ世界あちこち旅行しながら「世界史を極めたい」に変わっていきました。旅行という原体験からですね。教員になってからも、アジアのだいぶ奥地まで行ったんですが、掘建て小屋の教室にグラウンドしかなく1日の授業が2時間だけ、最低限で成り立っているような小学校でも、厳選された時間割の中にちゃんと歴史の授業はあるんです。一方で、豊かな日本では「歴史は勉強しても役に立たない」という声が聞こえてくる（笑）。

皆　川：私は、高校時代に萱野茂『アイヌの碑』（朝日文庫）を読んで以来、「日本人」「日本」ってなんだ？と思い始めたことがきっかけで、「日本」の歴史に興味を持ちました。みなさん、学校での体験というよりは、自分で切り開いている感じですね。学校での学びとは何なんでしょうか？

前　川：いろんな意味でですが、学校が学びのきっかけになっていることは間違いないですね。その際に重要なキーワードは、やはり「対話」でしょう。

皆　川：学校での学びがきっかけというよりは、自分自身が何と対話をしてきたのか。「自己との対話」をするにあたって、書籍や体験などを通じた「対象世界（コンテンツ）との対話」は大切です。「他者との対話」は、ただグループワークを多くすればい

皆川 雅樹

いわけではないんですよ。「他者との対話」には目的が必要で、授業においても研究においても向かうところを考えないと、学びにはつながらない。その向かうところが「問い」をつくることにつながるんでしょうね。

前　川：おっしゃる通りだと思います。1950年代の日本映画の名匠、溝口健二監督が常に出演俳優に問いかけた言葉は「反射してますか？」だったそうです。そもそもリフレクションのリフレクトの意味は反射ですよね。私もときどき長嶋茂雄の声色で「対話してますか？」と生徒に言ってます（笑）。相手（学び手どうし）との対話、教師との対話、教材との対話、故人との対話、未来の人との対話、そしてつまるところ自分との対話です。

梨子田：「探究」も「総合」も今は手探りですが、始まればそれなりには消化されていくでしょう。しかし、本当の意味で授業の中に「対話」があるか、生徒は本当に歴史の授業を「じぶんごと」として学んでいるか、内発的な動機から歴史の学びに向かっているのか、このあたりを問い続けなくてはいけないでしょう。終わりはありません。

皆　川：そういう意味で、「本書の結びを始まりとして」と副題をつけさせていただきました新学習指導要領「探究」、「総合」の始まり、先生方の新しい授業実践の始まり、研究現場と教育現場との協働の始まり、高校生にとっては対話的な歴史学習の始まり、さまざまな始まりのために本書がお役に立つことを祈って。

　最後に、大変お忙しいところご執筆してくださいました皆様に心より御礼申し上げます。また、清水書院編集部の中沖栄さん、標佳代子さんには、総勢44名の執筆者と根気よくお付き合いいただき、この一書を編み上げていただきました。執筆者の皆様および清水書院の皆様には、言葉に尽くせないほどの感謝の気持ちでいっぱいです。ありがとうございました。そして、引き続きよろしくお願い申し上げます。

編著者／執筆者一覧

【編著者】

前川　修一（まえかわ　しゅういち）　　　福岡県立ありあけ新世高等学校（定時制）　教諭

梨子田 喬　（なしだ　たかし）　　　　　　岩手県立大船渡高等学校　教諭

皆川　雅樹（みながわ　まさき）　　　　　産業能率大学経営学部　准教授

【執筆者（本書掲載順）】

Ⅰ編

杉山　清彦（すぎやま　きよひこ）　東京大学大学院総合文化研究科・教養学部　准教授

四日市 康博（よっかいち　やすひろ）　　　　立教大学文学部史学科　准教授

関　　周一（せき　しゅういち）　　　　　　宮崎大学教育学部　教授

丸橋　充拓（まるはし　みつひろ）　　　　島根大学人文社会科学系　教授

日髙　智彦（ひだか　ともひこ）　　　　　東京学芸大学教育学部　講師

戸川　点（とがわ　ともる）　　　　　　　拓殖大学国際学部　教授

若松　大輔（わかまつ　だいすけ）　　京都大学大学院教育学研究科　博士後期課程

平川　敬介（ひらかわ　けいすけ）　　　　教材編集・執筆者（フリー）

池尻　良平（いけじり　りょうへい）　　　東京大学大学院情報学環　特任講師

山下　大喜（やました　だいき）　名古屋大学大学院教育発達科学研究科　博士後期課程

五十嵐 沙千子（いがらし　さちこ）　　　　筑波大学人文社会系　准教授

Ⅱ編

川島　啓一（かわしま　けいいち）　　　　同志社中学校・高等学校　教諭

坂田　匡史（さかた　まさし）　　　　　　東京都立成瀬高等学校
　　　　　　　　　（人事交流派遣先、所属校 神奈川県立湘南高等学校）　教諭

美那川 雄一（みながわ　ゆういち）　　　　静岡県立御殿場高等学校　教諭

山田　繁　（やまだ　しげる）　　　　　　福井県立鯖江高等学校　教諭

佐野　浩　（さの　ひろし）　　　　　　　東京農業大学第三高等学校　教諭

大神　弘巳（おおがみ　ひろみ）　　　　　福岡県立小倉南高等学校　主幹教諭

吉田　英文（よしだ　ひでふみ）	富山県立高等学校　元教諭
加藤　潤（かとう　じゅん）	西武学園文理中学・高等学校　教諭
佐藤　悠人（さとう　ひさと）	茨城県立笠間高等学校　教諭
助川　剛栄（すけがわ　よしはる）	岩手県立大迫高等学校　副校長
寺崎　仁樹（てらさき　よしき）	愛光中学・高等学校　教諭
山崎　大輔（やまざき　だいすけ）	巣鴨中学校・高等学校　教諭
松澤　剛（まつざわ　たけし）	市立札幌開成中等教育学校　教諭
中川　耕治（なかがわ　こうじ）	広島城北中・高等学校　教頭
中村　怜詞（なかむら　さとし）	島根大学教職大学院教育学研究科　准教授
三浦　隆志（みうら　たかし）	岡山県立林野高等学校　前校長

III編

鈴木　映司（すずき　えいじ）	静岡県立韮山高等学校　教諭
宮崎 三喜男（みやざき　みきお）	東京都立国際高等学校　主任教諭
渡邉　久暢（わたなべ　ひさのぶ）	福井県立若狭高等学校　教諭
近藤　義治（こんどう　よしはる）	渋谷教育学園渋谷中学高等学校　教諭
山本　崇雄（やまもと　たかお）	新渡戸文化小中学校・高等学校　教諭／横浜創英中学高等学校　教育アドバイザー
杉森　公一（すぎもり　きみかず）	金沢大学国際基幹教育院高等教育開発・支援部門　准教授
宮﨑　亮太（みやざき　りょうた）	関西大学中等部・高等部　教諭
木村　淳（きむら　じゅん）	東海大学海洋学部　講師
宮瀧　交二（みやたき　こうじ）	大東文化大学文学部　教授
中村　長史（なかむら　ながふみ）	東京大学大学院総合文化研究科・教養学部　特任助教
原田　謙介（はらだ　けんすけ）	NPO法人 Youth Create　前代表／高校生向け主権者教育副教材「私たちが拓く日本の未来（文科省・総務省）執筆
小林　恭士（こばやし　やすし）	宮城教育大学教育学部　准教授
町支　大祐（ちょうし　だいすけ）	帝京大学大学院教職研究科　専任講師
荒井　優（あらい　ゆたか）	札幌新陽高等学校　校長／東明館中学校・高等学校　理事長

<編著者紹介>

前川 修一（まえかわ・しゅういち）　福岡県立ありあけ新世高等学校（定時制）教諭
1967年熊本県生まれ。福岡大学人文学部歴史学科卒業、熊本大学大学院文学研究科修士課程修了、修士（文学）。玉名女子高等学校教諭、明光学園中学・高等学校教諭を経て現職。主な実績に、『アクティブラーニングに導くKP法実践』（共著、みくに出版）、東京大学インタラクティブティーチング・ビッグリアルセッション登壇（2017年3月）などがある。

梨子田 喬（なしだ・たかし）　岩手県立盛岡第一高等学校教諭
1976年静岡県生まれ。東北大学文学部人文社会学科卒業、同大学大学院文学研究科博士課程前期修了、修士（文学）。岩手県立釜石商業高等学校教諭、同県立盛岡北高等学校教諭、同県立大船渡高等学校教諭などを経て現職。主な実績に、『現場ですぐ使えるアクティブラーニング実践』（共著、産業能率大学出版部）などがある。

皆川 雅樹（みながわ・まさき）　産業能率大学経営学部准教授
1978年東京都生まれ。専修大学文学部人文学科卒業、同大学大学院文学研究科修士課程・博士後期課程修了、博士（歴史学）。法政大学第二中高等学校特別教諭、専修大学附属高等学校教諭を経て現職。主な実績に、『日本古代王権と唐物交易』（単著、吉川弘文館）、『アクティブラーニングに導くKP法実践』（共編著、みくに出版）などがある。

歴史教育「再」入門
歴史総合・日本史探究・世界史探究への"挑戦"

2019年12月12日	初版発行
2021年 5月10日	第3刷発行

編著者	前川修一／梨子田喬／皆川雅樹
発行者	野村久一郎
発行所	株式会社 清水書院
	〒102-0072　東京都千代田区飯田橋3-11-6
	電話　03-(5213)-7151
印刷所	法規書籍印刷 株式会社
製本所	法規書籍印刷 株式会社

定価はカバーに表示

●落丁・乱丁本はお取り替えいたします。

本書の無断複写は著作権法上での例外を除き禁じられています。複写される場合は，そのつど事前に，（社）出版者著作権管理機構（電話 03-3513-6969，FAX03-3513-6979，email：info@jcopy.or.jp）の許諾を得てください。

ISBN 978-4-389-50111-2　　　　　　　　　　　　　　　　　Printed in Japan